गद्य मंजूषा

गद्य मंजूषा

संपादक

प्रो. नंद किशोर पाण्डेय

प्रो. दीपेंद्र सिंह जाडेजा

प्रभात
प्रकाशन

प्रकाशक • **प्रभात प्रकाशन प्रा. लि.**
4/19 आसफ अली रोड,
नई दिल्ली–110002

संस्करण • प्रथम, 2021
मूल्य • एक सौ पचास रुपए
मुद्रक • आर–टेक ऑफसेट प्रिंटर्स, दिल्ली

GADAY MANJOOSHA
Ed. Prof. Nand Kishore Pandey & Prof. Deependra Singh Jadeja
Published by Prabhat Prakashan Pvt. Ltd., 4/19 Asaf Ali Road, New Delhi-2
e-mail: prabhatbooks@gmail.com ISBN 978-93-5521-013-5
₹ 150.00

हिंदी गद्य साहित्य का विकास और निबंध

हिंदी गद्य का विकास नौवीं शताब्दी से माना जाता है। राजस्थानी में गद्य का प्राचीनतम रूप देखा जा सकता है। आदिकाल में ब्रजभाषा में भी गद्य रचनाएँ प्राप्त होती हैं। चौदहवीं-पंद्रहवीं शताब्दी में प्राप्त ब्रजभाषा गद्य की तुलना में राजस्थानी गद्य अधिक व्यवस्थित और परिमार्जित है। आदिकालीन गद्य के प्राचीनतम रूप को उद्योतन सूरि की 'कुवलयमाला कथा', रोड कवि कृत 'राउलवेल', दामोदर शर्मा लिखित 'उक्ति व्यक्ति प्रकरण', ज्योतिरीश्वर ठाकुर रचित 'वर्णरत्नाकर' तथा विद्यापति की 'कीर्तिलता' में देखा जा सकता है। राजस्थानी गद्य का प्रारंभिक रूप संस्कृत की समास-शैली तथा शब्दावली के साथ ही अपभ्रंश से प्रभावित है। बाद में लिखे गए गद्य पर ब्रजभाषा के प्रभाव को लक्षित किया जा सकता है। राजस्थानी गद्य का उपयोग साहित्य-लेखन के अतिरिक्त धार्मिक उपदेश, गणित, राजनीति, इतिहास, दान-पत्र, पट्टे तथा काव्य-शास्त्र आदि की पुस्तकों को लिखने के लिए भी होता था। यह इसकी प्रौढ़ता और स्वीकार्यता का प्रमाण भी है।

भक्तिकाल के कृष्णभक्त कवियों ने ब्रजभाषा के गद्य को समृद्ध किया। इस कालखंड में प्रचुर संख्या में गद्य रचनाएँ लिखी गईं। इनकी विषय-वस्तु में विविधता है। 'तिलक', 'भावना', 'चर्चा', 'वार्त्ता', 'वचनिका', 'गोष्ठी' आदि शीर्षकों से गद्य रचनाएँ प्राप्त होती हैं। ब्रजभाषा की प्रमुख गद्य रचनाएँ हैं—'सिद्धांत विचार', 'अष्टयाम', 'अगहन महातम', 'चौरासी वैष्णवन की वार्त्ता', 'वचनामृत', 'शालिहोत्र' आदि। रीतिकाल में गद्य रचना की प्रवृत्ति तेजी से विकसित हुई, परिणामस्वरूप भक्तिकाल की तुलना में अधिक रचनाएँ प्राप्त होती हैं। साहित्यिक विषयों के अतिरिक्त इतिहास, भूगोल, चिकित्सा-शास्त्र शकुन-शास्त्र, गणित, विज्ञान, धर्म, दर्शन और अध्यात्म पर भी गद्य में लिखा गया। इस कालखंड में ब्रजभाषा गद्य में टीकाएँ बड़ी संख्या में लिखी गईं। कथा, वार्त्ता, संवाद, जीवनी और आत्मचरित लिखे गए। अनुवाद का कार्य भी हुआ। गोस्वामी विट्ठलनाथ और गोस्वामी गोकुलनाथ के वचनों को कई भक्तों ने लिपिबद्ध किया।

गोकुलनाथ के लगभग बीस वार्त्ता-ग्रंथ हैं। रीतिकालीन समाज और इतिहास को जानने के लिए वार्त्ता-ग्रंथ उपयोगी हैं। कृष्ण-भक्तिपरक गद्य साहित्य और अनेक प्रमुख वार्त्ता-ग्रंथ रीतिकाल में लिखे गए। ब्रजभाषा में गद्य लिखनेवाले प्रमुख नाम हैं—ब्रजभूषण, हरिराय, द्वारिकेश, प्राणनाथ, प्रियादास, दामोदर स्वामी, अनन्य अली आदि। रीतिकालीन गद्य का बहुत बड़ा भाग टीका साहित्य है। रीतिकाल में खड़ी बोली का गद्य भी प्राप्त होता है। रीतिकाल के समय दक्खिनी हिंदी में भी गद्य रचनाएँ लिखी जा रही थीं। दक्खिनी हिंदी का गद्य खड़ी बोली के अत्यधिक निकट है।

हिंदी गद्य साहित्य को विधिवत् प्रतिष्ठित करने का श्रेय द्विवेदीयुगीन गद्य लेखकों को है। इस युग में गद्य साहित्य का चतुर्दिक् और बहुविध विकास हुआ। खड़ी बोली के गद्य लेखन के क्षेत्र में अनेक लेखक प्रवृत्त हुए। उन्नीसवीं शताब्दी का उत्तरार्ध भारतवर्ष के सांस्कृतिक जागरण की दृष्टि से महत्त्वपूर्ण है। देश में शिक्षा कम होने पर भी आम जन और समृद्ध वर्ग अंग्रेजी भाषा एवं अंग्रेजीयत से प्रभावित हो रहा था। एक ओर समाज अपनी व्यक्तिगत समस्याओं से जूझ रहा था, वहीं उसे अपनी सामाजिक और सांस्कृतिक चिंता भी परेशान कर रही थी। कई समाज-सुधारक विविध क्षेत्रों में तेज गति से कार्य करने लगे थे। हिंदी में भारतेंदु हरिश्चंद्र साहित्य की अनेक विधाओं में लेखन कर अपनी पत्रिकाओं के माध्यम से समाज में पुनर्जागरण का उद्घोष कर रहे थे। उनका संपूर्ण लेखन सुप्त समाज को चैतन्य बनाने तथा आर्थिक, सामाजिक, राजनैतिक एवं सांस्कृतिक दृष्टि से भारतीय पक्ष को स्थापित करने के लिए था।

भारतेंदु युग के प्रमुख गद्यकार भारतेंदु हरिश्चंद्र, प्रताप नारायण मिश्र, बालकृष्ण भट्ट, बदरीनारायण चौधरी 'प्रेमघन', लाला श्रीनिवास दास, राधाचरण गोस्वामी, मोहनलाल विष्णुलाल पंड्या तथा काशीनाथ खत्री हैं। इन गद्यकारों ने गद्य की विविध विधाओं में लिखा। भारत में अंग्रेजी राज की स्थापना का प्रभाव भारतेंदु युग के गद्य लेखकों में देखा जा सकता है। उसके पक्ष और विपक्ष में स्वर मुखर हुए हैं। आधुनिक काल में गद्य में अपनी बात कहने की प्रवृत्ति बढ़ी। गद्य विभिन्न विषयों के लेखन का माध्यम बनने लगी। यातायात के साधन बढ़ने के साथ भारत को नए सिरे से एकजुट करने में आसानी हुई। इसके साथ ही लेखन की प्रवृत्तियों की पहचान भी एक-दूसरे की भाषा से हुई। अंग्रेजी शासन ने भारत की परंपरागत व्यवस्था को तोड़कर जो नई शासन-व्यवस्था दी, उसका अभ्यास भारतीयों को नहीं था। इस कारण उन्हें घोर दुरवस्था का सामना करना पड़ा। भारत की ग्राम-व्यवस्था एवं सामाजिक गठन में परिवर्तन हुआ तथा आर्थिक व्यवस्था में भी तेज गति से परिवर्तन हो रहा था। भारतीय ग्रामीण अर्थव्यवस्था का परिवर्तन बहुत से लेखकों को प्रभावित कर रहा था। शिक्षा-पद्धति जमीनी स्तर पर परिवर्तित हो रही थी। इस नई अंग्रेजी शासन-व्यवस्था में भारतीय संयुक्त परिवार बिखरने

शुरू हो गए थे। जाति और लिंग केंद्रित असमानताएँ ढीली पड़ने लगी थीं। सामाजिक तथा राजनैतिक स्तर पर सक्रिय समाज-सुधारकों का प्रभाव गद्य लेखन पर पड़ रहा था। साहित्यकार स्वयं बड़े विचारक और दूरदर्शी थे। उनके चिंतन का उपयोग तत्कालीन राजनेता कर रहे थे।

द्विवेदी युगीन गद्य की विशेषता उसकी राष्ट्रीय-सांस्कृतिक पहचान है। भारतीय जनता के मन में अंग्रेजी सत्ता के विरुद्ध आक्रोश बढ़ने लगा था। अंग्रेजों की दमनकारी नीतियों ने जैसे-जैसे अपना क्रूर रूप दिखाना आरंभ किया, जनता उतनी ही क्रोधित और उग्र होती गई। हिंदी का गद्य साहित्य इससे अछूता नहीं रहा। इस युग में गद्य की सभी विधाओं में लेखन हुआ। द्विवेदी युग के नाटककारों में प्रमुख हैं—राधाचरण गोस्वामी, ब्रजनंदन सहाय, रामनारायण मिश्र, गंगाप्रसाद गुप्त, वृंदावनलाल वर्मा, कृष्णानंद जोशी, प्रताप नारायण मिश्र, आगा मोहम्मद 'हश्र' तथा राधेश्याम कथावाचक।

इस कालखंड में संस्कृत, बांग्ला और अंग्रेजी से बहुत से नाटकों के अनुवाद भी हुए। द्विवेदी युग में तिलिस्मी-ऐयारी, घटनाप्रधान, ऐतिहासिक, सामाजिक तथा जासूसी उपन्यास लिखे गए। इस युग के प्रमुख उपन्यासकार हैं—देवकीनंदन खत्री, गोपालराम गहमरी, किशोरीलाल गोस्वामी, गंगाप्रसाद गुप्त, लज्जाराम शर्मा, राजा राधिकारमण प्रसाद सिंह तथा अयोध्या सिंह उपाध्याय 'हरिऔध'। हिंदी कहानी लेखन की शुरुआत इस युग में ही हुई। हिंदी निबंध के क्षेत्र में कई दृष्टियों से प्रौढ़ निबंध द्विवेदी युग में लिखे गए। इस युग के प्रमुख निबंधकार हैं—महावीर प्रसाद द्विवेदी, बालमुकुंद गुप्त, श्यामबिहारी मिश्र, शुकदेवबिहारी मिश्र, सरदार पूर्ण सिंह, चंद्रधर शर्मा 'गुलेरी', श्यामसुंदर दास तथा रामचंद्र शुक्ल। कई लेखकों ने आलोचना विधा को समृद्ध बनाया। जीवनी, यात्रा-वृत्तांत, संस्मरण और पत्र-साहित्य के अतिरिक्त राजनीति-शास्त्र, अर्थ-शास्त्र, नीति-शास्त्र, धर्म-शास्त्र तथा शिक्षा-शास्त्र संबंधी पुस्तकें भी गद्य में लिखी गईं। कोश, विज्ञान और व्याकरण-शास्त्र पर भी विधिवत् कार्य आरंभ हुआ। हिंदी की पत्र-पत्रिकाओं ने सामाजिक जीवन को बौद्धिक दृष्टि से संपन्न बनाया। इस युग की प्रमुख पत्रिकाएँ हैं—'सरस्वती', 'सुदर्शन', 'समालोचक', 'हितवाणी', 'अभ्युदय', 'कर्मयोगी', 'मर्यादा', 'प्रताप', 'प्रभा' तथा 'नृसिंह'। छायावाद के कालखंड में तत्कालीन सभी प्रमुख कवि भी हिंदी गद्य लेखन कर रहे थे। इनमें प्रमुख हैं—जयशंकर प्रसाद, लक्ष्मीनारायण मिश्र, हरिकृष्ण 'प्रेमी', प्रेमचंद, रामकुमार वर्मा, जैनेंद्र, निराला, पंत, महादेवी वर्मा, रामचंद्र शुक्ल, बेचन शर्मा 'उग्र' तथा बाबू गुलाबराय आदि। आत्मकथा, यात्रा-वृत्तांत, संस्मरण और रेखाचित्र के अतिरिक्त कई महत्त्वपूर्ण अभिनंदन-ग्रंथ भी प्रकाशित हुए।

छायावादोत्तर गद्य उपन्यास, कहानी, नाटक, निबंध, संस्मरण, रेखाचित्र, पत्र साहित्य, आत्मकथा तथा डायरी लेखन के साथ ही ज्ञान-विज्ञान के साहित्य की दृष्टि से

उल्लेखनीय है। यह कालखंड लगभग पचासी वर्षों का है। गद्य की दृष्टि से यह समय हिंदी भाषा की वैश्विक प्रतिष्ठा का है। अनेक भाषाओं और विषयों के कोश आज हिंदी में उपलब्ध हैं। निबंध-लेखन से गद्य-लेखक की भाषा की पहचान होती है। हिंदी निबंधकारों की एक लंबी श्रृंखला हिंदी साहित्य में है। इस कालखंड में बहुत से प्रतिष्ठित लेखकों को उनके निबंधों के कारण विशेष पहचान मिली। कई लेखकों की प्रतिष्ठा का आधार ही निबंध-लेखन है। छायावादोत्तर प्रमुख हिंदी निबंधकार हैं—डॉ. संपूर्णानंद, शिवपूजन सहाय, डॉ. वासुदेवशरण अग्रवाल, पं. नंददुलारे वाजपेयी, पं. विश्वनाथ प्रसाद मिश्र, आचार्य हजारी प्रसाद द्विवेदी, हरिवंशराय बच्चन, भगवतशरण उपाध्याय, सच्चिदानंद हीरानंद वात्स्यायन 'अज्ञेय', डॉ. नगेंद्र, अमृतलाल नागर, प्रभाकर मचावे, डॉ. रघुवंश, अमृतराय, रामदरश मिश्र, हरिशंकर परसाई, विद्यानिवास मिश्र, धर्मवीर भारती, विवेकी राय, शिवप्रसाद सिंह, विष्णुकांत शास्त्री, निर्मल वर्मा, कुबेरनाथ राय, रमेशचंद्र शाह, रवींद्रनाथ त्यागी, शरद जोशी, गोपाल चतुर्वेदी, नर्मदा प्रसाद उपाध्याय, रामस्वरूप चतुर्वेदी, देवेंद्र स्वरूप, भानुप्रताप शुक्ल, विष्णु प्रभाकर तथा बलराम। अनेक निबंधकारों ने उपन्यास तथा कहानियाँ भी लिखी हैं।

आधुनिक हिंदी गद्य की पहचान अन्य विधाओं के साथ ही उसकी समृद्ध आलोचना-परंपरा, डायरी, रिपोर्ताज, साक्षात्कार, आत्मकथा तथा साहित्यिक पत्रिकाओं के कारण हुई है।

'गद्य मंजूषा' में ऐसे अनेक लेखकों के निबंध संगृहीत हैं, जो अपने राष्ट्रीय चिंतन के कारण विश्वविख्यात हैं। नए और पुराने गद्य लेखकों की एकत्र उपस्थिति इस संग्रह को संग्रहणीय तथा छात्रोपयोगी बनाती है। हमें पूरा विश्वास है कि यह संग्रह सुधी पाठकों को पसंद आएगा।

—प्रो. नंद किशोर पाण्डेय
अधिष्ठाता-कला संकाय
राजस्थान विश्वविद्यालय, जयपुर

अनुक्रम

दुनिया का सबसे अनमोल रत्न

—प्रेमचंद

दिलफिगार एक कँटीले पेड़ के नीचे दामन चाक किए बैठा हुआ खून के आँसू बहा रहा था। वह सौंदर्य की देवी, यानी मलका दिलफरेब का सच्चा और जान देनेवाला प्रेमी था। उन प्रेमियों में नहीं, जो इत्र-फुलेल में बसकर और शानदार कपड़ों से सजकर आशिक के वेश में माशूकियत का दम भरते हैं, बल्कि उन सीधे-सादे, भोले-भाले फिदाइयों में, जो जंगल और पहाड़ों से सिर टकराते हैं और फरियाद मचाते फिरते हैं। दिलफरेब ने उससे कहा था कि अगर तू मेरा सच्चा प्रेमी है तो जा और दुनिया की सबसे अनमोल चीज लेकर मेरे दरबार में आ, तब मैं तुझे अपनी गुलामी में कबूल करूँगी। अगर तुझे वह चीज न मिले तो खबरदार, इधर रुख न करना, वरना सूली पर खिंचवा दूँगी। दिलफिगार को अपनी भावनाओं के प्रदर्शन का, शिकवे-शिकायत का, प्रेमिका के सौंदर्य-दर्शन का तनिक भी अवसर न दिया गया। दिलफरेब ने ज्यों ही यह फैसला सुनाया, उसके चोबदारों ने गरीब दिलफिगार को धक्के देकर बाहर निकाल दिया और आज तीन दिन से यह आफत का मारा आदमी उसी कँटीले पेड़ के नीचे उसी भयानक मैदान में बैठा हुआ सोच रहा है कि क्या करूँ, दुनिया की सबसे अनमोल चीज मुझको मिलेगी? नामुमकिन! और वह है क्या? कारूँ का खजाना? आबे हयात? खुसरो का ताज? जामे-जम? तख्तेताऊस? परवेज की दौलत? नहीं, ये चीजें हरगिज नहीं। दुनिया में जरूर इनसे भी महँगी, इनसे भी अनमोल चीजें मौजूद हैं, मगर वे क्या हैं? कहाँ हैं? कैसे मिलेंगी? या खुदा, मेरी मुश्किल क्योंकर आसान होगी?

दिलफिगार इन्हीं खयालों में चक्कर खा रहा था और अक्ल कुछ काम न करती थी। मुनीर शामी को हातिम सा मददगार मिल गया। ऐ काश, कोई मेरा भी मददगार हो जाता! ऐ काश, मुझे भी उस चीज का, जो दुनिया की सबसे बेशकीमत चीज है, नाम बतला दिया जाता! बला से वह चीज हाथ न आती, मगर मुझे इतना तो मालूम हो जाता कि वह किस किस्म की चीज है। मैं घड़े बराबर मोती की खोज में जा सकता हूँ। मैं

समुंदर का गीत, पत्थर का दिल, मौत की आवाज और इनसे भी ज्यादा बेनिशान चीजों की तलाश में कमर कस सकता हूँ। मगर दुनिया की सबसे अनमोल चीज! यह मेरी कल्पना की उड़ान से बहुत ऊपर है।

आसमान में तारे निकल आए थे। दिलफिगार यकायक खुदा का नाम लेकर उठा और एक तरफ को चल खड़ा हुआ। भूखा-प्यासा, नंगे बदन, थकान से चूर, वह बरसों वीरानों और आबादियों की खाक छानता फिरा, तलवे काँटों से छलनी हो गए, शरीर में हड्डियाँ ही हड्डियाँ दिखाई देने लगीं, मगर वह चीज जो दुनिया की सबसे बेशकीमत चीज थी, न मिली और न उसका कुछ निशान मिला।

एक रोज वह भूलता-भटकता एक मैदान में जा निकला, जहाँ हजारों आदमी गोल बाँधे खड़े थे। बीच में कई अमामे और चोगेवाले दढ़ियल काजी अफसरी शान से बैठे हुए आपस में कुछ सलाह-मशविरा कर रहे थे और इस जमात से जरा दूर पर एक सूली खड़ी थी। दिलफिगार कुछ तो कमजोरी की वजह से, कुछ यहाँ की कैफियत देखने के इरादे से ठिठक गया। क्या देखता है कि कई लोग नंगी तलवारें लिये, एक कैदी को, जिसके हाथ-पैर में जंजीरें थीं, पकड़े चले आ रहे हैं। सूली के पास पहुँचकर सब सिपाही रुक गए और कैदी की हथकड़ियाँ, बेड़ियाँ सब उतार ली गईं। इस अभागे आदमी का दामन सैकड़ों बेगुनाहों के खून के छींटों से रंगीन था और उसका दिल नेकी के खयाल और रहम की आवाज से जरा भी परिचित न था। उसे काला चोर कहते थे। सिपाहियों ने उसे सूली के तख्ते पर खड़ा कर दिया, मौत की फाँसी उसकी गरदन में डाल दी और जल्लादों ने तख्ता खींचने का इरादा किया कि वह अभागा मुजरिम चीखकर बोला—खुदा के वास्ते मुझे एक पल के लिए फाँसी से उतार दो, ताकि अपने दिल की आखिरी आरजू निकाल लूँ। यह सुनते ही चारों तरफ सन्नाटा छा गया। लोग अचंभे में आकर ताकने लगे। काजियों ने एक मरनेवाले आदमी की अंतिम याचना को रद्द करना उचित न समझा और बदनसीब पापी काला चोर जरा देर के लिए फाँसी से उतार लिया गया।

इसी भीड़ में एक खूबसूरत भोला-भाला लड़का एक छड़ी पर सवार होकर, अपने पैरों पर उछल-उछल फर्जी घोड़ा दौड़ा रहा था और अपनी सादगी की दुनिया में ऐसा मगन था कि जैसे वह इस वक्त सचमुच किसी अरबी घोड़े का शहसवार है। उसका चेहरा उस सच्ची खुशी से कमल की तरह खिला हुआ था, जो चंद दिनों के लिए बचपन ही में हासिल होती है और जिसकी याद हमको मरते दम तक नहीं भूलती। उसका दिल अभी तक पाप की गर्द और धूल से अछूता था और मासूमियत उसे अपनी गोद में खिला रही थी।

बदनसीब काला चोर फाँसी से उतरा। हजारों आँखें उस पर गड़ी हुई थीं। वह उस लड़के के पास आया और उसे गोद में उठाकर प्यार करने लगा। उसे इस वक्त वह जमाना याद आया, जब वह खुद ऐसा ही भोला-भाला, ऐसा ही खुश-व-खुर्रम और

दुनिया की गंदगियों से ऐसा ही पाक साफ था। माँ गोदियों में खिलाती थी, बाप बलाएँ लेता था और सारा कुनबा जान न्योछावर करता था। आह! काले चोर के दिल पर इस वक्त बीते हुए दिनों की याद का इतना असर हुआ कि उसकी आँखों से, जिन्होंने दम तोड़ती हुई लाशों को तड़पते देखा और न झपकी, आँसू का एक कतरा टपक पड़ा। दिलफिगार ने लपककर उस अनमोल मोती को हाथ में ले लिया और उसके दिल ने कहा—बेशक यह दुनिया की सबसे अनमोल चीज है, जिस पर तख्ते ताऊस और जामेजम और आबे हयात और जरे परवेज सब न्योछावर हैं।

इस खयाल से खुश होता कामयाबी की उम्मीद में सरमस्त, दिलफिगार अपनी माशूका दिलफरेब के शहर मीनोसवाद को चला, मगर ज्यो-ज्यों मंजिलें तय होती जाती थीं, उसका दिल बैठ जाता था कि कहीं उस चीज की, जिसे मैं दुनिया की सबसे बेशकीमत चीज समझता हूँ, दिलफरेब की आँखों में कद्र न हुई तो मैं फाँसी पर चढ़ा दिया जाऊँगा और इस दुनिया से नामुराद जाऊँगा, लेकिन जो हो सो हो, अब तो किस्मत आजमाई है। आखिरकार पहाड़ और दरिया तय करते शहर मीनोसवाद में आ पहुँचा और दिलफरेब की ड्योढ़ी पर जाकर विनती की कि थकान से टूटा हुआ, दिलफिगार खुदा के फजल से हुक्म की तामील करके आया है और आपके कदम चूमना चाहता है। दिलफरेब ने फौरन अपने सामने बुला भेजा और एक सुनहरे परदे की ओट से फरमाइश की कि वह अनमोल चीज पेश करो। दिलफिगार ने आशा और भय की एक विचित्र मन:स्थिति में वह बूँद पेश की और उसकी सारी कैफियत बहुत पुरअसर लफ्जों में बयान की। दिलफरेब ने पूरी कहानी बहुत गौर से सुनी और वह भेंट हाथ में लेकर जरा देर तक गौर करने के बाद बोली—दिलफिगार, बेशक तूने दुनिया की एक बेशकीमत चीज ढूँढ़ निकाली, तेरी हिम्मत और तेरी सूझ-बूझ की दाद देती हूँ! मगर यह दुनिया की सबसे बेशकीमत चीज नहीं, इसलिए तू यहाँ से जा और फिर कोशिश कर, शायद अब की तेरे हाथ वह मोती लगे और तेरी किस्मत में मेरी गुलामी लिखी हो, जैसा कि मैंने पहले ही बतला दिया था, मैं तुझे फाँसी पर चढ़वा सकती हूँ, मगर मैं तेरी जांबख्शी करती हूँ। इसलिए कि तुझमें वह गुण मौजूद हैं, जो मैं अपने प्रेमी में देखना चाहती हूँ और मुझे यकीन है कि तू जरूर कभी-न-कभी कामयाब होगा।

नाकाम और नामुराद दिलफिगार इस माशूकाना इनायत से जरा दिलेर होकर बोला—ऐ दिल की रानी, बड़ी मुद्दत के बाद तेरी ड्योढ़ी पर सजदा करना नसीब होता है, फिर खुदा जाने ऐसे दिन कब आएँगे, क्या तू अपने जान देनेवाले आशिक के बुरे हाल पर तरस न खाएगी और क्या अपने रूप की एक झलक दिखाकर इस जलते हुए दिलफिगार को आनेवाली सख्तियों के झेलने की ताकत न देगी? तेरी एक मस्त निगाह के नशे से चूर होकर मैं वह कर सकता हूँ, जो आज तक किसी से न बन पड़ा हो।

दिलफरेब आशिक की यह चाव भरी बातें सुनकर गुस्सा हो गई और हुक्म दिया कि इस दीवाने को खड़े-खड़े दरबार से निकाल दो। चोबदार ने फौरन गरीब दिलफिगार को धक्के देकर यार के कूचे से बाहर निकाल दिया।

कुछ देर तक तो दिलफिगार अपनी निष्ठुर प्रेमिका की इस कठोरता पर आँसू बहाता रहा और सोचने लगा कि कहाँ जाऊँ? मुद्दतों रास्ते नापने और जंगलों में भटकने के बाद आँसू की यह बूँद मिली थी, अब ऐसी कौन-सी चीज है, जिसकी कीमत इस आबदार मोती से ज्यादा हो। हजरते खिज्र! तुमने सिकंदर को आबेहयात के कुएँ का रास्ता दिखाया था, क्या मेरी बाँह न पकड़ोगे? सिकंदर सारी दुनिया का मालिक था। मैं तो एक बेघरबार मुसाफिर हूँ। तुमने कितनी ही डूबती किश्तियाँ किनारे लगाई हैं, मुझ गरीब का बेड़ा भी पार करो। ऐ आलीमुकाम जिबरील! कुछ तुम्हीं इस नीमजान, दुःखी आशिक पर तरस खाओ। तुम खुदा के एक खास दरबारी हो, क्या मेरी मुश्किल आसान न करोगे! गरज यह कि दिलफिगार ने बहुत फरियाद मचाई, मगर उसका हाथ पकड़ने के लिए कोई सामने न आया, आखिर निराश होकर वह पागलों की तरह दुबारा एक तरफ को चल खड़ा हुआ।

दिलफिगार ने पूरब से पच्छिम तक और उत्तर से दक्खिन तक कितने ही जंगलों और वीरानों की खाक छानी, कभी बर्फिस्तानी चोटियों पर सोया, कभी डरावनी घाटियों में भटकता फिरा, मगर जिस चीज की धुन थी, वह न मिली, यहाँ तक कि उसका शरीर हड्डियों का एक ढाँचा रह गया।

एक रोज वह शाम के वक्त किसी नदी के किनारे खस्ताहाल पड़ा हुआ था। बेखुदी के नशे से चौंका तो क्या देखता है कि चंदन की एक चिता बनी हुई है और उस पर एक युवती सुहाग के जोड़े पहने सोलहों सिंगार किए बैठी हुई है। उसकी जाँघ पर उसके प्यारे पति का सर है। हजारों आदमी गोल बाँधे खड़े हैं और फूलों की बरखा कर रहे हैं। यकायक चिता में से खुद-ब-खुद एक लपट उठी। सती का चेहरा उस वक्त एक पवित्र भाव से आलोकित हो रहा था। चिता की पवित्र लपटें उसके गले से लिपट गईं और दम-के-दम में वह फूल सा शरीर राख का ढेर हो गया। प्रेमिका ने अपने को प्रेमी पर न्योछावर कर दिया और दो प्रेमियों के सच्चे, पवित्र, अमर प्रेम की अंतिम लीला आँख से ओझल हो गई, जब सब लोग अपने घरों को लौटे तो दिलफिगार चुपके से उठा और अपने चाक-दामन कुरते में यह राख का ढेर समेट लिया और इस मुट्ठी भर राख को दुनिया की सबसे अनमोल चीज समझता हुआ, सफलता के नशे में चूर, यार के कूचे की तरफ चला, अबकी ज्यों-ज्यों वह अपनी मंजिल के करीब आता था, उसकी हिम्मतें बढ़ती जाती थीं। कोई उसके दिल में बैठा हुआ कह रहा था—अबकी तेरी जीत है और इस खयाल ने उसके दिल को जो-जो सपने दिखाए, उनकी चर्चा व्यर्थ है। आखिकार वह

शहर मीनोसवाद में दाखिल हुआ और दिलफरेब की ऊँची ड्योढ़ी पर जाकर खबर दी कि दिलफिगार सुख-रू होकर लौटा है और हुजूर के सामने आना चाहता है। दिलफरेब ने जाँबाज आशिक को फौरन दरबार में बुलाया और उस चीज के लिए, जो दुनिया की सबसे बेशकीमत चीज थी, हाथ फैला दिया। दिलफिगार ने हिम्मत करके उसकी चाँदी जैसी कलाई को चूम लिया और मुट्ठी भर राख को उसकी हथेली में रखकर सारी कैफियत दिल को पिघला देनेवाले लफ्जों में कह सुनाई और सुंदर प्रेमिका के होंठों से अपनी किस्मत का मुबारक फैसला सुनने के लिए इंतजार करने लगा। दिलफरेब ने उस मुट्ठी भर राख को आँखों से लगा लिया और कुछ देर तक विचारों के सागर में डूबे रहने के बाद बोली—ऐ जान निछावर करनेवाले आशिक दिलफिगार! बेशक यह राख जो तू लाया है, जिसमें लोहे को सोना कर देने की सिफत है, दुनिया की बहुत बेशकीमत चीज है और मैं सच्चे दिल से तेरी एहसानमंद हूँ कि तूने ऐसी अनमोल भेंट मुझे दी, मगर दुनिया में इससे भी ज्यादा अनमोल कोई चीज है, जा उसे तलाश कर और तब मेरे पास आ। मैं तहेदिल से दुआ करती हूँ कि खुदा तुझे कामयाब करे। यह कहकर वह सुनहरे परदे से बाहर आई और माशकाना अदा से अपने रूप का जलवा दिखाकर फिर नजरों से ओझल हो गई। एक बिजली थी कि कौंधी और फिर बादलों के परदे में छिप गई। अभी दिलफिगार के होश-हवास ठिकाने पर न आने पाए थे कि चोबदार ने मुलायमियत से उसका हाथ पकड़कर यार के कूचे से उसको निकाल दिया और फिर तीसरी बार वह प्रेम का पुजारी निराशा के अथाह समुंदर में गोता खाने लगा।

दिलफिगार का हियाव छूट गया। उसे यकीन हो गया कि मैं दुनिया में इसी तरह नाशाद और नामुराद मर जाने के लिए पैदा किया गया था और अब इसके सिवा और कोई चारा नहीं कि किसी पहाड़ पर चढ़कर नीचे कूद पड़ूँ, ताकि माशूक के जुल्मों की फरियाद करने के लिए एक हड्डी भी बाकी न रहे। वह दीवाने की तरह उठा और गिरता-पड़ता एक गगनचुंबी पहाड़ की चोटी पर जा पहुँचा। किसी और समय वह ऐसे ऊँचे पहाड़ पर चढ़ने का साहस न कर सकता था, मगर इस वक्त जान देने के जोश में उसे वह पहाड़ एक मामूली टेकरी से ज्यादा ऊँचा न नजर आया। करीब था कि वह नीचे कूद पड़े कि हरे-हरे कपड़े पहने हुए और हरा अमामा बाँधे एक बुजुर्ग एक हाथ में तसबीह और दूसरे हाथ में लाठी लिये बरामद हुए और हिम्मत बढ़ानेवाले स्वर में बोले—दिलफिगार, नादान दिलफिगार, यह क्या बुजदिलों जैसी हरकत है? तू मुहब्बत का दावा करता है और तुझे इतनी भी खबर नहीं कि मजबूत इरादा मुहब्बत के रास्ते की पहली मंजिल है? मर्द बन और यों हिम्मत न हार। पूरब की तरफ एक देश है, जिसका नाम हिंदोस्तान है, वहाँ जा और तेरी आरजू पूरी होगी।

यह कहकर हजरते खिज्र गायब हो गए। दिलफिगार ने शुक्रिए की नमाज अदा

की और ताजा हौसले, ताजा जोश और अलौकिक सहायता का सहारा पाकर खुश-खुश पहाड़ से उतरा और हिंदोस्तान की तरफ चल पड़ा।

मुद्दतों तक काँटों से भरे हुए जंगलों, आग बरसानेवाले रेगिस्तानों, कठिन घाटियों और अलंघ्य पर्वतों को तय करने के बाद दिलफिगार हिंद की पाक सरजमीन में दाखिल हुआ और एक ठंडे पानी के सोते में सफर की तकलीफें धोकर थकान के मारे नदी के किनारे लेट गया। शाम होते-होते वह एक चटियल मैदान में पहुँचा, जहाँ बेशुमार अधमरी और बेजान लाशें बिना कफन के पड़ी हुई थीं। चील-कौए और वहशी-दरिंदे मरे पड़े हुए थे और सारा मैदान खून से लाल हो रहा था। यह डरावना दृश्य देखते ही दिलफिगार का जी दहल गया। याखुदा, किस मुसीबत में जान फँसी, मरनेवालों का कराहना, सिसकना और एड़ियाँ रगड़कर जान देना, दरिंदों का हड्डियों को नोंचना और गोश्त के लोथड़ों को लेकर भागना, ऐसा हौलनाक सीन दिलफिगार ने कभी न देखा था। यकायक उसे ख्याल आया, यह लड़ाई का मैदान है और यह लाशें सूरमा सिपाहियों की हैं। इतने में करीब से कराहने की आवाज आई। दिलफिगार उस तरफ फिरा तो देखा कि एक लंबा-तगड़ा आदमी, जिसका मर्दाना चेहरा जान निकालने की कमजोरी से पीला हो गया है, जमीन पर सिर झुकाए पड़ा हुआ है। सीने से खून का फौव्वारा जारी है, मगर आबदार तलवार की मूठ पंजे से अलग नहीं हुई। दिलफिगार ने एक चीथड़ा लेकर घाव के मुँह पर रख दिया, ताकि खून रुक जाए और बोला—ऐ जवाँमर्द, तू कौन है ? जवाँमर्द ने यह सुनकर आँखें खोली और वीरों की तरह बोला—क्या तू नहीं जानता, मैं कौन हूँ, क्या तूने आज इस तलवार की काट नहीं देखी ? मैं अपनी माँ का बेटा और भारत का सपूत हूँ। यह कहते-कहते उसकी त्योरियों पर बल पड़ गए। पीला चेहरा गुस्से से लाल हो गया और आबदार शमशीर फिर अपना जौहर दिखाने के लिए चमक उठी। दिलफिगार समझ गया कि यह इस वक्त मुझे दुश्मन समझ रहा है, नरमी से बोला—ऐ जवाँमर्द, मैं तेरा दुश्मन नहीं हूँ। अपने वतन से निकला हुआ एक गरीब मुसाफिर हूँ। इधर भूलता-भटकता आ निकला। बराय मेहरबानी मुझसे यहाँ की कुल कैफियत बयान कर।

यह सुनते ही घायल सिपाही बहुत मीठे स्वर में बोला—अगर तू मुसाफिर है तो आ मेरे खून से तर पहलू में बैठ जा, क्योंकि यही दो अंगुल जमीन है, जो मेरे पास बाकी रह गई है और जो सिवाय मौत के कोई नहीं छीन सकता। अफसोस है कि तू यहाँ ऐसे वक्त में आया, जब हम तेरा आतिथ्य-सत्कार करने के योग्य नहीं। हमारे बाप-दादा का देश आज हमारे हाथ से निकल गया और इस वक्त हम बेवतन हैं। मगर (पहलू बदलकर) हमने हमलावर दुश्मन को बता दिया कि राजपूत अपने देश के लिए कैसी बहादुरी से जान देता है। यह आसपास जो लाशें तू देख रहा है, यह उन लोगों की हैं, जो इस तलवार के घाट उतरे हैं। (मुसकराकर) और गोया कि मैं बेवतन हूँ, मगर गनीमत है कि दुश्मन की जमीन

पर मर रहा हूँ। (सीने के घाव से चीथड़ा निकालकर) क्या तूने यह मरहम रख दिया? खून निकलने दे, इसे रोकने से क्या फायदा? क्या मैं अपने ही देश में गुलामी करने के लिए जिंदा रहूँ? नहीं, ऐसी जिंदगी से मर जाना अच्छा। इससे अच्छी मौत मुमकिन नहीं।

जवाँमर्द की आवाज मद्धिम हो गई, अंग ढीले पड़ गए, खून इतना ज्यादा बहा कि खुद-ब-खुद बंद हो गया, रह-रहकर एकाध बूँद टपक पड़ता था। आखिरकार सारा शरीर बेदम हो गया, दिल की हरकत बंद हो गई और आँखें मुँद गईं। दिलफिगार ने समझा, अब काम तमाम हो गया कि मरनेवाले ने धीमे से कहा—भारत माता की जय! और उसके सीने से खून का आखिरी कतरा निकल पड़ा। एक सच्चे देशप्रेमी और देशभक्त ने देशभक्ति का हक अदा कर दिया। दिलफिगार पर इस दृश्य का बहुत गहरा असर पड़ा और उसके दिल ने कहा—बेशक दुनिया में खून के इस कतरे से ज्यादा अनमोल चीज कोई नहीं हो सकती। उसने फौरन उस खून की बूँद को, जिसके आगे यमन का लाल भी हेच है, हाथ में ले लिया और इस दिलेर राजपूत की बहादुरी पर हैरत करता हुआ अपने वतन की तरफ रवाना हुआ और सख्तियाँ झेलता, आखिरकार बहुत दिनों के बाद रूप की रानी मलका दिलफरेब की ड्योढ़ी पर जा पहुँचा और पैगाम दिया कि दिलफिगार सुर्ख-रू और कामयाब होकर लौटा है और दरबार में हाजिर होना चाहता है। दिलफरेब ने उसे फौरन हाजिर होने का हुक्म दिया। खुद हस्बे मामूल सुनहरे परदे की ओट में बैठी और बोली—दिलफिगार, अबकी तू बहुत दिनों के बाद वापस आया है। ला, दुनिया की सबसे बेशकीमत चीज कहाँ है?

दिलफिगार ने मेहँदी-रची हथेलियों को चूमते हुए खून का वह कतरा उस पर रख दिया और उसकी पूरी कैफियत पुरजोश लहजे में कह सुनाई। वह खामोश भी न होने पाया था कि यकायक वह सुनहरा परदा हट गया और दिलफिगार के सामने हुस्न का एक दरबार सजा हुआ नजर आया, जिसकी एक-एक नाजनीन जुलेखा से बढ़कर थी। दिलफरेब बड़ी शान के साथ सुनहरी मसनद पर सुशोभित हो रही थी। दिलफिगार हुस्न का यह तिलस्म देखकर अचंभे में पड़ गया और चित्रलिखित सा खड़ा रहा कि दिलफरेब मसनद से उठी और कई कदम आगे बढ़कर उससे लिपट गई। गानेवालियों ने खुशी के गाने शुरू किए, दरबारियों ने दिलफिगार को नजरें भेंट कीं और चाँद-सूरज को बड़ी इज्जत के साथ मसनद पर बैठा दिया, जब वह लुभावना गीत बंद हुआ तो दिलफरेब खड़ी हो गई और हाथ जोड़कर दिलफिगार से बोली—ऐ जाँनिसार आशिक दिलफिगार! मेरी दुआएँ बर आईं, खुदा ने मेरी सुन ली और तुझे कामयाब व सुर्ख-रू किया। आज से तू मेरा मालिक है और मैं तेरी लौंडी!

□

मित्रता

—आचार्य रामचंद्र शुक्ल

(सर्वश्रेष्ठ निबंधकार आचार्य रामचंद्र शुक्ल द्वारा रचित निबंध 'मित्रता' मानव-जीवन के सबसे महत्त्वपूर्ण पक्ष मित्रों के चुनाव की उपयुक्तता पर रोशनी डालता है। एक विद्यार्थी के लिए अच्छे मित्रों का चुनाव करना अत्यंत आवश्यक है। उसकी सफलता या विफलता मित्रों के चुनाव पर ही निर्भर करती है। इस पाठ का उद्‌देश्य मित्रों के चुनाव में सहयोग करना है।)

जब कोई युवा पुरुष अपने घर से बाहर निकलकर बाहरी संसार में अपनी स्थिति जमाता है, तब पहली कठिनता उसे मित्र चुनने में पड़ती है। मित्रों के चुनाव की उपयुक्तता पर उसके जीवन की सफलता निर्भर हो जाती है, क्योंकि संगति का गुप्त प्रभाव हमारे आचरण पर बड़ा भारी पड़ता है। हम लोग ऐसे समय में समाज में प्रवेश करके अपना कार्य आरंभ करते हैं, जबकि हमारा चित्त कोमल और हर तरह का संस्कार ग्रहण करने योग्य रहता है। हमारे भाव अपरिमार्जित और हमारी प्रवृत्ति अपरिपक्व रहती है। हम लोग कच्ची मिट्टी की मूर्ति के समान रहते हैं, जिसे जो जिस रूप में चाहे, उस रूप में ढाले, चाहे राक्षस बनाए, चाहे देवता।

ऐसे लोगों का साथ करना हमारे लिए बुरा है, जो हमसे अधिक दृढ़-संकल्प हैं, क्योंकि हमें उनकी हर बात बिना विरोध के मान लेनी पड़ती है। पर ऐसे लोगों का साथ करना और भी बुरा है, जो हमारी ही बात को ऊपर रखते हैं, क्योंकि ऐसी दशा में न तो हमारे ऊपर कोई नियंत्रण रहता है और न हमारे लिए कोई सहारा।

दोनों अवस्थाओं में जिस बात का भय नहीं रहता है, उसका पता युवकों को प्रायः बहुत कम रहता है। यदि विवेक-बुद्धि से काम लिया जाए तो यह भय नहीं रहता, पर युवा पुरुष प्रायः विवेक से कम काम लेते हैं। कैसे आश्चर्य की बात है कि लोग

एक घोड़ा लेते हैं तो उसके सौ गुण-दोष को परखकर लेते हैं, पर किसी को मित्र बनाने में उसके पूर्व आचरण और स्वभाव आदि का कुछ भी विचार और अनुसंधान नहीं करते। वे उसमें सब बातें अच्छी-ही-अच्छी मानकर अपना पूरा विश्वास जमा देते हैं। हँसमुख चेहरा, बातचीत का ढंग, थोड़ी चतुराई या साहस—यही दो-चार बातें किसी में देखकर लोग चटपट उसे अपना बना लेते हैं। हम लोग यह नहीं सोचते कि मैत्री का उद्‌देश्य क्या है, क्या जीवन के व्यवहार में उसका कुछ मूल्य भी है। यह बात हमें नहीं सूझती कि यह ऐसा साधन है, जिसमें आत्मशिक्षा का कार्य बहुत सुगम हो जाता है। एक प्राचीन विद्वान् का वचन है, "विश्वासपात्र मित्र से बड़ी भारी रक्षा रहती है। जिसे ऐसा मित्र मिल जाए उसे समझना चाहिए कि खजाना मिल गया।" विश्वासपात्र मित्र जीवन की औषधि है। हमें अपने मित्रों से यह आशा रखनी चाहिए कि वे उत्तम संकल्पों से हमें दृढ़ करेंगे, दोषों और त्रुटियों से हमें बचाएँगे, हमारे सत्य, पवित्रता और मर्यादा के प्रेम को पुष्ट करेंगे, जब हम कुमार्ग पर पैर रखेंगे, तब वे हमें सचेत करेंगे, जब हम हतोत्साहित होंगे तब हमें उत्साहित करेंगे। सारांश यह है कि हमें उत्तमतापूर्वक जीवन-निर्वाह करने में वे हर तरह से हमारी सहायता करेंगे। सच्ची मित्रता में उत्तम वैद्य की सी निपुणता और परख होती है, अच्छी-से-अच्छी माता का सा धैर्य और कोमलता होता है। ऐसी ही मित्रता करने का प्रयत्न प्रत्येक व्यक्ति को करना चाहिए।

छात्रावस्था में मित्रता की धुन सवार रहती है। मित्रता हृदय से उमड़ पड़ती है।

'सहपाठी की मित्रता'—इस उक्ति में हृदय के कितने भारी उथल-पुथल का भाव भरा हुआ है, किंतु जिस प्रकार युवा पुरुष की मित्रता स्कूल के बालक की मित्रता से दृढ़, शांत और गंभीर होती है, उसी प्रकार हमारी युवावस्था के मित्र बाल्यावस्था के मित्रों से कई बातों में भिन्न होते हैं। मित्र केवल उसे नहीं कहते, जिसके गुणों की तो हम प्रशंसा करें, पर जिसे हम स्नेह न कर सकें, जिससे अपने छोटे-छोटे काम ही हम निकालते जाएँ, पर भीतर-ही-भीतर घृणा करते रहें। मित्र सच्चे पथ-प्रदर्शक के समान होना चाहिए, जिस पर हम पूरा विश्वास कर सकें।

मित्र भाई के समान होना चाहिए, जिसे हम अपना प्रीति-पात्र बना सकें। हमारे और हमारे मित्र के बीच सच्ची सहानुभूति होनी चाहिए। ऐसी सहानुभूति, जिससे एक के हानि-लाभ को दूसरा अपना हानि-लाभ समझे। मित्रता के लिए यह आवश्यक नहीं है कि दो मित्र एक ही प्रकार का कार्य करते हों या एक ही रुचि के हों। प्रकृति और आचरण की समानता भी आवश्यक या वांछनीय नहीं है। दो भिन्न प्रकृति के मनुष्यों में बराबर प्रीति और मित्रता रही है। राम धीर और शांत प्रकृति के थे, लक्ष्मण

उग्र और उद्धत स्वभाव के थे, पर दोनों भाइयों में अत्यंत प्रगाढ़ स्नेह था। उन दोनों की मित्रता खूब निभी। यह कोई बात नहीं है कि एक ही स्वभाव और रुचि के लोगों में ही मित्रता हो सकती है। समाज में विभिन्नता देखकर लोग एक-दूसरे की ओर आकर्षित होते हैं। जो गुण हममें नहीं हैं, हम चाहते हैं कि कोई ऐसा मित्र मिले, जिसमें वे गुण हों। चिंताशील मनुष्य प्रफुल्लित चित्त का साथ ढूँढ़ता है, निर्बल बली का, धीर उत्साही का। उच्च आकांक्षा वाला चंद्रगुप्त युक्ति और उपाय के लिए चाणक्य का मुँह ताकता था। नीति-विशारद अकबर मन बहलाने के लिए बीरबल की ओर देखता था।

कुसंग का ज्वर सबसे भयानक होता है। यह केवल नीति और सद्वृत्ति का ही नाश नहीं करता, बल्कि बुद्धि का भी क्षय करता है। किसी युवा पुरुष की संगति यदि बुरी होगी तो वह उसके पैरों में बँधी चक्की के समान होगी, जो उसे दिन-रात अवनति के गड्ढे में गिराती जाएगी और यदि अच्छी होगी तो सहारा देनेवाली बाहु के समान होगी, जो निरंतर उन्नति की ओर ले जाएगी।

इंग्लैंड के एक विद्वान् को युवावस्था में राज-दरबारियों में जगह नहीं मिली। इस प्रकार जिंदगी भर वह अपने भाग्य को सराहता रहा। बहुत से लोग तो इसे अपना बड़ा भारी दुर्भाग्य समझते, पर वह अच्छी तरह जानता था कि वहाँ वह बुरे लोगों की संगति में पड़ता, जो उसकी आध्यात्मिक उन्नति में बाधक होते। बहुत से लोग ऐसे होते हैं, जिनके घड़ी भर के साथ से भी बुद्धि भ्रष्ट हो जाती है, क्योंकि उनके ही बीच में ऐसी-ऐसी बातें कही जाती हैं, जो कानों में न पड़नी चाहिए, चित्त पर ऐसे प्रभाव पड़ते हैं, जिनसे उसकी पवित्रता का नाश होता है। बुराई अटल भाव धारण करके बैठती है। बुरी बातें हमारी धारणा में बहुत दिनों तक टिकती हैं। इस बात को प्रायः सभी लोग जानते हैं कि भद्दे व फूहड़ गीत जितनी जल्दी ध्यान पर चढ़ते हैं, उतनी जल्दी कोई गंभीर या अच्छी बात नहीं। जिन भावनाओं को हम दूर रखना चाहते हैं, जिन बातों को हम याद करना नहीं चाहते, वे बार-बार हृदय में उठती और हृदय को बेधती हैं। अतः तुम पूरी चौकसी रखो, ऐसे लोगों को साथी न बनाओ, जो अश्लील, अपवित्र और फूहड़ बातों से तुम्हें हँसाना चाहें। सावधान रहो। ऐसा न हो कि पहले-पहल तुमसे एक बहुत सामान्य बात समझो और सोचो कि एक बार ऐसा हुआ, फिर ऐसा न होगा अथवा तुम्हारे चरित्रबल का एक ऐसा प्रभाव पड़ेगा कि ऐसी बातों को बकनेवाले आगे चलकर आप सुधर जाएँगे। नहीं, ऐसा नहीं होगा। जब एक बार मनुष्य अपना पैर कीचड़ में डाल देता है, तब फिर यह नहीं देखता कि वह कहाँ और कैसी जगह पैर रखता है। धीरे-धीरे उन बुरी बातों में अभ्यस्त होते-होते तुम्हारी घृणा कम हो जाएगी, पीछे तुम्हें इनसे चिढ़ न मालूम होगी, क्योंकि तुम यह सोचने लगो कि चिढ़ने

की बात ही क्या है। तुम्हारा विवेक कुंठित हो जाएगा और तुम्हें भले-बुरे की पहचान न रह जाएगी। अंत में होते-होते तुम भी बुराई के भक्त बन जाओगे। अतः हृदय को उज्ज्वल और निष्कलंक रखने का सबसे अच्छा उपाय यही है कि बुरी संगति की छूत से बचो। एक पुरानी कहावत है—

"काजल की कोठरी में कैसो ही सयानो जाय।
एक लीक काजल की लागि है पै लागि है॥"

बुरे लोगों की संगति में जाओगे, अपने आपको कितना भी बचाएँ—बुरा प्रभाव पड़ ही जाता है।

□

भारतीय ललित कला की परंपराएँ

—वासुदेवशरण अग्रवाल

भारतीय संस्कृति को समझने के लिए भारतीय ललित कला का परिचय आवश्यक है। भारतीय संस्कृति का इतिहास पाँच हजार वर्ष पुराना है। उतना ही लंबा इतिहास यहाँ ललित कला का भी है। पत्थर की मूर्तियाँ, ताँबे या काँसे की मूर्तियाँ, मिट्टी के खिलौने, चित्र, पहनने के सुंदर वस्त्र, लकड़ी और हाथीदाँत की मूर्तियाँ, सोने-चाँदी के गहने, कीमती नगों से तराशे हुए मनके, ईंट और पत्थर के मंदिर, इस प्रकार की बहुत तरह की सुंदर वस्तुएँ भारतीय ललित कला की उन्नति को प्रकट करती हैं। इन सबकी अनेक प्रकार की नई-पुरानी सामग्री, देश के भिन्न-भिन्न भागों में फैली हुई है। आज भी ललित कलाओं की परंपरा ग्रामों और नगरों के साथ पिरोई हुई है। अभी तक लोगों को सुंदर गहने और सुंदर वस्त्रों से अपने शरीर को सजाने का शौक है। अभी उन्नीसवीं शताब्दी के अंत तक, आगरा, मथुरा, दिल्ली आदि स्थानों में पत्थर की बारीक नक्काशी का काम होता था। संगमरमर की तरह सफेद घुले हुए मसके से सँवारी हुई चिकनी भीतों पर राम और कृष्ण की लीलाओं के या पुराणों की कथाओं के चित्र चितेरे बनाते थे। राजस्थान में भित्तिचित्रों का रिवाज अभी तक जारी है। गाँवों और शहरों के कुम्हार अभी तक साँचों के सुंदर खिलौने तैयार करते हैं। यह स्मरण रखना चाहिए कि कला कभी ऊँचा उठती है और कभी उसकी सुंदरता फीकी पड़ जाती है। उतार-चढ़ाव की यह लहरिया गति भारतीय ललित कला के इतिहास में भी बराबर देखी जाती है।

ईसा के करीब ढाई या तीन हजार वर्ष पहले, सिंध की घाटी और पंजाब के बसे हुए नगरों में सुंदरता के प्रेमी पुरुष और स्त्रियों ने कई तरह की कलाओं की खूब उन्नति की। मोहनजोदड़ो और हड़प्पा में सोने के सुंदर गहने और हारों के लंबोतरे मनके मिले हैं। काली रेखाओं के अंकन से सजे हुए मिट्टी के बरतन पाए गए हैं। उन्हें देखकर यह निश्चय होता है कि वहाँ के निवासी अपने जीवन में रस लेते थे, उनके संपर्क में मिट्टी और पत्थर या धातु जो कुछ भी आता, उसे वे सुंदरता के साँचे में ढालते थे।

मोहनजोदड़ो के बाद करीब दो हजार वर्ष तक भारतीय कला के इतिहास पर परदा है। भारतीय कला की सोती हुई देवी ने ईसवी तीसरी शताब्दी में राजा अशोक के समय में मानो करवट बदली और देश में अनेक स्थानों पर शिल्प कला के सुंदर उदाहरण स्थापित किए गए। इनमें सारनाथ का सिंह-स्तंभ सुंदरता, भाव और शक्ति की दृष्टि से शिल्प का विलक्षण नमूना है। इसे अब भारत की राजकीय मुद्रा में स्थान दिया गया है। यह अच्छा हुआ। इससे मन पर ऐसा प्रभाव पड़ता है कि मानो जागा हुआ भारत देश अपनी पुरानी कला-परंपरा के साथ फिर से जुड़ना चाहता है। मौर्य शिल्प कला की एक विशेषता पत्थर पर चमकीली पॉलिश थी। यह ओप और दमक ऐसी है, जैसी दर्पण की, जिसमें परछाईं पड़ती है। किस उपाय से शिल्पी पत्थर को चमकीला बनाते थे, यह भेद अब मालूम नहीं रहा।

ईसवी दूसरी सदी में भारतीय कला राजकीय दरबार से नीचे उतरकर सारे लोक में फैल गई। भरहुत और साँची के बड़े स्तूप, तोरण और वेदिकाओं के रूप खंभों पर जनता की कला के नमूने हैं। उनके ऊपर भाँति-भाँति के गहनों से लदे हुए स्त्री-पुरुषों के स्वस्थ शरीर अंकित हैं। प्रेम, युद्ध, धार्मिक पूजा और आचार, अलंकरण और वस्त्रों की अतुलित सामग्री शुंग काल की शिल्प कला में पाई जाती है। प्रथम शताब्दी ईसवी में कला का केंद्र मथुरा में स्थापित हुआ। अन्य स्थानों में उसकी परंपरा हलकी पड़ गई, लेकिन मथुरा ने सारे उत्तरी भारत में शिल्प कला की गंगा बहा दी। स्तूपों की चारदीवारी के खंभों पर बनी स्त्री मूर्तियों को देखकर भान होता है कि मथुरा के स्त्री-पुरुष सुंदरता के पीछे मतवाले हो गए थे। पहली-दूसरी शताब्दी के बाद भारतीय कला ने फिर एक झटका खाया और लगभग डेढ़ सौ वर्षों तक कला की भट्ठी ठंडी पड़ी रही।

चौथी शताब्दी में गुप्त वंश के सम्राट् समुद्रगुप्त और चंद्रगुप्त का प्रताप देश में चारों ओर फैल गया। उसी के साथ साहित्य, कला और संस्कृति के उद्धार का मानो बवंडर ही आ गया। चारों ओर कला के निर्माण की धूम मच गई। संभवतः पहली बार समाज में ललित कला की कीली शेषनाग के फन पर जाकर रुकी। सिंध से आसाम और पंजाब से सिंहल तक ललित कला के ताने-बाने ने जनता के जीवन को छा लिया। गुप्त काल की शिल्प कला अत्यंत सुंदर है। बुद्ध, विष्णु, शिव, कार्तिकेय, अनेक देवी-देवता तथा भिक्षु और गृहस्थों की गुप्त मूर्तियाँ अनेक स्थानों में पाई गई हैं। इन मूर्तियों में शिल्पी की टाँकी ने उकेरने का काम बड़ी सफाई से किया है। स्त्री-पुरुषों के शरीर पर रत्न, सोने और मोतियों के जड़ाऊ गहने संख्या में कम पर देखने में बड़े भले लगते हैं। वस्त्र भी बारीक और सुरुचिपूर्ण ढंग से पहने गए हैं। सादगी के साथ सुंदरता, संयम के साथ रूप, यही गुप्त कला की विशेषता थी। गुप्त युग की कला कृतियों में चारुता और आनंद का एक साथ निवास है। व्यर्थ अलंकरण का बोझ गुप्त कला को निर्जीव नहीं बनाता।

उस युग में कला के और भी द्वार खुल गए। देश में चित्रों की बाढ़ आ गई। तारानाथ ने लिखा है कि इस काल में मध्य देश की कला शैली ने विशेष उन्नति की। अजंता की गुफाओं में बने हुए चित्र गुप्त युग की देन हैं। अजंता भारत की राष्ट्रीय चित्रशाला कही जा सकती है। ग्वालियर की बाघ गुफा में, पुद्दुकोटा रियासत की सिद्धनिवास गुफा में एवं सिंहल की सिंहगिरि गुफा में बने हुए चित्र अजंता की शैली के हैं। कालिदास और बाण के ग्रंथों से मालूम होता है कि चित्रकारी समाज में सुसंस्कृत स्त्री-पुरुषों की शिक्षा का आवश्यक अंग बन गई थी। अजंता में जिस चित्रकला का विकास हुआ, वह भारतवर्ष में लगभग सात-आठ सौ वर्षों तक चलती रही। भारत से बाहर मध्य एशिया में भी 5वीं से 10वीं शताब्दी तक उस चित्रकला का प्रभाव पड़ता है। चीन और जापान के चित्रों पर अजंता की छाप पाई जाती है। जापान के होरीयुजो और नारा मंदिरों के भित्तिचित्र अजंता शैली से प्रभावित हैं।

अजंता की परंपरा के अनुसार ही भारतवर्ष में चित्रकला का विकास आगे होता रहा। ग्यारहवीं शती के तंजोर के बृहदीश्वर मंदिर के चित्रों में अजंता की परंपरा पाई जाती है। कला और साहित्य, धर्म और संस्कृति की शाखा-प्रशाखाएँ इसी तरह आगे बढ़ा करती हैं। कुछ पुराना और कुछ नया लेकर उनके अंकुर विकास का मार्ग बनाते हैं। लगभग ग्यारहवीं शताब्दी से सोलहवीं तक पश्चिमी भारत में चित्रकला का रूप विशेष बदला हुआ पाया जाता है। ये चित्र हस्तलिखित ताड़ ग्रंथों में या लगभग चौदहवीं शताब्दी के मध्य भाग से कागज की पोथियों में मिले हैं। इनका आकार छोटा, रेखाएँ नुकीली, शबीह डेढ़-चश्मी, अर्थात् जिसमें एक आँख का अपांग भाग बाहर की ओर निकला हुआ रहता है और रंग चटकीले पाए जाते हैं। चित्रों में अधिकतर श्वेतांबर जैन संप्रदाय के हैं। गुजराती या पश्चिमी भारत की यह शैली किसी समय बहुत लोकप्रिय थी। मालूम होता है कि जैसे बोलचाल की भाषा पर अपभ्रंश का प्रभाव पड़ा, वैसे ही चित्रकला पर भी देहाती चित्रों की छाया पड़ी। उस समय के बढ़िया चित्र बहुत कम मिले हैं। लेकिन सोलहवीं सदी का अंत होते-होते एक ओर उत्तरी भारत में एक नई चित्रशैली ने जन्म लिया, जिसमें भारतीय और विदेश से आई हुई पुरानी परंपरा मिली। अकबर इस मिली-जुली संस्कृति का निर्माता था। मुगलों की चित्रशैली ने करीब तीन सौ बरसों तक बहुत ही तगड़ा निर्माण का कार्य किया। लेकिन राजदरबार और राजमहल के जीवन को चित्रित करने और पोसने में ही मुगल शैली की उमर बीत गई। इस चित्रशैली में रंगों की बारीकी, चुनाव की होशियारी और सजावट और सफाई तो खूब थी, लेकिन उसके हाथ-पैर कुछ जकड़े से थे। चित्रों में हृदय की तड़प नहीं दिखाई पड़ती, दरबारों की शान-शौकत चित्रकला को जनता के जीवन के साथ न मिला सकी।

हृदय की कसक और अनुभव को प्रकट करने के लिए लगभग इसी समय दूसरी

चित्रशैली का विकास हुआ। यह राजस्थानी चित्रशैली शुरू में सब तरह भारतीय थी, यद्यपि आगे चलकर इस पर मुगल चित्रकला की छाप पड़ी। इसमें रामायण और महाभारत की लीलाएँ, राग-रागिनियों के चित्र, ऋतुओं में दंपतिविहार के चित्र और लोक के नृत्य और गान से संबंधित चित्र पाए जाते हैं। भिन्न प्रकार के चटकीले रंगों को इंद्र धनुष की तरह सजाने में राजस्थानी चित्रकारी को कमाल हासिल था। राजस्थानी चित्रों के विषय, मानवीय हृदय की अनुभूति की ओर विशेष झुकते हैं। स्त्री और पुरुष का प्रेम इन चित्रों का श्रृंगार-हार है। मानवीय जीवन की पारस पथरी प्रेम है, इसीलिए प्रेम के पुट से चित्रों के विषय रसपूर्ण हो उठे हैं। मनुष्य के जीवन का जाना-पहचाना जो सबसे निकट का अनुभव है, वही राजस्थानी चित्रों में प्रतिबिंबित होता है, इसलिए ये चित्र मानवीय हृदय को पकड़ते हुए जान पड़ते हैं। अठारहवीं सदी के अंत में राजस्थानी चित्रकला का उफान मिट गया। फिर तो एक पुरानी लकीर पीटना चित्रकारों के हाथ बाकी रहा।

इधर हिमालय की प्रशांत गोद में बसी हुई जनता का मन कृष्ण-भक्ति और प्रेम की रसानुभूति से कृतकृत्य हो गया। जम्मू, बसोहली, चंबा, काँगड़ा, कुल्लू, श्रीनगर, गढ़वाल आदि रियासतों में लगभग सत्रहवीं शताब्दी के मध्य भाग से अठारहवीं शताब्दी के अंत तक भारतीय चित्रकला में विलक्षण निखरी हुई शैली ने जन्म लिया। इन चित्रों के विषय राजस्थानी चित्रों की तरह विशाल हैं, किंतु राग-रागिनियों के चित्र पहाड़ी शैली में बहुत कम हैं। वहाँ तो राधा और कृष्ण की लीला का चित्रण सर्वोपरि है। राधा और कृष्ण मानवीय जीवन के प्रतीक हैं। प्रेम और श्रृंगार, संयोग और वियोग की छोटी से छोटी कँपकँपी, राधा और कृष्ण के जीवन को भी उसी तरह तरंगित करती है, जैसे सामान्य स्त्री-पुरुषों को। उनके प्रेम की भाषा की बारहखड़ी नितांत मानवीय है। राधा और कृष्ण के प्रेम का संदेश मानवीय जीवन के प्रेम का संदेश था। गृहस्थ जीवन, विवाह, प्रेम और संतान, यही मनुष्य के लिए सबसे बड़े और आनंद के विषय हैं। कृष्ण लीला का मार्मिक अभिप्राय भोले-भाले स्त्री-पुरुषों के लिए यही था। जो अनुभव चित्रकला का सत्य था, वही साहित्य का भी सत्य था। सत्रहवीं और अठारहवीं शताब्दी के साहित्य ने स्त्री-पुरुष के प्रेम को केंद्र में रखकर उसी में आनंद का जगत् बनाने का प्रयत्न किया। चित्र और साहित्य की यह परंपरा लगभग उन्नीसवीं सदी के मध्य भाग तक भारतीय जीवन को प्रेरित करती रही। वस्तुतः हिंदी के रीतिकालीन साहित्य और पहाड़ी चित्र, दोनों दो रास्तों से एक ही रस तत्त्व को जनता के सम्मुख रखने का प्रयत्न करते रहे।

शिल्पकला की परंपरा अर्वाचीन भारत में प्रायः समाप्त हो चुकी है। सातवीं शताब्दी से ग्यारहवीं शताब्दी तक शिल्प और स्थापत्य की रचना में अभूतपूर्व उन्नति हुई। उसी समय वेरूल, भुवनेश्वर, खजुराहो, आबू, तंजोर और मदुरा के पर्वताकार मंदिरों का निर्माण हुआ, लेकिन मुसलमानों के आने के बाद शिल्प और मंदिरों की कला में नई

रचना प्राय: बंद हो गई। यों गुजरात, उड़ीसा और दक्षिण के प्रांतों में प्राचीन स्थापत्य की रीति से मंदिरों की कला को जाननेवाले सिलाट कारीगर अभी तक जीवित हैं। अगर प्रयत्न किया जाए तो उस परंपरा से भविष्य के लिए आधुनिक भारतीय स्थापत्य के सुधार के लिए बहुत-कुछ सीखा जा सकता है।

भारतवर्ष में सुंदर वस्त्रों की कला कम-से-कम तीन हजार वर्ष पुरानी अवश्य है। गुप्त काल में और मध्यकाल में भारतीय वस्त्रों का व्यापार विदेशों में भी फैल गया था, लेकिन भारतीय वस्त्रों की सबसे अधिक उन्नति मुगल काल में हुई। अकबर ने इधर बहुत अधिक ध्यान दिया था। सम्राटों के प्रयत्न से सुंदर किमखाब और रेशमी कपड़ों के एवं शबनम, आबेरयाँ वगैरह महीन मलमल के वस्त्रों के बनाने में देश के कारीगरों ने ऐसी खूबी दिखलाई कि लगभग दो सौ वर्षों तक यूरोप में भी सुंदर वस्त्रों का व्यापार उनकी कृपा पर निर्भर था। परंतु अठारहवीं सदी में बड़ी तिकड़मों से भारतीय व्यवसाय का अंत कर दिया गया। उन्नीसवीं सदी में भारतीय वस्त्रों की सुंदर कला का पुराना वैभव नष्ट हो गया और हजारों वर्षों की परंपरा टूट गई। गुजरात के पटोले, चंदेरी की साड़ियाँ, राजस्थान की बाँधनू रँगाई, ढाका की मलमल, मुर्शिदाबाद की रेशमी साड़ियाँ, कच्छ-काठियावाड़ की फुलकारी और काश्मीर के दुशाले का काम—इन कलाओं की अब झलक भी बड़ी मुश्किल से मिलती है। लेकिन यदि सच्चा प्रयत्न किया जाए तो अब भी यह संभव है कि भारतीय कला की पुरानी परंपरा का रहस्य मालूम हो सके और उसे भविष्य के लिए बचाया और सँजोया जा सके।

□

अमर शहीद भगत सिंह (लघु जीवनी)

—विष्णु प्रभाकर

हर क्षण असंख्य व्यक्ति जन्म लेते हैं, पर कुछ होते हैं कि उस क्षण को अमर कर देते हैं। अपने जन्म के क्षण को अमर कर देने वाला एक ऐसा ही बालक जिला लायलपुर (अब पाकिस्तान में) के एक गाँव, बंगा में पैदा हुआ। उसके पैदा होते ही उसके चाचा सरदार अजीतसिंह का निर्वासन समाप्त होने की सूचना मिली। उसी दिन उसके पिता सरदार किशनसिंह और छोटे चाचा सरदार स्वर्णसिंह जेल से मुक्त हुए।

सभी ने प्यार से उसे 'भागोंवाला' (भाग्यवान) कहकर पुकारा और दादी ने उसे नाम दिया 'भगतसिंह'। और वह अमर होने वाला क्षण था आश्विन शुक्ल त्रयोदशी, संवत् 1964 विक्रमी तदनुसार 28 सितंबर, 1907, शनिवार, प्रातः लगभग 9 बजे का।

प्यार-दुलार में वह बड़ा हुआ। होगा कोई ढाई-तीन वर्ष का। पिता के साथ एक दिन जा पहुँचा खेत पर। पिताजी देख रहे थे आम के पौधों को, जो तभी रोपे जा रहे थे। पुत्र ने भी देखादेखी तिनके उठा-उठाकर रोपने शुरू कर दिए। प्यार से पिताजी ने पूछा, "क्या कर रहे हो, बेटा?"

उत्तर मिला—"बंदूकें बो रहा हूँ।"

सुनने वाले सभी हँस पड़े थे, पर काल मन-ही-मन मुसकरा रहा था। देख रहा था कि जिसके जन्म पर परिजन मुक्त हुए हैं, वह सचमुच देश की मुक्ति का व्रत लेकर जन्मा है और उसके लिए वह मुक्ति बंदूक के माध्यम से होने वाली है। इन घटनाओं को संयोग कहकर टाला जा सकता है, पर कभी-कभी ये संयोग बड़े अर्थगर्भित होते हैं और आनेवाली घटनाओं के सूचक भी।

सभी जानते हैं, वे शहीद की माँ थीं, पर वे बेटों की माँ भी तो थीं, यह भूल जाते हैं माँ क्या होती है। भगतसिंह को फाँसी हो गई, यह सुनकर उन पर क्या बीती, उन्हीं के शब्दों में, "सुनते ही मेरा कलेजा टुकड़े-टुकड़े हो गया। भीतर से आँसुओं

का समुद्र उमड़ता, पर आँखों तक आते-आते मेरी बुद्धि उसे रोक देती। हँसते-हँसते प्राण न्योछावर करने वाले मेरे बेटे भगत के कहे अंतिम शब्द मेरे कानों में बार-बार गूँज रहे थे, 'बेबेजी, रोना मत। ऐसा न हो आप पागलों की तरह रोती फिरें। लोग क्या कहेंगे कि भगतसिंह की माँ रो रही है!' कलेजा मुँह को आने लगता, पर मैं भीतर-ही-भीतर घोलती रही उन आँसुओं को।'"

अजीतसिंह, सरदार भगतसिंह के बड़े चाचा थे। उनकी कहानी सर्वविदित है। वे मांडले में जलावतन रहे, लौटे तो स्वेच्छा से विदेश चले गए। उन्होंने आर्य-समाज के परिवेश में स्वदेशभियान की दीक्षा ली और अंतिम क्षण तक उसी को सार्थक करते रहे। वे 23 जनवरी, 1881 को पैदा हुए। उन्होंने आर्यसमाज के लिए पैंफलेट लिखे, तो देश के लिए विद्रोह का स्वर भी गुँजाया। वे गुप्त आतंकवादी कभी नहीं हुए। वे 'भारतमाता सोसायटी' के संस्थापक ही नहीं थे, उनके प्राण भी थे। वे ज्वालामुखी की तरह थे। इसीलिए जून, 1907 के मांडले के किले में बंद कर दिए गए थे। नवंबर में छूटे तो 1909 के प्रारंभ में मातृभूमि से विदा लेकर विदेश चले गए। जब तक वहाँ रहे, स्वाधीनता का झंडा ऊँचा किए रहे। वे अंग्रेजों के शत्रु थे। दूसरे विश्व-युद्ध में रोम-रेडियो से हिंदी में बोलते थे। वे सुभाषचंद्र बोस से मिले थे। अंग्रेजों के संबंध में दोनों एकमत थे।

गहराई में जाकर देखें तो स्पष्ट हो जाता है कि भगतसिंह को संस्कृत से जितनी रुचि थी, इंगलिश से उतनी ही अरुचि। क्या यह मात्र संयोग है अथवा बचपन से ही जो घृणा अंग्रेजों के प्रति उनके मन में पनपती आ रही थी, उसका परिणाम?

वे तब सातवीं क्लास में थे जब महात्मा गांधी ने असहयोग आंदोलन का श्रीगणेश किया। उसके कार्यक्रम में स्कूलों का बहिष्कार भी शामिल था। उनके मन में भी बहिष्कार की यह भावना निश्चय ही जागी होगी। आगे की घटनाएँ इसका समर्थन करती हैं। जलियाँवाला-कांड (13 अप्रैल, 1919) हमारे स्वाधीनता-संग्राम का मेरुदंड है। बलिदान की गौरव-गाथा भगतसिंह के बहुत पास ही घटी थी। लाहौर-अमृतसर में कुल सोलह मील का ही तो अंतर है। अगले दिन वे समय पर स्कूल गए, पर समय पर लौटे नहीं। वातावरण में आतंक था। सभी भयातुर थे। उन्हें आया न देखकर उनके घर वालों की चिंता का पार नहीं था। कहाँ चले गए? कहीं···

उस दिन भगतसिंह स्कूल गए ही न थे। घर से निकले और पहुँच गए अमृतसर। सेना की तनिक भी चिंता किए बिना वे जलियाँवाला बाग गए। देखा उस धरती को जो

जनता के खून से रँगी हुई थी। उठाकर उसे सिर पर लगाया। इतना ही नहीं, कुछ मिट्टी एक शीशी में भरी और लौट पड़े घर की ओर।

भाई ने बहन को सारी कहानी सुनाई। फिर फूल लाकर उस मिट्टी पर चढ़ाए। बहुत दिनों तक चढ़ाते रहे और भावी इतिहास चुपचाप उनके वक्ष पर अपनी कलम से वह कहानी लिखता रहा जो बारह वर्ष बाद उन्हीं के रक्त से रंजित मिट्टी की पूजा के साथ समाप्त होने वाली थी।

फूल चढ़ाता तो मूर्ति-पूजा है। देशभक्ति पूजा नहीं, कर्म ही हवि चाहती है। गांधीजी का आंदोलन लोगों के अंतर को झकझोर रहा था। वे नहीं क्लास में आ गए थे, पर मन उनका कहीं और था। उन्होंने निश्चय किया कि वे नहीं पढ़ेंगे, वे आंदोलन में हिस्सा लेंगे।

उन्होंने स्कूल छोड़ दिया। वे जुलूस निकालते और विदेशी वस्त्रों की होली जलाते। अपने आकर्षक व्यक्तित्व के बल पर, जहाँ दूसरे असफल या कम सफल होते थे, वहाँ वे पूर्ण सफलता प्राप्त कर लेते थे। लेकिन वे कुछ कर पाते कि स्वाधीनता-संग्राम के इतिहास ने एक ऐसा मोड़ लिया जो आज तक विवाद का विषय बना हुआ है। देश के कोने-कोने में अहिंसक विप्लव की आग सुलग रही थी, परंतु ठीक इसी समय एक दुर्घटना घटी। तीव्र गति से घूमता हुआ कालचक्र जैसे रुक गया। 5 फरवरी, 1922 को गोरखपुर जिले में चौरी-चौरा के स्थान पर कांग्रेस का जुलूस निकल रहा था। इस अवसर पर अचानक दंगा हो गया। उसके बाद भीड़ ने इक्कीस सिपाहियों और एक थानेदार को थाने में बंद करके आग लगा दी। किसी को भी बाहर नहीं निकलने दिया। वे सबके सब जलकर मर गए।

भगतसिंह के लिए अहिंसा का मार्ग नितांत नया था। अभी तक उन्होंने जो कुछ देखा-सुना था उसमें यह द्वंद्व था ही नहीं। चार वर्ष पूर्व गदर-पार्टी के क्रांतिकारियों को दी जाने वाली निर्गम सजा की उन्हें याद थी। उन्हें याद थी सरदार करतारसिंह सरावा की। वह सशस्त्र क्रांति का सैनिक था और हँसते-हँसते शहीद हो गया था। फाँसी की सजा सुनकर उसने जज से कहा था, "थैंक्यू।"

भगतसिंह के पिता ने उन्हें इसी कॉलेज में भरती करवा दिया। वे तो नवीं कक्षा भी पास नहीं थे, फिर कॉलेज में कैसे ले लिए गए? उनकी भतीजी सुश्री वीरेंद्र सिंधु ने लिखा है—"भाई परमानंद ने उनके ज्ञान की जाँच की। अंग्रेजी में भगतसिंह कमजोर थे, पर

उन्हें स्कूल की पुस्तकों के अतिरिक्त ऐतिहासिक और राजनैतिक पुस्तकें पढ़ने का बेहद शौक था। इसलिए इन विषयों में भगतसिंह का ज्ञान ही नहीं, चेतना भी अपनी शिक्षा से बहुत आगे थी। फिर भाईजी उनके व्यक्तित्व से, वार्त्तालाप से, बुद्धिमत्ता और आदर्शवादी दृष्टिकोण से बहुत प्रभावित हुए। भाईजी ने उन्हें दो महीने का समय विशेष तैयारी के लिए दिया और कॉलेज में ले लिया। कुछ दिन निश्चय ही भगतसिंह पर बोझ पड़ा, पर परिश्रम करना उनका स्वभाव था। चैलेंज को स्वीकार करना और होड़ में जूझना उनका संस्कार था, इसलिए जल्दी ही वे अपने साथियों के साथ हो गए और पढ़ाई का काम ठीक-ठाक चल निकला।" भाई परमानंद भी उनसे संतुष्ट हो गए।

भगतसिंह भाई परमानंद की सादगी और साधना से प्रभावित हुए तो जयचंद्रजी की विद्वग और क्रांतिकारी विचारों ने उन्हें विशेष रूप से आकर्षित किया। वे इतिहास के विद्वान् थे। बंगाल के क्रांतिकारियों से उनका परिचय था। भगतसिंह तो हिंसा-अहिंसा को लेकर बेचैन थे ही। वह सहज ही उनके पास आ गए। उन्होंने पाठयक्रम में रोलेट कमेटी की रिपोर्ट भी पढ़ी थी। उसमें स्वतंत्रता के लिए किए गए सशस्त्र आंदोलनों का पूरा विवरण दिया हुआ था। इसीलिए उनकी जिज्ञासा निरंतर जाग रही थी।

इसी समय भगतसिंह को फ्रांस के अराजकतावादी नवयुवक वेलां का वह बयान पढ़ने को मिला जो उन्होंने अदालत के सामने दिया था। यह भी उन्हें श्री राजाराम शास्त्री की कृपा से ही प्राप्त हुआ था। उसमें उसने कहा था कि "मैंने ट्रेड यूनियनों को संगठित किया, सार्वजनिक सभाओं में व्याख्यान दिए, शांतिमय प्रदर्शन किए, पर श्रमजीवियों तथा दूसरे मेहनतकशों के शोषण पर स्थापित इस पूँजीवादी समाज के कर्णधारों पर कोई प्रभाव नहीं पड़ा। तब मेरे मन में यह विचार उत्पन्न हुआ कि क्यों न फ्रांस की असेंबली में बम का धमाका किया जाए, जिससे बहरे शासक जग जाएँ। बहरों को सुनााने के लिए ऊँची आवाज की आवश्यकता होती है। यही सोचकर मैंने असेंबली में बम फेंका था।"

उन्होंने एफ.ए. पास कर लिया। कॉलेज में दो वर्ष पूरे हुए। अब वे बी.ए. के छात्र थे और वर्ष था सन् 1923 का। दादी जयकौर ने उनके पिता किशनसिंह से कहा कि अब भगतसिंह का विवाह हो जाना चाहिए। घर में उनका वचन विधाता का वचन था, पर पिता भी अपने बेटे को जानते थे। वे विवाह के लिए आग्रही तो नहीं थे, पर चाहते अवश्य थे कि वह विवाह कर ले।

यह सच है कि सगाई की बात भी लगभग पक्की हो गई थी। लड़की वाले अमीर भी थे, पर विवाह का आग्रह केवल इसी कारण न था। अगर ऐसा होता तो वे फिर भी भगतसिंह से कहते। फरारी से लौटने के बाद भगतसिंह 6-7 वर्ष उनके साथ रहे। तब उन्होंने एक बार भी विवाह की बात नहीं उठाई। वास्तव में भगतसिंह की दादी के आग्रह के कारण ही बात इतनी बढ़ गई थी।

भगतसिंह अपने वचन पर अडिग थे, अडिग रहे। आग्रह ने उग्र रूप लिया तो घर से भाग गए। वह स्वयं भी गहरे सोच-विचार के व्यक्ति थे। इसके अतिरिक्त क्रांतिकारी दल में शामिल होते समय उन्हें समझा दिया गया था कि विवाह करना ठीक नहीं होगा। भावुकता के किन्हीं क्षणों में वे और यशपाल अपने को देश के प्रति समर्पित कर चुके थे। जो देश के प्रति समर्पित हो चुका है, वह विवाह कैसे कर सकता है।

भगतसिंह ने अपनी मंजिल ढूँढ़ ली थी। कैशोर्य और यौवन का संधिकाल भावुक आवेश का काल है। अपनी शक्ति पर गर्व करने और बड़े-बड़े स्वप्न देखने का काल है। उन स्वप्नों को पूरा करने वाले विरल जन होते हैं। भगतसिंह उन्हीं विरल जनों में थे।

लाहौर से भगतसिंह कानपुर गए। उन दिनों इधर का काम योगेशचंद्र चटर्जी देख रहे थे। भगतसिंह इन्हीं के साथ काम करने लगे। अब तक उनका परिचय लाला लाजपतराय, आचार्य जुगलकिशोर, भाई परमानंद, जयचंद्र विद्यालंकार, राजाराम शास्त्री जैसी हस्तियों से हो चुका था। यशपाल आदि तो उनके सहपाठी थे ही। यहाँ आकर उनका संपर्क हुआ श्री सुरेशचंद्र भट्टाचार्य से (बाद में प्रताप के संपादक), श्री बटुकेश्वर दत्त, श्री अजय घोष (बाद में कम्युनिस्ट पार्टी के महामंत्री) और श्री विजयकुमार सिन्हा जैसे क्रांतिकारियों से। इनके अतिरिक्त एक और गौरवमंडित चेहरा उभरता है और वह चेहरा है अमर शहीद गणेश शंकर विद्यार्थी का।

उनकी भतीजी सुश्री वीरेंद्र सिंधु ने 'युगदृष्टा भगतसिंह' में डकैती की चर्चा भी की है। यह भी लिखा है, "एक बड़े काम की तैयारी आरंभ हो गई थी, इसलिए पार्टी के सदस्य बेहद सतर्कता बरत रहे थे और इधर-उधर हो गए थे। भगतसिंह को श्री गणेशशंकर विद्यार्थी ने ग्राम शादीपुर, तहसील खैर, जिला अलीगढ़ के नेशनल स्कूल में हैडमास्टर बनवा दिया था। वे ठाकुर टोडरसिंह (बाद में कांग्रेसी एम.एल.ए.) के घर पर रहते थे और स्कूल का काम देखते थे।"

भगतसिंह अब दिल्ली आ गए थे। वे बलवंतसिंह के नाम से 'दैनिक अर्जुन' के संपादकीय विभाग में काम करने लगे थे। कुछ दिन बाद फिर कानपुर चले गए। वहाँ गंगा में बाढ़ आ रही थी। वे स्वयंसेवक बनकर सहायता-कार्य में जुट गए। अनेक और क्रांतिकारी भी वहाँ थे। सुना है, कुछ डकैतियों में भी उन्होंने भाग लिया था, परंतु इस बात का कोई पुष्ट प्रमाण नहीं मिलता। उनकी भतीजी सुश्री वीरेंद्र सिंधु के अनुसार उन्हें इस कार्य में कुरूपता नजर आती थी। डकैतियाँ डालना क्रांतिकारियों का उद्देश्य नहीं था। संस्था चलाने और हथियारों के लिए धन की आवश्यकता होती थी। उनसे सहानुभूति रखने वाले उन्हें चोरी-चोरी पैसा देते भी थे। श्री शिवप्रसाद गुप्त, पं. मोतीलाल नेहरू, राजर्षि पुरुषोत्तमदास टंडन, डॉ. गोपीचंद भार्गव, साहित्यकार शरत्चंद्र चट्टोपाध्याय, अटर्नी निर्मलचंद्र 'चंद्र', एडवोकेट जनरल सर एन.एन. सरकार जैसे व्यक्तियों ने भी किसी-न-किसी समय इन लोगों की सहायता की थी। किसी ने डरते-डरते किसी न मुक्तहस्त से। अपने घरों में भी वे लोग चोरी करते और डाके डालते थे। फिर भी काम पूरा नहीं होता था तो दूसरों के घरों में डाके डाले जाते थे। उनकी दृष्टि से कोरी विवशता थी यह।

कांतिकारी आंदोलन धीरे-धीरे आगे बढ़ रहा था। वे यह अनुभव करने लगे थे कि इसके लिए एक खुले मंच की आवश्यकता है। इसीलिए सन् 1926 में भगतसिंह, सुखदेव, भगवतीचरण और यशपाल आदि ने लाहौर में 'नौजवान भारत सभा' की स्थापना की। भगतसिंह अध्ययन खूब करते थे, पुस्तकों का भी और परिस्थितियों का भी। दो वर्ष पूर्व के लालाजी के चुनाव में उन्होंने भगवती चरण और अपने पिता के साथ जो काम किया था, उससे उनके मन में अनेक विचार आंदोलित हो उठे थे। उन्होंने जलसे किए थे, भाषण दिए थे, नारे लगाए थे, हैंडबिल बाँटे थे। पिटे भी थे। अर्थात् सार्वजनिक आंदोलन का पूरा रोमांस अनुभव किया था। उसी रोमांस को वे कांतिकारी आंदोलन से जोड़ना चाहते थे। वे मुक्त वायु में साँस लेकर अपने उद्‌देश्यों और विचारों का प्रचार करना चाहते थे। वे मानते थे कि मात्र राजनैतिक स्वाधीनता से मुक्ति मिलने वाली नहीं है, उसके लिए आर्थिक स्वाधीनता भी अनिवार्य है।

भारतीय भाषाओं और संस्कृति की रक्षा करना, शारीरिक-मानसिक स्वास्थ्य बढ़ाना और कुरीतियों को दूर करना भी उनका उद्‌देश्य था, पर असली लक्ष्य तो ऊपर के चार उद्‌देश्यों में निहित था। इससे स्पष्ट है कि वे धर्मनिरपेक्षता और समाजवाद के

पूर्ण समर्थक थे। उन्होंने सन् 1926 में ही पूर्ण स्वतंत्रता की घोषणा कर दी थी। भारतीय राष्ट्रीय कांग्रेस के मंच से ऐसा प्रस्ताव सन् 1927 से पहले नहीं स्वीकृत हो सका था।

नौजवान भारत सभा एक युग तक सक्रिय संस्था बनी रही। वह अंधविश्वास और कुरीतियों पर चोट करती थी। सामाजिक कांति का आह्वान करती थी। देश की स्वतंत्रता के लिए सशस्त्र कांति तो उसका लक्ष्य था ही, छुआछूत और सांप्रदायिकता पर चोट करने के लिए सहभोज भी होते थे। एक बार झटके और हलाल का गोश्त एक ही देग में पकाया गया। उसे हिंदू, मुसलमान और सिख सभी ने साथ बैठकर खाया।

नौजवान भारत सभा की स्थापना से पूर्व ही 'काकोरी षड्यंत्र केस' की ओर लोगों का ध्यान खिंच चुका था। 9 अगस्त, 1925 को लखनऊ के पास काकोरी स्टेशन के पास क्रांतिकारियों ने एक गाड़ी इसलिए रोक ली थी कि उसमें सरकारी खजाना ले जाया जा रहा था। उसी खजाने को उन्होंने लूट लिया था। वह मुकदमा डेढ़ वर्ष तक चलता रहा। अभियुक्तों के बचाव के लिए एक डिफेंस कमेटी बनी। नेहरू-परिवार तथा गणेश शंकर विद्यार्थी आदि नेताओं ने उसको अपना समर्थन-सहयोग भी दिया।

सभा में ये लोग शामिल हुए थे—(1) भगतसिंह, (2) विजयकुमार सिन्हा, (3) कुंदनलाल (काकोरी षड्यंत्र के समय के कार्यकर्ता), (4) फणींद्रनाथ घोष (बिहारी के कार्यकर्ता जो लाहौर षड्यंत्र केस में मुखबिर हो गए थे। अंत में बैकुंठनाथ शुक्ल ने इन्हें मार डाला था। (5) मनमोहन बनर्जी, (6) सुरेंद्र पांडेय, (7) ब्रह्मदत्त मिश्र, (8) सुखदेव, (9) जयदेव गुप्त और (10) शिव वर्मा।

10 व्यक्तियों की अखिल भारतीय सभा—आज कोई हँस सकता है, पर सर पर कफन बाँधनेवाले होते कितने हैं!

भगतसिंह इस ऐतिहासिक बैठक के बाद एक संपूर्ण रूप से समर्पित क्रांतिकारी के रूप में प्रकट हुए। अब झिझक या पीछे लौटने का प्रश्न नहीं था। चूँकि अखिल भारतीय नेता के रूप में उन्हें सारे भारत में घूमने की आवश्यकता थी, इसलिए फिरोजपुर जाकर उन्होंने बाल कटवा दिए। इस केश-कर्तन संस्कार का आरंभ पहले मित्रों ने किया, जिससे संदेह न हो। उसके बाद नाई आया।

लालाजी को भी उसने नहीं छोड़ा। रायजादा उनके आगे आ गए, डॉ. सत्यपाल भागे, भगतसिंह और उनके साथियों ने जो कुछ कर सकते थे, किया।

लालाजी को चोटें तो आई थीं, पर शारीरिक उतनी नहीं, जितनी मानसिक। वह कल्पना भी नहीं कर सकते थे, पुलि खुले आम इस तरह उन पर डंडे बरसा सकती है। अब भी वे घूमते-फिरते थे। कांग्रेस वर्किंग कमेटी की बैठक में वे दिल्ली गए थे। वहाँ वे पं. जवाहरलाल नेहरू से उलझ गए थे। लौटकर उन्होंने उनके विचारों के विरोध में एक लेखमाला लिखनी शुरू की थी, पर उसका दूसरा लेख लिख रहे थे कि 17 नवंबर, 1928 को उनकी मृत्यु हो गई।

सब बातों पर पूरी सावधानी से विचार करने के बाद चंद्रशेखर आजाद व भगतसिंह स्वयं मौका देखने गए। सभी क्रांतिकारी उस पुलिस अफसर को निशाना बनाने को आतुर थे, पर सेनापति आजाद की उपर्युक्त योजना को सभी ने स्वीकार कर लिया। पुलिस स्टेशन के साने ही डी.ए.वी. कॉलेज था। उसी में से होकर उन्हें भागना था।

18 दिसंबर, 1928 को स्थिति अनुकूल लगी। सभी पूर्व योजना के अनुसार अपने-अपने स्थान पर सतर्क थे। आजाद के पास उनकी माउजर थी। उसमें दस गालियाँ भरी जाती हैं और एक हजार गज से राइफल की तरह चलाई जाती है।

साइकिल ठीक करने के बहाने जयगोपाल ठीक पुलिस स्टेशन के सामने खड़े थे। सहसा उन्होंने सांडर्स की लाल मोटरसाइकिल देखी और देखा उस पर बैठते सांडर्स को। उन्होंने तुरंत साथियों को इशारा किया। सांडर्स फाटक पर आ चुका था कि राजगुरु ने निशाना लिया और गोली उसके सिर में लगी। वह लुढ़क गया। गोली अपना काम कर चुकी थी, पर क्रांतिकारी सावधान रहते थे, इसलिए भगतसिंह ने पाँच गोलियाँ चलाकर उसका शरीर छेद दिया।

जैसा कि कुछ लोगों ने लिखा है कि सेनापति चंद्रशेखर साधु के वेश में उसी ट्रेन से नहीं गए थे। भगतसिंह 20 दिसंबर, 1928 को गए और चंद्रशेखर तथा किशोरीलाल 25 दिसंबर को सुखदेव की माता श्रीमती रल्लीदेवी तथा बहन के साथ मथुरा गए थे। यह बहन उनके घरेलू सेवक पं. शिवराम दास की लड़की थी, जिसे माताजी ने बेटी के रूप में गोद ले लिया था। कुछ लोग मानते हैं कि वे तब की द्वितीय श्रेणी में सफर कर रहे थे और राजगुरु सर्वेंट क्लास में।

रास्ते में सब उतरते चले गए। भगतसिंह जब कलकत्ता स्टेशन पर उतरे तो उन्होंने भगवतीचरण और सुशीला दीदी को उनके स्वागत को उपस्थिति पाया। दुर्गा भाभी ने तार दे दिया था कि वे भाई के साथ आ रही हैं। नाम लिखा था दुर्गावती। भगवतीचरण कुछ समझ न पाए, परंतु स्टेशन पहुँचकर सबकुछ जान गए। तार सुशीला दीदी के नाम

था। वे सुप्रसिद्ध दानवीर सेठ छज्जूराम की बेटी की शिक्षिका होकर उन्हीं की कोठी पर रहती थीं।

चालीस घंटे की वह यात्रा, प्रतिक्षण संकट से साक्षात्कार, प्रतिक्षण सहज होने का अभिनय, पति और पति होने का अहसास, किसी दूसरे की पत्नी बन जाने का रोमांस, वह सब अनुभव करने की बात है, कल्पना करने की नहीं। पत्नी को इस रूप में देखकर भगवतीचरण कितने उत्फुल्ल हुए। वे सच्चे अर्थों में उनकी संगिनी बन गई थीं।

योजना को अंतिम रूप दिया जा चुका था। साथी अपने-अपने स्थान पर जाने को तैयार हो गए। चंद्रशेखर आजाद को झाँसी जाना था। शिव वर्मा उन्हें स्टेशन छोड़ने चले। रास्ते में सहसा उन्होंने शिव वर्मा से कहा, 'प्रभात (शिव वर्मा का पार्टी का नाम), अब कुछ ही दिनों में दोनों (भगतसिंह और दत्त), देश की संपत्ति हो जाएँगे। तब हमारे पास इनकी याद रह जाएगी। तब तक के लिए मेहमान समझकर इनके आराम-तकलीफ का ध्यान रखना।"

इस बात का भी निर्णय हो चुका था कि बम कब फेंके जाने हैं। उन दिनों केंद्रीय असेंबली में दो बिल पेश थे। एक पब्लिक सेफ्टी बिल (जन सुरक्षा बिल) और दूसरा ट्रेड डिस्प्यूट्स बिल (औद्योगिक विवाद मिल)। पहले बिल का उद्देश्य जन-आंदोलन को, विशेषकर युवक आंदोलन को, कुचलना था और दूसरा मजदूरों को हड़ताल करने के अधिकार से वंचित करना था।

जैसे ही सर जार्ज शुस्टर ने सूचना देनी शुरू की, भगतसिंह और दत्त खड़े हो गए। बड़ी फुर्ती से भगतसिंह ने अखकार में लिपटा बम सरकारी बेंचों के पीछे खाली जगह पर फेंक दिया। बड़े जोर का धमाका हुआ। कानों के परदे फटने को हुए और दिल की धड़कन तो जैसे एकाएक तेज होकर बंद हो चली हो। तभी दूसरा धमाका हुआ। भगदड़ मच गई। दर्शक और सदस्य सभी जिधर मुँह उठा, भाग चले। सर जार्ज शुस्टर डेस्क के नीचे छिप गए। सर जान साइमन वायसराय की गैलरी में बैठे थे। सबसे पहले वे ही भागे। कुछ गैलरी में गए, कुछ बाथरूम में जा छिपे। वातावरण में नीला धुआँ घुमड़ता रहा।

सरदार किशनसिंह 3 मई, 1929 को दिल्ली जेल में भगतसिंह से मिले। बैरिस्टर आसफ अली भी साथ थे, पर भगतसिंह अपनी हठ पर अटल रहे। उन्होंने सिद्धांतों के

प्रचार का एक मोरचा-मात्र बनाना चाहते थे। उन्होंने कुछ विधि-संबंधी बातें पूछीं और चर्चा समाप्त कर दी।

मुकदमे का आरंभ 7 मई, 1929 को हुआ और बहुत शीघ्र ही वह ऐतिहासिक बन गया। उसने न केवल देश का बल्कि संसार भर का ध्यान अपनी ओर आकर्षित कर दिया। जनता और समाचार-पत्र सभी ने सहज भाव से उसमें रुचि ली। भगतसिंह और बटुकेश्वर दत्त को जैसी ख्याति मिली, वैसी शायद पहले किसी को न मिली थी। उन्होंने एडीशनल मजिस्ट्रेट श्री पूल की अदालत में, जो जेल में लगती थी, बयान देने से इनकार कर दिया। कहा, "हम लोग अपना बयान सेशन जज की अदालत में देंगे।"

सेशन जज की अदालत में हमने जो लिखित बयान दिया था, वह हमारे उद्देश्य की व्याख्या करता था और इस रूप में हमारी नीयत की व्याख्या करता था, लेकिन सेशन जज महोदय ने कलम की एक ही नोक से यह कहकर कि 'आमतौर पर अपराध को व्यवहार में लानेवाली बात कानून के कार्य को प्रभावित नहीं करती और इस देश में कानूनी व्याख्याओं में कभी-कभार उद्देश्य और नीयत की चर्चा होती है, 'हमारी सब कोशिशें बेकार कर दीं।'

भगतसिंह ने इन दिनों एक ओर ऐसा काम किया जिसके कारण देश और विदेश में उनका नाम ऊपर आ गया। उस समय राजनीतिक बंदियों के साथ बहुत बुरा व्यवहार किया जाता था, विशेषकर गोरे अपराधियों से तुलना करने पर तो उसे दुर्व्यवहार की ही संज्ञा दी जा सकती है। कभी-कभी तो यह दुर्व्यवहार नरक की यातना की सीमा को भी पार कर जाता था। न जाने कितने बंदी इन यातनाओं को न सहकर दिवंगत हो गए, कितनों का ही शेष जीवन उसकी कड़वी याद से, मानसिक और शारीरिक दोनों रूप से, जर्जरित हो उठा।

लगभग चार महीने के इस तप की कहानी बड़ी मार्मिक है। इसी बीच में लाहौर षड्यंत्र केस आरंभ हो चुका था। 10 जुलाई, 1929 को सभी क्रांतिकारी कैदी अदालत में मिले। उनकी बड़ी अच्छा थी कि वे भी भगतसिंह और दत्त की सहानुभूति में भूख-हड़ताल कर दें, पर यतींद्रनाथ दास ने उनहें चेतावनी दी कि एक माने में यह रिवाल्वर और पिस्तौल की लड़ाई से कहीं अधिक कठिन है। अनशन के द्वारा तिल-तिल करके अपने आपको खपाकर इंच-इंच मौत की ओर सरकने की अपेक्षा पुलिस की गोली का शिकार हो कर या फाँसी पर लटक मर जाना आसान है···एक बार अनशन के मैदान में उतरकर पीछे हटना क्रांतिकारियों की प्रतिष्ठा को नीचे गिराना होगा। इस स्थिति में संघर्ष

में कूदकर पीछे हटने की अपेक्षा प्रारंभ से ही इसमें शरीक न होना बेहतर है।

इस अंतर्मंथन में तीन दिन लगे और 13 जुलाई को वे सब भी अनशन करके इस ऐतिहासिक संघर्ष में शामिल हो गए। 10 जुलाई को जब भगतसिंह और दत्त स्ट्रेचर पर अदालत में गए तो दर्शक भी हा, हा कर उठे थे। श्रीमती वीरेंद्र सिंधु के अनुसार उनके बोस्ट्रल जेल के साथियों ने तो अनशन करने की घोषणा अदालत में ही कर दी थी।

यतींद्रनाथ की अवस्था बराबर बिगड़ रही थी। 28 जुलाई को स्थिति इतनी चिंतातुर हो उठी कि भगतसिंह ने बोर्स्टल जेल में संदेश भेजा कि वहाँ के सभी अभियुक्त अनशन तोड़ दें। केवल मैं और दत्त ही यह लड़ाई लडेंगे; परंतु यह संभव न हो सका। हो ही नहीं सकता था। भगतसिंह भी जानते थे पर वे किसी भी तरह यतींद्रनाथ के प्राण बचाना चाहते थे। जब जेल के अधिकारी यतींद्रनाथ की एनिमा लेने को भी राजी न कर पाए तो उन्होंने फिर भगतसिंह की शरण ली। गवर्नर की आज्ञा से वे उन्हें बोर्स्टल जेल में ले आए। उनके आग्रह पर दास एनिमा लेने को तैयार हो गए।

भगतसिंह चक्रव्यूत-निर्माणकला में कितने दक्ष हो गए थे, उसका एक उदाहरण देना पर्याप्त होगा। उन्होंने सरकार को भेजने के लिए एक प्रार्थना पत्र तैयार किया था, परंतु जेल-अधीक्षक ने उसे नहीं भेजा। उसकी राय में उसमें कुछ आपत्तिजनक पंक्तियाँ थीं। भगतसिंह उनहें निकालने को तैयार नहीं थे। पत्र नहीं गया, परंतु दूसरे दिन सवेरे ही वह अक्षरशः 'दैनिक ट्रिब्यून' में छपा हुआ था।

क्रांतिकारी आंदोलन के इतिहास में लाहौर षड्यंत्र केस का स्थान कई दृष्टियों से महत्त्वपूर्ण है। विभिन्न स्थानों पर छापे मारकर पुलिस ने जिन क्रांतिकारियों को गिरफ्तार किया उनमें थे—1.सुखदेव, 2. किशोरीलाल, 3. शिव वर्मा, 4. गयाप्रसाद, 5. यतींद्रनाथ दास, 6. जयदेव कपूर 7. कमलनाथ तिवारी, 8. जितेंद्रनाथ सान्याल, 9. आशाराम, 10. देशराज, 11. प्रेमदत्त, 12. महावीर सिंह, 13. सुरेंद्र पांडेय, 14. अजय घोष, 15. विजयकुमार सिन्हा, 16. राजगुरु और 17. कुंदनलाल।

भगतसिंह और बटुकेश्वर दत्त तो असेंबली में बम फेंकने के अपराध में सजा पा ही चुके थे, लेकिन बाद में सरकार ने बटुकेश्वर दत्त को मुकदमे से अलग कर दिया और 18 अभियुक्तों पर ही मुकदमा चलाया। इनके अतिरिक्त सात क्रांतिकारी मुखबिर बन गए थे—1. जयगोपाल, 2. हंसराज बोहरा, 3. ललित कुकार मुखर्जी, 4. फणींद्रनाथ घोष, 5. मनमोहन मुखर्जी, 6. रामशरण दस, 7. ब्रह्मदत्त। इनमें से रामयारण दास और

ब्रह्मदत्त बाद में बदल गए। उन्होंने कोई रहस्य नहीं खोला। बस, कुछ साधारण बातें ही बताईं उन्होंने।

भगत सिंह अब अदालत को प्रचार मंच के रूप में इस्तेमाल करना चाहते थे। वे चाहते थे कि अधिक-से-अधिक लोग वहाँ आवें, पर सरकार चाहती थी कि जनता इस मुकदमे के बारे में कुछ न जाने।

भगतसिंह बड़े सजग और चौकन्ने थे। सरकार ने सरकारी गवाहों की इसलिए तैयार किया गया था कि क्रांतिकारियों के रहस्य जानकर उनहें अराजक तत्त्व प्रमाणित किया जा सके, पर भगतसिंह और उनके साथियों ने उनसे इस प्रकार जिरह की कि जनता उनका सच्चा रूप जान सके। जान सके कि वे एक गंभीर उद्‌देश्य से, सुनियोजित रूप में, भारत की स्वतंत्रता के लिए युद्ध कर रहे हैं। जिरह का उद्‌देश्य नए क्रांतिकारियों को प्रशिक्षण देना भी था।

भगतसिंह का लक्ष्य भी स्वतंत्रता और समाजवाद ही था। साध्य एक ही था, साधन भिन्न थे। भगतसिंह को अहिंसक असहयोग और सत्याग्रह में विश्वास नहीं था, पर अनशन का उपयोग उन्होंने बार-बार किया। जेल सुधार कमेटी ने जो सिफारिशें की थीं, उन्हें नवंबर, 1929 से लागू हो जाना चाहिए था, पर जनवरी, 1960 तक कुछ न हो सका। देश के बड़े-बड़े नेताओं, जैसे पं. मदनमोहन मालवीय, पं. मोतीलाल नेहरू, श्री गणेश शंकर विद्यार्थी आदि ने भी प्रयत्न किए, पर कोई परिणाम न निकला। तब भगतसिंह ने अपने साथियों के साथ फरवरी से फिर से अनशन शुरू कर दिया। एक बार फिर तूफान उमड़-घुमड़ उठा। सहानुभूति में, बरेली में सजा काटनेवाले चार काकोरी बंदी भी इसमें शामिल हो गए। उनके साथ ही दूसरी जेलों के और भी अनेक बंदियों ने अनशन शुरू कर दिया।

सरकार बहुत परेशान हो उठी थी। भगतसिंह की प्रतिभा ने उसे हर मोर्चे पर पराजित कर दिया था। उसने पहले ही अपने अंतिम अस्त्र का उपयोग करने का निश्चय कर लिया था। उसने 12 सितंबर, 1929 को असेंबली में एक बिल पेश किया था।

लेकिन माँ तो माँ है, वे फिर भी मिलने आईं और निराश होकर लौट गईं। तब 15 सितंबर, 1930 के दूसरे पत्र में बड़े दर्द से, पर एक बुजुर्ग की तरह तसल्ली देते हुए लिखा, आखिर तुम्हें तो मालूम हो चुका था कि जेलवाले मुलाकात की इजाजत नहीं देते। फिर वालिदा को क्यों साथ लाए? मैं जानता हूँ वे इस वक्त सख्त घबराई हुई हैं, मगर इस घबराहट और परेशानी का क्या फायदा? नुकसान जरूरी है, क्योंकि जब से

मुझे मालूम हुआ है कि वे बहुत रो रही हैं, मुझे खुद भी बेचैनी हो रही है। घबराने की कोई बात नहीं और इससे कुछ हासिल भी नहीं। सब हौसले से हालात का मुकाबला करें। आखिर दुनिया में दूसरे लोग भी तो हजारों मुसीबतों में फँसे हुए हैं, और फिर अगर लगातार एक साल मुलाकातें कर तबीयत सैर नहीं हुई तो चार मुजीद और मुलाकातों से भी तसल्ली न हो सकेगी। मेरा ख्याल है कि फैसला और चालान के बाद मुलाकातें खुल जाएँगी, लेकिन अगर फर्ज किया जाए कि फिर भी मुलाकात की इजाजत न मिले तो घबराने का क्या फायदा?"

दो दिन बाद 7 अक्तूबर, 1930 को प्रात:काल ट्रिब्यूनल का एक विशेष संदेशवाहक बंदीगृह में आया और उसने अभियुक्तों को ट्रिब्यूलन का निर्णय सुनाया। इतिहास में संभवत: पहली बार ऐसा हुआ था कि न्यायमूत्रि या ट्रिब्यूनल के स्थान पर उनका दूत निर्णय सुनाने आया हो। उनका तर्क था कि जब अभियुक्त मुकदमे की काररवाई में भाग नहीं ले रहे तो वे ही क्यों फैसला सुनाने उनके पाए जाएँ?

वह ऐतिहासिक निर्णय इस प्रकार था—

1. भगतसिंह, सुखदेव और राजगुरु : 3 :
2. कमलनाथि तवारी, विजयकुमार सिन्हा, जायदेव कपूर, शिव वर्मा, गया प्रसाद, किशोरलाल और महावीरसिंह : 7 : आजन्म कालापानी
3. कुंदनलाल : 1 : सात साल कड़ी कैद
4. प्रेमदत्त : 1 : तीन साल कड़ी कैद
5. मास्टर आशाराम, अजय घोष, सुरेंद्रनाथ पांडेय, देशराज और जितेंद्रनाथ सान्याल : 5 : मुक्त

श्री बटुकेश्वर दत्त को इस मुकदमे से पहले ही अलग कर दिया गया था और यतींद्रनाथ दास अनशन करके शहीद हो चुके थे।

भगतसिंह और उनके साथियों को बचाने के लिए हस्थाक्षर अभियान भी चला। साधारण जन से लेकर नेताओं, राजाओं और ब्रिटेन की संसद के सदस्यों तक ने प्राणरक्षा की प्रार्थना की, लेकिन जो नहीं होना था, नहीं हुआ। फिर भी प्रयत्न तो कम नहीं हुए। जबरदस्ती छुड़ाने के प्रयत्नों की चर्चा भी थी और कानूनी दाँव-पेंच भी चल रहे थे। जिस ट्रिब्यूनल ने उन्हें फाँसी की सजा दी थी, वह समाप्त हो गया था। उसके सदस्य भी भारत के बाहर चले गए थे।

भगतसिंह अंतिम क्षणों में लेनिन की जीवनी पढ़ने को बहुत आतुर हो उठे थे। उन्होंने अपने वकील और मित्र प्राणनाथ मेहता को संदेश भेजा, 'अंतिम वसीयत के बहाने तुरंत मुझसे मिलो, पर लेनिन का जीवन-चरित्र लाना न भूलना।'

वे जीवन चरित्र लेकर पहुँचे। उस मार्मिक भेंट के कुछ अंश इस प्रकार हैं—"मैं जानता था और वे भी जानते थे कि मृत्यु के क्षण निकट आ रहे हैं, घड़ी की सुइयाँ फाँसी के समय की ओर तेजी से बढ़ रही हैं, पर इसके बावजूद मैंने उन्हें प्रसन्न मुद्रा में पाया। उनके चेहरे पर रौनक ज्यों की त्यों थी और जब मैं उनके पास पहुँचा, वे पिंजरे में बंद शेर की तरह टहल रहे थे।

बालों में तेल लगाते हुए बहन ने कहा, "वीराजी, आपके बाल बहुत भारी हैं, बीच-बीच में से कुछ बाल कटवा दीजिए। किसी को दीखेंगे भी नहीं और सिर का बोझ भी हलका हो जाएगा।"

अपनी सहज हास्य मुद्रा में बोले, "चुप-चुप, अभी ऐसा मत कह। मैं थोड़े नहीं, सारे बाल कटा दूँगा, पर ऐसे समय जब सारी सिख कौम इस पर फख्र करेगी।"

"आपका नाम जान सकता हूँ?"

"भगतसिंह!"

"इन दिनों आप क्या करते हैं?"

"बंदूकें और राइफलें बोता हूँ।"

"राइफलें?"

"हाँ, बेशक राइफलें।"

"ऐसा आप क्यों करते हैं?"

"अपनी मातृभूमि की आजादी सुनिश्चित करने के लिए।"

भगतसिंह माँ को 'बेबे' कहकर पुकारते थे। जेल के अपने भंगी को भी बेबे कहते थे। एक अधिकारी ने पूछा, आप इसे बेबे क्यों कहते हैं?

उत्तर दिया, "जीवन में दो को ही मेरी गंदगी उठाने का काम मिला है। एक मेरी बचपन की माँ और एक यह जवानी की जमादार माँ। इसलिए दोनों बेबेजी ही हैं मेरे लिए।"

अंतिम क्षणों में हेड जेलर ने पूछा, "आपकी कोई खास इच्छा हो तो बताइए? मैं उसे पूरी करने की कोशिश करूँगा।"

उत्तर था, "हाँ, मेरी एक खास इच्छा है और आप चाहें तो पूरा कर सकते हैं।"

"बताइए?"

"मैं बेबे के हाथ की रोटी खाना चाहता हूँ।"

भंगी भाई ने सुना तो स्तब्ध रह गया, बोला, "सरदारजी, मेरे हाथ ऐसे नहीं कि उनसे बनी रोटी आप खाएँ।"

भगत ने प्यार से उनके दोनों कंधे थपथपाते हएु कहा, "माँ जिन हाथों से बच्चों का मल साफ करती है, उन्हीं से खाना बनाती है। बेबे, तुम चिंता मत करो और मेरे लिए रोटी बनाओ।"

भंगी भाई ने रोटी बनाई और भगतसिंह ने अपने स्वभाव के अनुसार उछलते-मटकते हुए खाई।

मित्रों की बात सुनकर बहुत गंभीर हो गए भगतसिंह। कुछ देर बाद बोले, "जैसे पुराना कपड़ा उतारकर नया बदला जाता है वैसे ही मृत्यु है। मैं उससे डरूँगा नहीं, भागूँगा भी नहीं। कोशिश करूँगा कि पकड़ा जाऊँ, पर यों ही नहीं कि पुलिस आई और पकड़ ले गए। मेरे पास एक तरीका है कि कैसे पकड़ा जाऊँ। मौत आएगी, आएगी ही, पर मैं अपनी मौत को इतनी महँगी और भारी बना दूँगा कि ब्रिटिश सरकार रेत के ढेर की तरह उसके बोझ से ढँक जाए।"

भगतसिंह की कहानी मौत को महँगी और भारी बनाने की ही एक अपूर्व कहानी है। मृत्यु की साधना भी यही है। मृत्यु, जो मनुष्य की सबसे बड़ी मित्र है।

□

कुटज

—आचार्य हजारी प्रसाद द्विवेदी

कहते हैं, पर्वत शोभा-निकेतन होते हैं। फिर हिमालय का तो कहना ही क्या! पूर्व और अपर समुद्र-महोदधि और रत्नाकर—दोनों को दोनों भुजाओं से थाहता हुआ हिमालय 'पृथ्वी का मानदंड' कहा जाए तो गलत क्या है? कालिदास ने ऐसा ही कहा था। इसी के पाद-देश में यह श्रृंखला दूर तक लोटी हुई है, लोग इसे शिवालक श्रृंखला कहते हैं। 'शिवालक' का क्या अर्थ है? 'शिवालक' या शिव के अलक यानी जटाजूट का निचला हिस्सा तो नहीं है। लगता तो ऐसा ही है। शिव की लटियायी जटा ही इतनी सूखी, नीरस और कठोर हो सकती है। वैसे अलकनंदा का स्रोत यहाँ से काफी दूरी पर है, लेकिन शिव का अलक तो दूर-दूर तक छितराया ही रहता होगा। संपूर्ण हिमालय को देखकर ही किसी के मन में समाधिस्थ महादेव की मूर्ति स्पष्ट हुई होगी। उसी समाधिस्थ महादेव के अलक-जाल के निचले हिस्से का प्रतिनिधित्व यह गिरि-श्रृंखला कर रही होगी। कहीं-कहीं अज्ञात नाम-गोत्र झाड़-झंखाड़ और बेहया से पेड़ खड़े अवश्य दिख जाते हैं पर और कोई हरियाली नहीं। दूब तक सूख गई है। काली-काली चट्टानें और बीच-बीच में शुष्कता की अंतर्निरुद्ध सत्ता का इजहार करनेवाली रक्ताभ रेती! रस कहाँ है? ये जो ठिंगने से लेकिन शानदार दरख्त गरमी की भयंकर मार खा-खाकर और भूख-प्यास की निरंतर चोट सह-सहकर भी जी रहे हैं, इन्हें क्या कहूँ? सिर्फ जी ही नहीं रहे हैं, हँस भी रहे हैं। बेहया हैं क्या? या मस्तमौला हैं? कभी-कभी जो लोग ऊपर से बेहया दिखते हैं, उनकी जड़ें काफी गहरी, पैठी रहती हैं। ये भी पाषाण की छाती फाड़कर न जाने किस अतल गह्वर से अपना भोग्य खींच लाते हैं।

शिवालक की सूखी नीरस पहाड़ियों पर मुसकराते हुए ये वृक्ष द्वंद्वातीत हैं, अलमस्त हैं। मैं किसी का नाम नहीं जानता, कुल नहीं जानता, शील नहीं जानता पर लगता है, ये जैसे मुझे अनादि काल से जानते हैं। इन्हीं में एक छोटा सा, बहुत ही ठिगना पेड़ है, पत्ते चौड़े भी हैं, बड़े भी हैं। फूलों से तो ऐसा लदा है कि कुछ पूछिए नहीं। अजीब सी अदा

है, मुसकराता जान पड़ता है। लगता है, पूछ रहा है कि क्या तुम मुझे भी नहीं पहचानते? पहचानता तो हूँ, अवश्य पहचानता हूँ। लगता है, बहुत बार देख चुका हूँ। पहचानता हूँ उजाड़ के साथी, तुम्हें अच्छी तरह पहचानता हूँ। नाम भूल रहा हूँ। प्रायः भूल जाता हूँ। रूप देखकर प्रायः पहचान जाता हूँ, नाम नहीं याद आता। पर नाम ऐसा है कि जब तक रूप के पहले ही हाजिर न हो जाए, तब तक रूप की पहचान अधूरी रह जाती है। भारतीय पंडितों का सैकड़ों बार का कचारा-निचोड़ा प्रश्न सामने आ गया रूप मुख्य है या नाम? नाम बड़ा है या रूप? पद पहले है या पदार्थ? पदार्थ सामने है, पद नहीं सूझ रहा है। मन व्याकुल हो गया। स्मृतियों के पंख फैलाकर सुदूर अतीत के कोनों में झाँकता रहा। सोचता हूँ, इसमें व्याकुल होने की क्या बात है? नाम में क्या रखा है—व्हाट्स देअर इन ए नेम! नाम की जरूरत ही हो तो सौ दिए जा सकते हैं। सुस्मिता, गिरिकांता, वनप्रभा, शुभकिरीटिनी, मदोद्धता, विजितातपा, अलकावतंसा, बहुत से नाम हैं! या फिर पौरुष-व्यंजक नाम भी दिए जा सकते हैं—अकुतोभय, गिरिगौरव, कूटोल्लास, अपराजित, धरतीधकेल, पहाड़फोड़, पातालभेद! पर मन नहीं मानता। नाम इसलिए बड़ा नहीं है कि वह नाम है। वह इसलिए बड़ा होता है कि उसे सामाजिक स्वीकृति मिली होती है। रूप व्यक्ति-सत्य है, नाम समाज-सत्य। नाम उस पद को कहते हैं, जिस पर समाज की मुहर लगी होती है। आधुनिक शिक्षित लोग जिसे 'सोशल सेक्शन' कहा करते हैं। मेरा मन नाम के लिए व्याकुल है, समाज द्वारा स्वीकृत, इतिहास द्वारा प्रमाणित, समष्टि-मानव की चित्त-गंगा में स्नात।

इस गिरिकूट-बिहारी का नाम क्या है? मन दूर-दूर तक उड़ रहा है—देश में और काल में—मनोरथानामगतिर्नविद्यते! अचानक याद आया—अरे, यह तो कुटज है! संस्कृत साहित्य का बहुत परिचित किंतु कवियों द्वारा अवमानित, यह छोटा सा शानदार वृक्ष 'कुटज' है। 'कूटज' कहा गया होता तो कदाचित् ज्यादा अच्छा होता। पर नाम इसका चाहे कुटज ही हो, विरुद तो निसंदेह 'कूटज' होगा। गिरिकूट पर उत्पन्न होनेवाले इस वृक्ष को 'कूटज' कहने में विशेष आनंद मिलता है। बहरहाल, यह कूटज कुटज है, मनोहर कुसुम-स्तबकों से झबराया, उल्लास-लोल चारुस्मित कुटज! जी भर आया। कालिदास ने 'आषाढस्य प्रथम-दिवसे' रामगिरि पर यक्ष को जब मेघ की अभ्यर्थना के लिए नियोजित किया तो कम्बख्त को ताजे कुटज पुष्पों की अंजलि देकर ही संतोष करना पड़ा—चंपक नहीं, बकुल नहीं, नीलोत्पल नहीं, मल्लिका नहीं, अरविंद नहीं—फकत कुटज के फूल! यह और बात है कि आज आषाढ़ का नहीं, जुलाई का पहला दिन है। मगर फर्क भी कितना है। बार-बार मन विश्वास करने को उतारू हो जाता है कि यक्ष बहाना मात्र है, कालिदास ही कभी 'शापेनास्गंमितमहिमा' होकर रामगिरि पहुँचे थे, अपने ही हाथों इस कुटज पुष्प का अर्घ्य देकर उन्होंने मेघ की अभ्यर्थना की थी। शिवालक की

इस अनत्युच्च पर्वत-शृंखला की भाँति रामगिरि पर भी उस समय और कोई फूल नहीं मिला होगा। कुटज ने उनके संतृप्त चित्त को सहारा दिया था—बड़भागी फूल है यह! धन्य हो कुटज, तुम 'गाढ़े के साथी' हो। उत्तर की ओर सिर उठाकर देखता हूँ, सुदूर तक ऊँची काली पर्वत-शृंखला छाई हुई है और एकाध सफेद बादल के बच्चे उससे लिपटे खेल रहे हैं। मैं भी इन पुष्पों का अर्घ्य उन्हें चढ़ा दूँ। पर काहे वास्ते? लेकिन बुरा भी क्या है?

कुटज के ये सुंदर फूल बहुत बुरे तो नहीं हैं। जो कालिदास के काम आया हो, उसे ज्यादा इज्जत मिलनी चाहिए। मिली कम है। पर इज्जत तो नसीब की बात है। रहीम को मैं बड़े आदर के साथ स्मरण करता हूँ। दरियादिल आदमी थे, पाया सो लुटाया। लेकिन दुनिया है कि मतलब से मतलब है, रस चूस लेती है, छिलका और गुठली फेंक देती है। सुना है, रस चूस लेने के बाद रहीम को भी फेंक दिया गया था। एक बादशाह ने आदर के साथ बुलाया, दूसरे ने फेंक दिया! हुआ ही करता है। इससे रहीम का मोल घट नहीं जाता। उनकी फक्कड़ाना मस्ती कहीं गई नहीं। अच्छे-भले कद्रदान थे। लेकिन बड़े लोगों पर भी कभी-कभी ऐसी वितृष्णा सवार होती है कि गलती कर बैठते हैं। मन खराब रहा होगा, लोगों की बेरुखी और बेकद्रदानी से मुरझा गए होंगे—ऐसी ही मनःस्थिति में उन्होंने बिचारे कुटज को भी एक चपत लगा दी। झुँझलाए थे, कह दिया—

वे रहीम अब बिरछ कहँ, जिनकर छाँह गंभीर।
बागन बिच-बिच देखियत, सेंहुड़ कुटज करीर।।

गोया कुटज अदना-सा 'बिरछ' हो। 'छाँह' ही क्या बड़ी बात है, फूल क्या कुछ भी नहीं? छाया के लिए न सही, फूल के लिए तो कुछ सम्मान होना चाहिए। मगर कभी-कभी कवियों का भी 'मूड' खराब हो जाया करता है। वे भी गलत-बयानी के शिकार हो जाया करते हैं। फिर बागों से गिरिकूट-बिहारी कुटज का क्या तुक है?

कुटज अर्थात् जो कुट से पैदा हुआ हो। 'कुट' घड़े को भी कहते हैं, घर को भी कहते हैं। कुट अर्थात् घड़े से उत्पन्न होने के कारण प्रतापी अगस्त्य मुनि भी 'कुटज' कहे जाते हैं। घड़े से तो क्या उत्पन्न हुए होंगे। कोई और बात होगी। संस्कृत में 'कुटिहारिका' और 'कुटकारिका' दासी को कहते हैं। क्यों कहते हैं? 'कुटिया' या 'कुटीर' शब्द भी कदाचित् इसी शब्द से संबद्ध है। क्या इस शब्द का अर्थ घर ही है। घर में काम-काज करनेवाली दासी कुटकारिका और कुटहारिका कही ही जा सकती है। एक जरा गलत ढंग की दासी 'कुटनी' भी कही जा सकती है। संस्कृत में उसकी गलतियों को थोड़ा अधिक मुखर बनाने के लिए उसे 'कुटनी' कह दिया गया है। अगस्त्य मुनि भी नारदजी की तरह दासी के पुत्र थे क्या? घड़े में पैदा होने का तो कोई तुक नहीं है, न मुनि कुटज के सिलसिले में, न फूल कुटज के। फूल गमले

में होते अवश्य हैं, पर कुटज तो जंगल का सैलानी है। उसे घड़े या गमले से क्या लेना-देना? शब्द विचारोत्तेजक अवश्य हैं। कहाँ से आया? मुझे तो इसी में संदेह है कि यह आर्यभाषाओं का शब्द है भी या नहीं। एक भाषाशात्री किसी संस्कृत शब्द को एक से अधिक रूप से प्रचलित पाते थे तो तुंत उसकी कुलीनता पर शक कर बैठते थे। संस्कृत में 'कुटज' रूप भी मिलता है और 'कुटच' भी। मिलने को तो 'कूटज' भी मिल जाता है। तो यह शब्द किस जाति का है? आर्य जाति का तो नहीं जान पड़ता। सिलवाँ लेवी कह गए हैं कि संस्कृत भाषा में फूलों, वृक्षों और खेत-बागबानी के अधिकांश शब्द आग्नेय भाषा-परिवार के हैं। यह भी वहीं का तो नहीं है। एक जमाना था जब ऑस्ट्रेलिया और एशिया के महाद्वीप मिले हुए थे, फिर कोई भयंकर प्राकृतिक विस्फोट हुआ और वे दोनों अलग हो गए। उन्नीसवीं शताब्दी के भाषा-विज्ञानी पंडितों को यह देखकर आश्चर्य हुआ कि ऑस्ट्रेलिया से सुदूर जंगलों में बसी जातियों की भाषा एशिया में बसी हुई कुछ जातियों की भाषा से संबद्ध है। भारत की अनेक जातियाँ वह भाषा बोलती हैं, जिनमें संथाल, मुंडा आदि भी शामिल हैं। शुरू-शुरू में इस भाषा का नाम आस्ट्रो-एशियाटिक दिया गया था। दक्षिण-पूर्व या अग्निकोण की भाषा होने के कारण इसे आग्नेय-परिवार भी कहा जाने लगा है। अब हम लोग भारतीय जनता के वर्ग-विशेष को ध्यान में रखकर और पुराने साहित्य का स्मरण करके इसे कोल-परिवार की भाषा कहने लगे हैं। पंडितों ने बताया है कि संस्कृत भाषा के अनेक शब्द, जो अब भारतीय संस्कृति के अविच्छेद्य अंग बन गए हैं, इसी श्रेणी की भाषा के हैं। कमल, कुड्मल, कंबु, कंबल, तांबूल आदि शब्द ऐसे ही बताए जाते हैं। पेड़-पौधों, खेती के उपकरणों और औजारों के नाम भी ऐसे ही हैं। 'कुटज' भी हो तो क्या आश्चर्य? संस्कृत भाषा ने शब्दों के संग्रह में कभी छूत नहीं मानी। न जाने किस-किस नस्ल के कितने शब्द उसमें आकर अपने बन गए हैं। पंडित लोग उसकी छानबीन करके हैरान होते हैं। संस्कृत सर्वग्रासी भाषा है।

यह जो मेरे सामने कुटज का लहराता पौधा खड़ा है, वह नाम और रूप दोनों में अपनी अपराजेय जीवनीशक्ति की घोषणा कर रहा है। इसीलिए यह इतना आकर्षक है। नाम है कि हजारों वर्ष से जीता चला आ रहा है। कितने नाम आए और गए। दुनिया उनको भूल गई, वे दुनिया को भूल गए। मगर कुटज है कि संस्कृत की निरंतर स्फीयमान शब्दराशि में जो जमके बैठा, सो बैठा ही है। और रूप की तो बात ही क्या है! बलिहारी है इस मादक शोभा की। चारों ओर कुपित यमराज के दारुण निःश्वास के समान धधकती लू में यह हरा भी है और भरा भी है, दुर्जन के चित्त से भी अधिक कठोर पाषाण की कारा में रुद्ध अज्ञात जलस्रोत से बरबस रस खींचकर सरस बना हुआ है। और मूर्ख के मस्तिष्क से भी अधिक सूने गिरि कांतार में भी ऐसा मस्त बना है कि ईर्ष्या होती है।

कितनी कठिन जीवनी-शक्ति है! प्राण ही प्राण को पुलकित करता है, जीवनी-शक्ति ही जीवनी-शक्ति को प्रेरणा देती है। दूर पर्वतराज हिमालय की हिमाच्छादित चोटियाँ हैं, वहीं कहीं भगवान् महादेव समाधि लगाकर बैठे होंगे नीचे सपाट पथरीली जमीन का मैदान है, कहीं-कहीं पर्वतनंदिनी सरिताएँ आगे बढ़ने का रास्ता खोज रही होंगी—बीच में यह चट्टानों की ऊबड़-खाबड़ जटाभूमि है—सूखी, नीरस, कठोर। यहीं आसन मारकर बैठे हैं मेरे चिरपरिचित दोस्त कुटज। एक बार अपने झबरीले मूर्धा को हिलाकर समाधिनिष्ठ महादेव को पुष्पस्तबक का उपहार चढ़ा देते हैं और एक बार नीचे की ओर अपनी पाताल-भेदी जड़ों को दबाकर गिरिनंदिनी सरिताओं को संकेत से बता देते हैं कि रस का स्रोत कहाँ है। जीना चाहते हो? कठोर पाषाण को भेदकर, पाताल की छाती चीरकर अपना भोग्य संग्रह करो वायुंडल को चूसकर, झंझा-तूफान को रगड़कर, अपना प्राप्य वसूल लो आकाश को चूमकर अवकाश की लहरी में झूमकर उल्लास खींच लो। कुटज का यही उपदेश है—

भित्त्वा पाषाणपिठरं छित्त्वा प्राभञ्जनी व्यथाम्
पीत्वा पातालपानीयं कुजटश्चुम्बते नभः।

दुरंत जीवन-शक्ति है। कठिन उपदेश है। जीना भी एक कला है। लेकिन कला ही नहीं, तपस्या है। जियो तो प्राण ढाल दो जिंदगी में, मन ढाल दो जीवनरस के उपकरणों में! ठीक है। लेकिन क्यों? क्या जीने के लिए जीना ही बड़ी बात है? सारा संसार अपने मतलब के लिए ही तो जी रहा है। याज्ञवल्क्य बहुत बड़े ब्रह्मवादी ऋषि थे। उन्होंने अपनी पत्नी को विचित्र भाव से समझाने की कोशिश की कि सब कुछ स्वार्थ के लिए है। पुत्र के लिए पुत्र प्रिय नहीं होता, पत्नी के लिए पत्नी प्रिय नहीं होती—सब अपने मतलब के लिए प्रिय होते हैं—'आत्मनस्तु कामाय सर्व प्रियं भवति!' विचित्र नहीं है यह तर्क? संसार में जहाँ कहीं प्रेम है, सब मतलब के लिए। सुना है, पश्चिम के हॉब्स और हेल्वेशियस जैसे विचारकों ने भी ऐसी ही बात कही है। सुनकर हैरानी होती है। दुनिया में त्याग नहीं है, प्रेम नहीं है, परार्थ नहीं है, परमार्थ नहीं है—है केवल प्रचंड स्वार्थ। भीतर की जिजीविषा—जीते रहने की प्रचंड इच्छा ही—अगर बड़ी बात हो तो फिर यह सारी बड़ी-बड़ी बोलियाँ, जिनके बल पर दल बनाए जाते हैं, शत्रुमर्दन का अभिनय किया जाता है, देशोद्धार का नारा लगाया जाता है, साहित्य और कला की महिमा गाई जाती है, झूठ है। इसके द्वारा कोई-न-कोई अपना बड़ा स्वार्थ सिद्ध करता है। लेकिन अंतरतर से कोई कह रहा है, ऐसा सोचना गलत ढंग से सोचना है। स्वार्थ से भी बड़ी कोई-न-कोई बात अवश्य है, जिजीविषा से भी प्रंड कोई-न-कोई शक्ति अवश्य है। क्या है?

याज्ञवल्क्य ने जो बात धक्कामार ढंग से कह दी थी, वह अंतिम नहीं थी। वे 'आत्मनः' का अर्थ कुछ और बड़ा करना चाहते थे। व्यक्ति की 'आत्मा' केवल व्यक्ति

तक सीमित नहीं है, वह व्यापक है। अपने में सब और सबमें आप—इस प्रकार की एक समष्टि-बुद्धि जब तक नहीं आती तब तक पूर्ण सुख का आनंद भी नहीं मिलता। अपने आपको दलित द्राक्षा की भाँति निचोड़कर जब तक 'सर्व' के लिए निछावर नहीं कर दिया जाता, तब तक 'स्वार्थ' खंड-सत्य है, वह मोह को बढ़ावा देता है, तृष्णा को उत्पन्न करता है और मनुष्य को दयनीय-कृपण बना देता है। कार्पण्य दोष से जिसका स्वभाव उपहत हो गया है, उसकी दृष्टि म्लान हो जाती है। वह स्पष्ट नहीं देख पाता। वह स्वार्थ भी नहीं समझ पाता, परमार्थ तो दूर की बात है। कुटज क्या केवल जी रहा है। वह दूसरे के द्वार पर भीख माँगने नहीं जाता, कोई निकट आ गया तो भय के मारे अधमरा नहीं हो जाता, नीति और धर्म का उपदेश नहीं देता फिरता, अपनी उन्नति के लिए अफसरों का जूता नहीं चाटता फिरता, दूसरों को अवमानित करने के लिए ग्रहों की खुशामद नहीं करता। आत्मोन्नति हेतु नीलम नहीं धारण करता, अँगूठियों की लड़ी नहीं पहनता, दाँत नहीं निपोरता, बगलें नहीं झाँकता। जीता है और शान से जीता है—काहे वास्ते, किस उद्देश्य से? कोई नहीं जानता। मगर कुछ बड़ी बात है। स्वार्थ के दायरे से बाहर की बात है। भीष्म पितामह की भाँति अवधूत की भाषा में कह रहा है—'चाहे सुख हो या दुख, प्रिय हो या अप्रिय', जो मिल जाए उसे शान के साथ, हृदय से बिल्कुल अपराजित होकर, सोल्लास ग्रहण करो। हार मत मानो।'

सुखं वा यदि वा दुखं प्रिं वा यदि वाऽप्रियम्।
प्राप्तं प्राप्तमुपासीत हृदयेनापराजितः।।

—शांतिपर्व, 26 1 26

हृदयेनापराजितः! कितना विशाल वह हृदय होगा, जो सुख से, दुःख से, प्रिय से, अप्रिय से विचलित न होता होगा! कुटज को देखकर रोमांच हो आता है। कहाँ से मिली है यह अकुतोभया वृत्ति, अपराजित स्वभाव, अविचल जीवन-दृष्टि।

जो समझता है कि वह दूसरों का उपकार कर रहा है, वह अबोध है, जो समझता है कि दूसरे उसका अपकार कर रहे हैं, वह भी बुद्धिहीन है। कौन किसका उपकार करता है, कौन किसका अपकार कर रहा है? मनुष्य जी रहा है, केवल जी रहा है अपनी इच्छा से नहीं, इतिहास-विधाता की योजना के अनुसार। किसी को उससे सुख मिल जाए, बहुत अच्छी बात है नहीं मिल सका, कोई बात नहीं, परंतु उसे अभिमान नहीं होना चाहिए। सुख पहुँचाने का अभिमान यदि गलत है तो दुःख पहुँचाने का अभिमान तो नितरां गलत है।

दुःख और सुख तो मन के विकल्प हैं। सुखी वह है, जिसका मन वश में है, दुःखी वह है, जिसका मन परवश है। परवश होने का अर्थ है खुशामद करना, दाँत निपोरना, चाटुकारिता, हाँ-हजूरी। जिसका मन अपने वश में नहीं है, वही दूसरे के मन का

छंदावर्तन करता है, अपने को छिपाने के लिए मिथ्या आडंबर रचता है, दूसरों को फँसाने के लिए जाल बिछाता है। कुटज इन सब मिथ्याचारों से मुक्त है। वह वशी है। वह वैरागी है। राजा जनक की तरह संसार में रहकर, संपूर्ण भोगों को भोगकर भी उनसे मुक्त है। जनक की ही भाँति वह घोषणा करता है—'मैं स्वार्थ के लिए अपने मन को सदा दूसरे के मन में घुसाता नहीं फिरता, इसलिए मैं मन को जीत सका हूँ, उसे वश में कर सका हूँ'—

नाहमात्मार्थमिच्छामि मनोनित्यं मनोन्तरे।
मनो मे निर्जितं तस्मात् वशे तिष्ठति सर्वदा।।

कुटज अपने मन पर सवारी करता है, मन को अपने पर सवार नहीं होने देता। मनस्वी मित्र, तुम धन्य हो!

□

विद्यार्थी राष्ट्र का आदर्श नागरिक होगा या नहीं, वह शिक्षा प्रणाली तय करती है

—भीमराव रामजी आंबेडकर

मैंने इस कॉलेज में चार वर्ष अध्ययन किया है, वह समय मधुर स्मृति का नहीं है। मैं इस कॉलेज में पहला अछूत विद्यार्थी था, मेरा मन सवर्ण विद्यार्थियों से मिलने से कतराता था। इसका कारण डर नहीं था, वरन् मुझे घुलना-मिलना पसंद नहीं था। वजह यही कि मेरी पोशाक दूसरों जैसी टीपटॉप नहीं थी, इसीलिए मुझे उनसे दूर रहना ही अच्छा लगता था। आजकल के विद्यार्थियों की भाँति मेरा कॉलेज जीवन उतना उत्साहवर्धक नहीं था। इसके लिए मैं किसी को दोष नहीं दूँगा। मेरे शिक्षकों तथा विद्यालय के संचालकों ने मेरे साथ अच्छा व्यवहार किया। उस समय के विद्यार्थियों तथा आज के विद्यार्थियों में जमीन-आसमान का अंतर है।

आज के विद्यार्थी जिस विश्वविद्यालय से शिक्षा ग्रहण कर रहे हैं, वे उसके कारोबार की ओर बिल्कुल ध्यान नहीं देते हैं। विद्यार्थी को क्या पढ़ना है, यह तय विश्वविद्यालय करता है। फिर भी हम जो पढ़ रहे हैं, वह हमारे बौद्धिक विकास के लिए पोषक है अथवा नहीं है, इसे भी प्रत्येक विद्यार्थी को देखना चाहिए। उसके भावी जीवन की नींव यही रखी जाती है। वह राष्ट्र का आदर्श नागरिक होगा अथवा उसका जीवन विफल होगा, यह सबकुछ शिक्षा प्रणाली ही तय करती है। इसीलिए विश्वविद्यालय की प्रत्येक गतिविधि पर विद्यार्थियों को नजर रखनी चाहिए, परंतु आज के विद्यार्थी इस दृष्टि से लापरवाह हैं।

उच्च महाविद्यालयी शिक्षा ग्रहण करनेवाले विद्यार्थियों के कॉलेज के चार वर्ष निकल जाते हैं तथा वे पदवी लेकर विश्वविद्यालय से बाहर निकलते हैं, परंतु इन्हें प्लेटो, बेकन, निसे, स्पिनोझा जैसे महान् दार्शनिकों के दर्शन का एक अक्षर भी मालूम नहीं रहता है। जिस दर्शन ने नए विश्व का निर्माण किया है तथा आज का नवमानव अपने दैनंदिन

जीवन में इस दर्शन को जी रहा है, उस महान् दर्शन की उपेक्षा आज के पदवीधारी युवकों की ओर से हो, यह बहुत ही शर्म की बात है। इसके विपरीत आज के विश्वविद्यालय जेम्स तथा चार्ल्स का दर्शन विद्यार्थियों पर जबरदस्ती लाद रहे हैं। विद्यार्थियों को इस बात को स्वयं पहचानना चाहिए तथा हमें उचित शिक्षा मिलनी चाहिए, इस बात का आग्रह करना चाहिए। मानवीय जीवन में वैचारिक तथा नैतिक मूल्य कभी स्थिर नहीं रहते हैं, वे समय-काल अनुसार बदलते रहते हैं। वे केवल बदलते ही नहीं हैं, वरन् विकसित होते रहते हैं। भारतीय विद्यार्थियों को इन नए-नए निर्माण होनेवाले जीवन-मूल्यों को स्वीकार करना चाहिए तथा इन्हें आचरण में लाने हेतु प्रयत्नशील रहना चाहिए। इस नए दर्शन को विश्वविद्यालयी संस्था अपने शिक्षा कार्यक्रम में समाहित करती है अथवा नहीं करती है। इस ओर ध्यान देना चाहिए।

दु:ख की बात है कि आधुनिक विद्यार्थियों का बौद्धिक तथा वैचारिक स्तर कमजोर होता जा रहा है। भूतकालीन मानवीय प्रज्ञा से तुलना हो ही नहीं सकती है। यह बौद्धिक स्तर क्यों गिरा है, इस पर विद्यार्थियों को अवश्य विचार करना चाहिए। इस अधोगति का कारण भी बिल्कुल स्पष्ट है। आज का विद्यार्थी भूतकालीन प्रज्ञा तथा प्रतिभा के दर्शन का मन लगाकर अध्ययन नहीं करता है।

इसके विपरीत, आज वह फुटबॉल, क्रिकेट तथा राजनीति में मशगूल है। विद्यार्जन का बहुत महत्त्व है। अपने प्राचीन गुरुकुल एकांत में विद्यादान करते थे, वनों में विद्यालय स्थापित थे। इसका मुख्य कारण यह था कि उन्हें विद्याध्ययन की नई दृष्टि प्राप्त हो, उन्हें सच्चे जीवन-मूल्यों की जानकारी हो। परंतु आज विद्यार्थी खेल तथा राजनीति के जाल में फँसकर दिव्य दृष्टि से दूर ही रहता है।

हिंदी विद्यालय का शिक्षक अपना काम है, इसलिए विद्यादान करता है, किंतु वह स्वयं प्रेरणा से विद्यादान नहीं करता है। शिक्षक में अंत:स्फूर्ति, विद्यादान की ललक तथा उसके लिए लगनेवाले कठिन श्रम का अभाव है। आज अध्यापन व्यवसाय को विकृत स्वरूप प्राप्त हुआ है। चलो येनकेन-प्रकारेण पढ़ाना है, इसी मनोदशा ने शायद शिथिलता लाई है। अत: अध्यापक भी विद्यार्थियों को विचार-प्रवर्तक ज्ञान देने में असफल साबित हुए हैं।

विद्यालयों ने बेशुमार शुल्क बढ़ाया है। यह शुल्क ऐसे ही बढ़ते रहा, तो फिर विद्यार्थियों के जीवन पर प्रतिकूल परिणाम होगा। उनका भविष्य अंधकारमय होगा। बेकन कहते हैं 'Knowledge is Power', ज्ञान महान् शक्ति है। विद्यार्थियों को ज्ञान के सहारे अपने देश का विकास तथा उद्धार करना हो तो उन्हें विश्वविद्यालय के कारोबार में अवश्य ध्यान देना चाहिए तथा अपने अधिकारों के लिए संघर्ष करते रहना चाहिए।

विश्वविद्यालय का कारोबार चलाने के लिए सीनेट होता है। ये क्रियाशून्य लोग जब

तक जाएँगे नहीं, तब तक विश्वविद्यालय के काम-काज में सुधार नहीं आएगा। उलटे इन पुराने पदाधिकारियों के कारण ही विश्वविद्यालय में भ्रष्टाचार चल रहा है। सीनेट सदस्यों द्वारा शिक्षा संबंधी साहित्य अथवा शास्त्रीय उपकरणों की खरीदी करने की शर्त पर ही किसी नए स्कूल अथवा कॉलेज को मंजूरी दी जाती है। अत: विद्यार्थियों को विश्वविद्यालय के कामकाज में ध्यान देते हुए अपना हित साधना चाहिए।

□

हमारे राष्ट्रीय जीवन में युवाओं की भूमिका

—नेताजी सुभाष चंद्र बोस

मध्य प्रदेश में संपन्न 'प्रांतीय युवा-सम्मेलन' के अध्यक्ष के रूप में भाषण (29 नवंबर, 1929)

प्रिय मित्रो और साथियो,

मध्य प्रदेश के प्रांतीय युवा-सम्मेलन का अध्यक्ष बनाकर आपने मुझे जो सम्मान दिया है, उसके लिए मैं आप सभी लोगों को धन्यवाद देता हूँ।

हम अपने राष्ट्रीय इतिहास के एक भीषण दौर से गुजर रहे हैं। ऐसे में युवा वर्ग का यह कर्तव्य है कि भविष्य के कार्यक्रमों की रूपरेखा निश्चित करने के लिए सभी युवाजन एकजुट होकर विचार-विमर्श करें। मुझे यह स्थिति अत्यंत आशाजनक लगती है कि मध्य प्रदेश के युवा अपने बड़ों से मार्गदर्शन की अपेक्षा किए बिना हमारे राष्ट्रीय जीवन की आधारभूत समस्याओं पर विचार करने हेतु यहाँ एकत्र हुए हैं। यदि मैं आपके इस पवित्र उद्देश्य की सफलता में कुछ भी सहयोग कर सका, तो यह मेरा सौभाग्य होगा।

इस देश में कुछ ऐसे लोग भी हैं—इनमें कुछ संभ्रांत व्यक्ति भी शामिल हैं—जो आज के युवा आंदोलन को हिकारत की नजर से देखते हैं या यह दरशाते हैं कि वे इस आंदोलन के उद्देश्य और महत्त्व की प्रशंसा नहीं करना चाहते। दूसरे वे लोग हैं, जो युवा आंदोलन के आंतरिक अर्थ को नहीं समझते, लेकिन उन्होंने इस आंदोलन से जुड़ना संभवत: इस भावना के कारण स्वीकार कर लिया कि उनकी भागीदारी के बिना कोई आंदोलन नहीं बढ़ना चाहिए।

भारत में वर्तमान पुनर्जागरण के आरंभ से लेकर अब तक अनेक आंदोलन और विचारधाराएँ एक के बाद एक सामने आईं। इनका अस्तित्व होते हुए भी युवा-आंदोलन के रूप में एक दूसरे आंदोलन को जन्म मिला, यही इसका प्रमाण है कि इसका आविर्भाव बहुत अनिवार्य था। व्यक्ति और राष्ट्र के हृदय में निश्चय ही किसी गहन

आकांक्षा ने जन्म लिया है, जिसके परिणामस्वरूप युवा-आंदोलन का संगठन संभव हुआ है। अंतर की वह मूलगत आकांक्षा है, स्वाधीनता और अपनी सार्थकता की अभिलाषा।

देश आज एक ऐसा आंदोलन चाहता है, जो व्यक्ति और राष्ट्र को हर प्रकार के बंधनों से मुक्ति दिलाए। उनकी आत्माभिव्यक्ति के सभी द्वार उन्मुक्त करे। कुछ ऐसे भी लोग हैं, जो युवा-आंदोलन को कांग्रेस की एक शाखा के रूप में बदल देना चाहते हैं। लगता है, ऐसे लोग इसके उद्देश्य से अवगत नहीं हैं।

कांग्रेस मूलतः एक राजनीतिक संस्था है। इसका उद्देश्य सीमित है। वह राजनीतिक समस्याओं में पूर्ण स्वाधीनता को आज भी नहीं स्वीकार करती। इसलिए जो तरुण-तरंगित जीवन को समग्रता में देखना चाहते हैं, वे कांग्रेस जैसी किसी राजनीतिक संस्था में ही पड़े रहना नहीं चाहते हैं, बल्कि उनकी चाह मानव-हृदय की सभी आकांक्षाओं और जीवन की सभी कामनाओं को पूरा करने की हो सकती है। किसी एक ऐसे आंदोलन से जुड़ने की भी हो सकती है, इसमें अचरज की कोई बात नहीं। इसलिए यह समझ में आता है कि युवा-आंदोलन केवल राजनीतिक आंदोलन न होते हुए भी राजनीति से अलग नहीं है। इसके उद्देश्यों का दायरा जीवन की भाँति ही व्यापक है। इसकी समग्रता में जीवन की सभी दिशाएँ निहित हैं, इस कारण यह युवा-आंदोलन हमारी राजनीति को भी बल देगा।

युवा-आंदोलन वर्तमान के प्रति हमारे असंतोष का प्रतीक है। युगों से पड़े बंधन, स्वेच्छाचारिता और अत्याचार के विरुद्ध विद्रोह का यह एक विशिष्ट रूप है। सभी बंधनों को तोड़कर मानव की अशेष सृजनशक्ति के क्षेत्रों को उन्मुक्त बनाना, हमारे और मानव-जाति के लिए नूतन जगत् की प्रतिष्ठा करना ही इसका लक्ष्य है। युवा-आंदोलन इसलिए वर्तमान आंदोलन समूह द्वारा आरोपित किसी अन्य या विदेश से आयात की हुई कोई कार्य-पद्धति नहीं है। यह वास्तविक एक स्वतंत्र आंदोलन है और इसका मूल उत्स मानव-स्वभाव के गहनतम अंतस्तल में है।

वर्तमान युग के एक विशिष्ट अभाव और मानव-मन की उद्ग्रीव लालसा को पूरा करने के लिए ही इसका जन्म हुआ है। इसका गूढ़ अर्थ और उद्देश्य बिना जाने सिर्फ आंदोलन में योग देने पर या युवक-संघ का प्रधान बनने पर भी कोई परिणाम नहीं निकलेगा। मेरा खयाल है कि युवा-आंदोलन के स्वाभाविक वैशिष्ट्य के बिना केवल तरुण-तरुणियों का संघ होने मात्र से इसे युवा-संघ की संज्ञा नहीं मिल सकती। मैं पहले ही कह चुका हूँ कि एक आलोड़न और वर्तमान अवस्था के प्रति असंतोष तथा नए समाज की स्थापना की चेष्टा इस आंदोलन की वास्तविक विशिष्टता है। हर प्रकार के बंधनों से मुक्ति और जहाँ विधि और व्यवस्था मानव-विवेक के विरुद्ध यथावलंबित है, वहाँ यह उस विधि और व्यवस्था के विरुद्ध विद्रोह है, युवा आंदोलन का यही लक्ष्य है। उसका मंत्र है—आत्मनिर्भरता, जो अंध-भक्ति और बड़े-बूढ़ों के अविकल अनुसरण से

बिल्कुल पृथक् है। इससे यदि कोई बड़े-बूढ़े युवा-आंदोलन को संदेह या बुरी दृष्टि से देखें तो इसमें आश्चर्य की बात नहीं है।

अपनी समस्त जीवनधारा को नई-नई दिशाओं में प्रवाहित करना एवं नवीन आदर्श की अनुप्रेरणा से संजीवित करना युवा-आंदोलन का उद्‌देश्य है। हम जीवन का जो पुनर्गठन करना चाहते हैं, यही आदर्श उसे नया अर्थ और नई प्रेरणा देता रहेगा। वह आदर्श है—पूर्ण, सर्वांगीण स्वाधीनता और अपने को चारों ओर से सार्थक बनाना। स्वाधीनता और जीवन की सार्थकता का परस्पर अटूट संबंध है। स्वाधीनता के बिना अपने को सार्थक बनाना संभव नहीं है और सार्थकता की ओर यह जीवन को ले जाता है, इसीलिए स्वाधीनता इतनी मूल्यवान् है।

युवा-आंदोलन का दायरा जीवन की भाँति ही व्यापक है। इसलिए जीवन की जितनी भी दिशाएँ हैं, युवा-आंदोलन की भी उतनी ही दिशाएँ होंगी। शरीर को संजीवित करने के लिए हमें क्रीड़ा-कौतुक और व्यायाम करना होगा। हृदय को मुक्त और नव-शिक्षा द्वारा उद्‌बुद्ध करने के लिए नए-से-नए साहित्य, ऊँची-से-ऊँची शिक्षा-प्रणाली और सुदृढ़ नैतिकता की प्रस्थापना करनी होगी। समाज को नवजीवन दान देने के लिए हमें निर्दयतापूर्वक बाधा-विघ्नों, विधि-व्यवस्थाओं और विचारधाराओं को मिटाकर नई और जीवंत समाज-व्यवस्था तथा विचार-समूहों का प्रवर्तन करना होगा और युगसापेक्ष आदर्श निकष पर हमें वर्तमान सामाजिक तथा नैतिक व्यवस्था को जाँचना होगा, और संभवत: हमें ऐसे नैतिक तथा सामाजिक आदर्शों की अवतारणा भी करनी पड़े, जो भविष्य का पथ नियंत्रित कर सकें।

विचार और कर्म की नई धारा के प्रवर्तन के लिए वर्तमान विचारधारा और स्वार्थ एवं शक्तिशाली दलों से हमें विरोध मिलेगा, यह बहुत स्वाभाविक है। विरोधी वातावरण और अनेकों बाधाओं के मध्य युवा-आंदोलन को अग्रसर होना होगा। ऐसी स्थिति बार-बार आ सकती है, जब हमारे चारों ओर बाधाएँ-ही-बाधाएँ हों और लगे कि संपूर्ण विश्व से हम विच्छिन्न हो चुके हैं। ऐसे संकट में हमें उस आइरिश महान् पुरुष के कथन को दोहराना होगा, जिसने संकट के बीच खड़े होकर दीप्त कंठ से कहा था, 'विश्व का उद्धार जैसे एक व्यक्ति (ईसा) ने किया था, आयरलैंड का भी वैसे ही एक व्यक्ति कर सकता है।' युवा आंदोलन के उद्‌देश्य के अनुसार, जिस क्षण आप लोग जीवन के समस्त क्षेत्रों में स्वाधीनता के आदर्श को प्रतिफलित करेंगे, उसी क्षण चारों ओर शत्रुओं का प्रादुर्भाव होगा और सभी स्वार्थपरक व्यक्ति आप लोगों को पछाड़ने के लिए एकजुट हो जाएँगे। एक प्रकार से तो दुर्धर्ष शत्रुओं से लड़ना सहज है, किंतु एक ही साथ चारों तरफ के आक्रमण की स्थिति में संग्रामरत रहना कठिन भी है। युवा-आंदोलनों के अगुवाओं को इसलिए निर्मम शत्रुओं के विरोध के लिए तैयार रहना होगा।

एक और विषय में हमें सदा तैयार रहना होगा, उसके लिए हमें समय रहते ही प्रस्तुत होना पड़ेगा। राजनीतिक या श्रमिक आंदोलनों का भार जन-साधारण के ऊपर डालने के लिए उनकी भावना और विचारों से सहानुभूति कभी-कभी बहुत अनिवार्य है; किंतु युवा-आंदोलन में सहयोग देने के लिए आप लोगों को जनप्रियता का लोभ बिल्कुल त्यागना होगा। कभी-कभी जनमत बनाने या जन-साधारण के मन के उच्छ्वास के दमन के लिए भी आप लोगों को ही तैयार रहना होगा। यदि आप राष्ट्रीय जीवन की मूल समस्याओं का समाधान करना चाहते हैं तो आप लोगों को समसामयिक व्यक्तियों की बजाय दूर तक अपनी दृष्टि फैलानी होगी। जन-साधारण वर्तमान का बंधन तोड़कर भविष्य के स्वरूप की उपलब्धि नहीं कर सकता और ऐसा भी हो सकता है कि जन-साधारण आपको स्वीकार भी न करे। तब मित्र विहीन अवस्था में अकेले खड़े होकर संपूर्ण दुनिया से लड़ने की जागरूकता और साहस आप में होना चाहिए। 'जनप्रियता' की लहर में जो सदा बहना चाहते हैं, वे तात्कालिक रूप से जनसाधारण की प्रशंसा तो पा लेते हैं; मगर इतिहास में अमर नहीं हो सकते। भविष्य के इतिहास का निर्माण ऐसों से नहीं हो सकता। राष्ट्र के इतिहास के निर्माण के लिए हमें अनेक विरोध और अत्याचार सहन करने को प्रस्तुत रहना होगा। अत्यंत निस्स्वार्थ कामों के लिए भी निंदा और व्यंग्य, निकटतम मित्रों की ईर्ष्या और शत्रुता से घबराने पर काम नहीं चलेगा।

परंतु मानव-स्वभाव में एक अंतर्निहित देवत्व है। इसी कारण मूल उपलब्धि, निंदा और अत्याचार के दीर्घ दिन भी एक ही दिन में शेष हो जाते हैं। गहरे विश्वास के लिए मृत्यु को प्राप्त होने पर भी वह मृत्यु हमें अमर बना देती है, तभी किसी भी अवस्था के लिए हमें तैयार रहना होगा। घात-प्रतिघात का संकट है, तभी तो जीवन का इतना मूल्य है। त्याग, शोक और अत्याचार यदि न हो तो क्या जीवन इतना सुंदर, इतना विचित्र होता?

थोड़े में कहा जाए तो राजनीतिक, सामाजिक, अर्थनीतिक, शरीरगत एवं शिक्षा-दीक्षागत—युवा-आंदोलन की यही पाँच दिशाएँ हैं। इस आंदोलन का लक्ष्य अखंडित है—उपर्युक्त पाँच विभागों के बंधन से मुक्ति पाना और यह मुक्ति प्राप्त कर अपने को सार्थक बनाने का प्रयत्न करना होगा। अतः यह एक ही साथ ध्वंस और निर्माणात्मक है। एक ओर बिना तोड़े दूसरी ओर बनाया नहीं जा सकता। तभी तो प्रकृति में ध्वंस-निर्माण आस-पास चलते हैं। ध्वंस ठीक नहीं है, निर्माण अच्छा है और बिना ध्वंस के निर्माण संभव है, ऐसा सोचना एकदम भ्रम है। और फिर ध्वंस-ही-ध्वंस का लक्ष्य बना रहे यह भी गलत होगा। जीवन के किसी भी क्षेत्र में स्वाधीनता की चेष्टा करने से बहुत सी चीजों को तोड़ना ही पड़ता है। असत्य, कपट, बंधन और समता के अभाव को किसी भी मत से मानकर जिया नहीं जा सकता। इन सभी बंधनों की कड़ियाँ तोड़ने के

लिए हमें सर्व-शक्तियों का नियोजन करना होगा। जब हमारा कर्तव्य मात्र सामने बढ़ना होगा, तब पीछे मुड़कर देखने से काम नहीं चलेगा।

भारतवर्ष और भारत से बाहर के बहुत से आंदोलन संशोधनवादी हैं। ऐसे सभी आंदोलन जीवन की सतह को केवल छूते भर हैं—जीवन का रूप नहीं बदल पाते। हमें संशोधन नहीं चाहिए, हम आमूल परिवर्तन चाहते हैं। व्यक्तिगत और सामाजिक, दोनों तरह के जीवन को पुनर्गठित करना होगा। इस नवजीवन-प्राप्ति की दिशा में प्रेरणा प्राप्त करने के लिए हमें स्वाधीनता की एक नई भावना अपने अंदर पैदा करनी होगी। विभिन्न देशों और विभिन्न युगों में स्वाधीनता का विभिन्न अर्थ रहा है। वस्तुतः दूसरे देशों की भाँति ही हमारे देश में भी स्वाधीनता की धारणा धीरे-धीरे अभिव्यक्ति पा रही है। आज स्वाधीनता का अर्थ है—सभी प्रकार के बंधनों से संपूर्ण मुक्ति। अंततः यही अर्थ युवा मन को छू पाया है। आधे रास्ते पर पहुँचकर ठहरना अब हमें अच्छा नहीं लगता—हम जीवन के सभी क्षेत्रों में स्वाधीनता चाहते हैं, हम यदि स्वाधीनता के लिए स्वाधीनता को पसंद करें, तो बंधन और विषमता को हम किसी भी तरह सह नहीं सकते। राजनीतिक हो, अर्थनीतिक हो या सामाजिक हो, सभी के ऊपर स्वाधीनता के प्रयोग के लिए तैयार रहना होगा। नर-नारी से ऊपर उठने पर पता चलता है कि हर मनुष्य में कहीं-न-कहीं समता और उसे विकसित करने के लिए हमें अवसर देना होगा। यही मेरा कहना है। इसे कहना सहज है, किंतु अनुसरण करना दुरूह।

मित्रो, जो युवा-आंदोलन को बढ़ाना या व्यापक बनाना चाहते हैं, उनकी कार्य-प्रणाली का अकारण विस्तृत विवरण उपस्थित कर हम आपका समय नष्ट करना नहीं चाहते। इस आंदोलन के आदर्श लक्ष्य और उद्देश्य की आलोचना करने भर से ही मेरा काम नहीं समाप्त हो जाता है। हम लोगों का आदर्श बहुत ही सुदूर-स्पर्शी है। हो सकता है, इससे दुरूह की कल्पना मनुष्य कर नहीं सके। हम अपने समग्र जीवन को रूपांतरित करना चाहते हैं—अपने लिए और समस्त मानवजाति के लिए एक नए और उज्ज्वल जगत् का निर्माण करना चाहते हैं। एकमात्र स्वाधीनता का मोहक स्पर्श ही हमारी सोई शक्ति को जगाकर अविरत कर्म-प्रवाह में कूद जाने को प्रवृत्त कर सकता है। कैसे अपने और देशवासियों के मन में स्वाधीनता की यह आकांक्षा जगा सकें, यही है हमारी सर्वप्रथम एवं सर्व-प्रमुख समस्या। यदि हम हृदय के अंतस्तल से स्वाधीनता की आकांक्षा करें तो दासता की पीड़ा और बंधन का दुःख रोम-रोम में अनुभव होगा। यह अनुभूति जब तीव्र हो उठेगी, तब हम यह उपलब्ध कर पाएँगे कि स्वाधीनताहीन होकर जीवित रहने का कोई भी मूल्य नहीं है और यह ज्ञान बढ़ते रहने पर एक दिन ऐसा भी आएगा, जब हम स्वाधीनता की प्यास में आकंठ डूब जाएँगे।

मन की इस अवस्था से ही हम स्वाधीनता के एकनिष्ठ प्रचारक हो सकते हैं।

स्वाधीनता की लालसा में उन्मत्त नर-नारी तब गाँव-गाँव, द्वार-द्वार पर पहुँचकर स्वाधीनता की वाणी का प्रचार कर सकेंगे। इस प्रचार-कार्य के फलस्वरूप जीवन के सभी क्षेत्र स्पंदित हो उठेंगे। एक तरफ ध्वंस और दूसरी तरफ निर्माण प्रारंभ होगा। राजनीति, अर्थनीति, समाज—सभी क्षेत्रों में तब एक नया प्रेरणास्रोत उद्वेलित हो उठेगा। वह प्रेरणा है स्वाधीनता की, साम्य की। पथनिरोध करनेवाले आचार, युगसंचित बाधा, जीवन के सभी झूठे मानदंड टूट-फूटकर नई सृष्टि का मार्ग प्रशस्त करेंगे। हम यदि मुक्ति, साम्य और मैत्री की आधारभूमि पर नई दुनिया का निर्माण कर सकें तो इससे मात्र राष्ट्रीय समस्या का समाधान नहीं, बल्कि विश्व की एक बृहत्तर समस्या का समाधान हो गया, यह मानना होगा।

भारतवर्ष एक छोटी-मोटी पृथ्वी है—जगत् की सारी समस्या ही भारत में मौजूद है। इसलिए भारत की समस्या के समाधान का अर्थ है, जगत्-समस्या का निराकरण।

अकथ दु:ख-पीड़ा और अगणित विरोध-संघर्ष के बीच भी भारत आज स्थिर है। इसका कारण है, उसकी अपनी एक विशिष्ट साधना। संसार की रक्षा करनी है। इसलिए आज उसे अपने को बचाना होगा। स्वाधीन भारतवर्ष जगत् की शिक्षा-दीक्षा और सभ्यता को अपना अतुलनीय अवदान देना चाहता है, इसलिए उसकी मुक्ति की अनिवार्यता है। संसार आज भारत से अवदान पाने के लिए टकटकी लगाए है, बिना यह अवदान मिले वह दीन-हीन रहेगा।

मित्रो, हमारे ऊपर कठोर दायित्व है। हर युग में, हर देश में यौवन ने ही मुक्ति की मशाल ऊपर उठाई है। विदेशी युवकों की भाँति आज हमें भी अपना जीवन-यापन करना होगा। हम यदि आज उठ खड़े हों तो जो कुछ वे कर पाए हैं, वह हम भी कर सकते हैं। हम एक संक्रांति काल में साँस ले रहे हैं, आज भारत की भाग्य-रचना उसके तरुणों की मुट्ठी में है। हमारे देश के युवक-युवतियों ने अपना दायित्व स्वीकार कर लिया है, इसमें मुझे जरा भी संदेह नहीं है। मैं जानता हूँ, उनके आत्मत्याग, उनके दु:खस्वीकरण और कर्म के मध्य से ही स्वाधीन भारत का जन्म होगा। जिस भारत में मुक्त नर-नारी जन्म लेंगे और शिक्षा तथा विकास के समान अधिकारी होंगे, वह भारत स्वाधीन होगा ही। एक मात्र सवाल है—कब ? हम पराधीन होकर ही जनमे हैं, यह ठीक है, किंतु स्वाधीन देश में मरेंगे, देश को मुक्त कर मरेंगे। आइए, हम यह संकल्प लें और यदि जीवन में मुक्त भारतवर्ष का रूपदर्शन न भी कर पाएँ तो भी भारतवर्ष को मुक्ति दिलाने के लिए जीवन विसर्जित कर दें। स्वाधीनता का पथ कंटकाकीर्ण है, किंतु अमरत्व-प्राप्ति का पथ भी यही है। मध्य प्रदेश के भाई-बहनो ! हम आपका इसी यात्रा-पथ पर आह्वान करते हैं। वंदे मातरम् !

□

भारत ने गांधी को क्यों शिरोधार्य किया

—देवेंद्र स्वरूप

आधुनिक व्याख्या के अनुसार 'राष्ट्रीयता' या राष्ट्रवाद वह 'समूह चेतना' है, जो किसी भूमि पर बसे जन की लंबी इतिहास-यात्रा के उस बिंदु पर प्रकट होती है, जब एक समान सांस्कृतिक अनुभूति का उस भूमि के प्रति ममत्व अर्थात् देशभक्ति की भावना के साथ अभिन्न संयोग हो जाता है। भूमि ही राष्ट्रीयता का अधिष्ठान होती है। भूमि के प्रति 'जन' का पुत्र भाव ही राष्ट्रीयता का सिंचन-पोषण करता है। यह पुत्र भाव ही भूगोल एवं इतिहास द्वारा प्रदत्त विविधता को एकता के सूत्र में गूँथता है। भारतीय मनीषा ने इस सत्य का साक्षात्कार हजारों वर्ष पूर्व कर लिया था। 'अथर्ववेद' के पृथिवी सूक्त को संसार का प्रथम राष्ट्र-गीत कहा जा सकता है। यह सूक्त कहता है कि—

जनं विभ्रती बहुधा विवाचसं, नाना घर्माणं पृथिवी यथौकसम्।
सहस्रं धारा द्रविउस्य मे, दुहां ध्रुवेव धेनुरन प्रस्फुरन्ती॥

यहाँ अनेक बोलियाँ बोलनेवाले लोग निवास करते हैं, वे तरह-तरह के आचार-विचार का पालन करते हैं, किंतु यह भूमि अपना दूध पिलाकर सबका समान रूप से पोषण करती है। इसलिए पृथिवी सूक्त के ऋषि ने घोषित किया कि यह भूमि मेरी माता है और मैं इसका पुत्र हूँ। भारतमाता के प्रति यह पुत्रभाव सदैव हमें अनुप्राणित करता रहा है और बहुविध विविधताओं से भरे इस विशाल देश में सांस्कृतिक एकता की धारा प्रवाहित करता रहा है। महाभारत, रामायण एवं पुराणों के माध्यम से भारतभूमि की एकता व पवित्रता का भाव युग-युगों से मन-मन पर संस्कारित होता रहा है।

उत्तरं यत्समुद्रस्य हिमाद्रेश्चैव दक्षिणम्,
वर्षं तद् भारतं नामं भारती यत्र सन्तति। (विष्णु पुराण)

इस श्लोक में भारत की भौगोलिक सीमाओं की व्याख्या करते हुए उसकी संतति को 'भारती' नाम से संबोधित करके ही नहीं रुका जाता, बल्कि भारतभूमि के सांस्कृतिक वैशिष्ट्य की भी उद्घोषणा करता है। वह कहता है—

गायन्ति देवाः किल गीतकानि धन्यास्तु ते भारतभूमि भागे।
स्वर्गापवर्गास्पद हेतुर्भूते भवन्ति भूयः पुरुषाः सुरत्वात्॥

स्वर्ग में देवतागण भी गान करते हैं कि धन्य हैं वे लोग, जो भारतभूमि के किसी भाग में पैदा हुए। यह भूमि स्वर्ग से भी बढ़कर है, क्योंकि यहाँ स्वर्ग से आगे मोक्ष प्राप्ति की साधना भी की जा सकती है, जबकि स्वर्ग में देवत्व भोग लेने के बाद देवताओं को भी मोक्ष साधना के लिए भारत में ही जन्म लेना होगा।

यहाँ राष्ट्रीयता की भावना को ऋषियों-मुनियों की सहस्राब्दियों लंबी तपस्या में से उपजे जीवन दर्शन से जोड़ा गया है। भूमि के साथ रिश्ते को भौतिक धरातल से ऊपर उठाया गया है। इसीलिए भारत की आध्यात्मिक चेतना ने भारतभूमि के कण-कण में पवित्रता का दर्शन किया। सप्त नदियों, सप्त पर्वतों, सप्त नगरियों का स्मरण करके भारतमाता का स्मरण किया। इसी में से समूचे देश की तीर्थयात्रा की अभिनव कल्पना का जन्म हुआ।

परंपरा से चले आए इसी माता-पुत्र भाव को ऋषि बंकिम ने 1872 में वंदेमातरम् गीत में छंदोबद्ध किया और सन् 1882 में अपने 'आनंद मठ' उपन्यास का अंग बनाकर मातृभूमि के स्वतंत्रता-संघर्ष का संदर्भ घोष प्रदान किया। इस पृष्ठभूमि के कारण ही यह गीत सन् 1906 में बंगभंग विरोधी स्वदेशी आंदोलन का जयघोष बनकर पूरे भारत में गूँज उठा। हजारों छात्र वंदेमातरम् का घोष करने के कारण विद्यालयों से निष्कासित हुए, अनेक युवा क्रांतिकारी वंदेमातरम् का घोष करते हुए सहर्ष फाँसी के फंदे पर चढ़ गए। तपस्या और त्याग की यज्ञाग्नि में तपकर यह गीत राष्ट्रीयता का मंत्र बन गया। स्वतंत्रता-आंदोलन की सशस्त्र क्रांति और अहिंसक संघर्ष की दोनों धाराओं ने 'वंदेमातरम्' को राष्ट्रगीत के रूप में अपनाया।

भारतीय राष्ट्रीयता के इस सांस्कृतिक चरित्र का साक्षात्कार गांधीजी को विदेश में रहकर हो गया था। सन् 1909 में प्रकाशित अपनी सुप्रसिद्ध रचना 'हिंद स्वराज' में उन्होंने लिखा, "अंग्रेजों ने हमें सिखाया कि हम एक राष्ट्र नहीं थे और एक राष्ट्र बनने में हमें सैकड़ों बरस लगेंगे, यह बात बिल्कुल बेबुनियाद है। जब अंग्रेज हिंदुस्तान में नहीं थे, तब भी हम एक राष्ट्र थे, हमारे विचार एक थे, हमारा रहन-सहन एक था। तभी तो अंग्रेजों ने यहाँ एक राज्य कायम किया। भेद तो हमारे बीच बाद में उन्हीं ने पैदा किया। मैं जो कहता हूँ, वह बिना सोचे-समझे नहीं कहता। एक राष्ट्र का यह अर्थ नहीं कि हमारे बीच कोई भिन्नता नहीं थी, लेकिन हमारे मुख्य लोग पैदल या बैलगाड़ी में हिंदुस्तान का सफर करते थे, एक-दूसरे की भाषा सीखते थे और उनके बीच कोई अंतर नहीं था। जिन दूरदर्शी पुरखों ने सेतुबंध रामेश्वर, जगन्नाथपुरी और हरिद्वार की यात्रा निश्चित की, उनका आपकी राय में क्या विचार रहा होगा? वे मूर्ख नहीं थे, यह तो आप मानेंगे। वे

जानते थे कि ईश्वर भजन घर बैठे भी हो सकता है। उन्हीं ने हमें सिखाया कि 'मन चंगा तो कठौती में गंगा', लेकिन उन्होंने सोचा कि प्रकृति ने हिंदुस्तान को एक देश बनाया है, इसलिए वह एक राष्ट्र होना चाहिए। इसलिए उन्होंने अलग-अलग स्थान तय करके लोगों को एकता का विचार इस तरह दिया, जैसा दुनिया में और कहीं नहीं दिया गया है। दो अंग्रेज जितने एक नहीं हैं, उतने हम हिंदुस्तानी एक थे और एक हैं। सिर्फ हम और आप, जो खुद को सभ्य मानते हैं, उन्हीं के मन में ऐसा भ्रम पैदा हुआ कि हिंदुस्तान में हम अलग-अलग राष्ट्र हैं।" (महात्मा गांधी, हिंद स्वराज, संस्करण, 1959, पृष्ठ 31)

गांधीजी भारत भूमि को मोक्ष-भूमि के रूप में देखते थे। द. अफ्रीका को छोड़कर भारत को अपनी कर्मभूमि बनाने के पीछे यही भावना काम कर रही थी। 9 जुलाई, 1914 को डरबन में गुजराती सभा में भाषण देते हुए उन्होंने कहा, "मैं अब भोगभूमि से कर्मभूमि में जा रहा हूँ। मेरी मुक्ति भारत को छोड़कर किसी अन्य भूमि में नहीं है। यदि मोक्ष की इच्छा हो तो मनुष्य को भारतभूमि में जाना ही चाहिए। मेरी ही तरह प्रत्येक के लिए भारतभूमि दु:खियों का विश्राम स्थल है और इसीलिए स्वदेश जाने के लिए मैं इतना उत्सुक हूँ।" (संपूर्ण गांधी वाङ्मय, खंड 12, पृ. 445) एक अन्य स्थान पर उन्होंने कहा, "मेरी देशभक्ति मेरी धर्मभावना के अधीन है। बच्चा जैसे माँ की छाती से चिपटा रहता है, वैसे ही मैं भारतमाता से इसलिए चिपटा रहता हूँ कि मुझे लगता है कि वह मुझे आवश्यक आध्यात्मिक पोषण देती है। यहाँ वह वातावरण है, जो मेरी उच्चतम आकांक्षाओं के अनुकूल है।"

कभी-कभी मन में प्रश्न उठता है कि क्यों गांधीजी ही भारत लौटने के पश्चात् केवल चार वर्ष में अनेक दिग्गजों के होते भारत के हृदय सम्राट् बन गए, पहली बार उनके आह्वान पर स्वतंत्रता आंदोलन को अखिल भारतीय जनांदोलन का स्वरूप प्राप्त हुआ। गाँवों और नगरों, शिक्षित और अशिक्षित, धनी और निर्धन, ऊँच और नीच का भेद मिट गया। भारत के प्रत्येक कोने से, प्रत्येक वर्ग से, प्रत्येक जाति से नेतृत्व उभरकर ऊपर आया। क्यों गांधी ही भारत के मूर्च्छित प्राणों में चेतना का संचार कर विश्व के सबसे विशाल जनांदोलन को सृजित कर पाए? भारतीय समाज की सामूहिक मानसिकता को समझने के लिए इस प्रश्न का उत्तर खोजना बहुत आवश्यक है। गांधीजी की इस सफलता का रहस्य इस बात में है कि उन्होंने राजनीति की नहीं, धर्म की भाषा बोली, जिन उदात्त जीवन-मूल्यों की भारतीय समाज सहस्राब्दियों से पूजा करता आ रहा था, गांधीजी ने उन जीवन-मूल्यों को न केवल व्यक्तिगत जीवन में, बल्कि अपने आश्रम जीवन और सार्वजनिक आंदोलन में जीने का ईमानदार प्रयास किया। भारतीय समाज ने उनमें सांस्कृतिक परंपरा का जीवंत प्रतिनिधि देखा, उनमें सत्य के दर्शन किए और उन्हें 'महात्मा' शब्द से विभूषित किया।

मुझे स्मरण है कि अब से 65–70 वर्ष पूर्व जब मैं बालक था, मेरे छोटे से कस्बे में अनेक दुकानों पर रंगीन चित्र टँगे होते थे, जिनमें गांधीजी को विश्वामित्र और नेहरू-सुभाष को राम-लक्ष्मण की जोड़ी के रूप में चित्रित किया होता था। गांधीजी के बारे में एक लोकगीत की दो पंक्तियाँ अभी भी मुझे भूली नहीं हैं। गांधीजी को कृष्ण की उपमा देते हुए इस गीत में कहा गया है—

वे माखन चोर कहाते थे, तुम नमक चोर कहाते हो।
वे चक्रसुदर्शनधारी थे तुम चरखाधारी होते हो॥

गांधीजी ने भारतीय राष्ट्रीयता के मर्म को पहचाना था, उसके साथ पूर्ण तादात्म्य स्थापित किया था, इसलिए भारतीय समाज के वे श्रद्धा-केंद्र बन सके, भारत के सोए प्राणों में नवजीवन का संचार कर सके। सन् 1934 में कांग्रेस की प्राथमिक सदस्यता को त्याग कर वे दल राजनीति से पूरी तरह निरपेक्ष हो गए थे, किंतु फिर भी वे ही समाज के प्रेरणा-केंद्र बने रहे। उनके द्वारा उत्पन्न जन-जागरण का ही परिणाम था कि सन् 1937 के चुनावों में कांग्रेस सात प्रांतों में पूर्ण बहुमत पा सकी। उन चुनावों में कांग्रेस की प्रचार रैली का एक अद्‌भुत वर्णन मुझे स्मरण आ रहा है। स्वतंत्रता के आगमन के पूर्व जब मैं काशी हिंदू विश्वविद्यालय में पढ़ रहा था, तब वहाँ एक कांग्रेसी नेता बाबा राघवदास का भाषण सुनने का अवसर मिला। ये बाबा राघवदास वही हैं, जिन्होंने प्रसिद्ध समाजवादी नेता आचार्य नरेंद्रदेव को उनके ही घर फैजाबाद में पराजित किया था। उस सभा में राघवदास ने सन् 1937 के चुनाव में कांग्रेस की भारी सफलता का वर्णन करते हुए बताया कि हमारे पास साधन नहीं थे, धनाभाव था, जबकि हमारे विरुद्ध एक प्रभावशाली साधन-संपन्न जमींदार खड़ा था। हमने केवल इतना किया कि गाँव-गाँव में डुग्गी पिटवा दी कि अमुक तिथि को अमुक स्थान पर गांधी बाबा का यज्ञ होगा। उसमें सबको अपने वोटों की आहुति डालनी है, वहाँ भंडारे के लिए खाने-पीने का सामान साग-सब्जी लेकर पहुँचे। बाबा राघवदास ने बताया कि इस सूचना का चामत्कारिक असर हुआ। लोग झुंड बनाकर सिरों पर साग-सब्जी, अनाज लादकर मतदान केंद्र की ओर चल पड़े। उन्होंने बताया कि एक जमींदार हाथी पर साग-सब्जी लादकर स्वयं पैदल आ रहा था। किसी ने पूछा कि ऐसा क्यों? तो उसका उत्तर था कि गांधी बाबा के यज्ञ में जा रहे हैं तो क्या हम हाथी पर बैठकर जाएँगे। बाबा राघवदास जब यह वर्णन कर रहे थे तो हम छात्रों की आँखों से आँसू बह रहे थे।

यह है भारतीय समाज का अंतःकरण, जिसे समझना बहुत आवश्यक है, किंतु गांधीजी की सफलता की इस गाथा को कहते समय यह भी ध्यान रखना होगा कि कांग्रेस को केवल उन्हीं प्रांतों में सफलता मिल सकी, जहाँ हिंदुओं का भारी बहुमत था। जिन प्रांतों में मुसलिम बाहुल्य का प्रभाव था, वहाँ कांग्रेस को सफलता नहीं मिली। हिंदू बहुल

प्रांतों में भी मुसलिम सीटों पर कांग्रेस को भारी पराजय मिली। ये आँकड़े उपलब्ध हैं और उनका अध्ययन बहुत उपयोगी रहेगा। मुसलिम समाज की इस मानसिकता ने ही मि. जिन्ना को अपनी व्यक्तिगत महत्त्वाकांक्षा की पूर्ति के लिए मुसलिम पृथकतावाद का मंच अपनाने की प्रेरणा दी। तभी अक्तूबर 1937 में उन्होंने मुसलिम लीग के अधिवेशन में सात प्रांतों में कांग्रेसीराज को हिंदूराज बताया, गांधी को 'हिंदू पुनरुत्थानवादी' घोषित किया और प्रस्ताव पारित करके मुसलमानों को वंदेमातरम् राष्ट्रगीत का बहिष्कार करने का आह्वान किया। स्वतंत्रता-प्राप्ति के 60 वर्ष बाद भी वंदेमातरम् के विरोध की वह मानसिकता ज्यों-की-त्यों जीवित दिखाई दे रही है।

अतः भारतीय राष्ट्रवाद की दृष्टि से इन दोनों समाजों की सामूहिक मानसिकता के अंतर को समझना बहुत आवश्यक हो जाता है। इसे कैसे समझें? इतिहास की आँखों से देखें तो प्रश्न उठता है कि सन् 1937 से 1947 तक मुसलिम समाज के सामने दो नेता थे—एक मौलाना अबुल कलाम आजाद और दूसरे मुहम्मद अली जिन्ना। मौ. आजाद अपनी वेषभूषा, अपनी उपासना-आस्था और मजहबी निष्ठा में इंच-इंच पक्के मुसलमान थे। वे कुरान के अधिकारी व्याख्याता थे, अरबी-फारसी और उर्दू पर उन्हें अधिकार था, उर्दू के प्रभावी वक्ता थे, अचकन-पाजामा, लंबी टोपी पहनकर, दाढ़ी रखकर उस काल के मुसलिम वेश में रहते थे, पाँच बार नमाज पढ़ते थे, कांग्रेस कार्यसमिति की बैठक के बीच भी नमाज पढ़ते थे। उधर मि. जिन्ना वेशभूषा, खान-पान में पूरी तरह अंग्रेज थे, वे नमाज कभी नहीं पढ़ते थे, अरबी-फारसी तो क्या, वे उर्दू भी न बोल सकते थे, न लिख सकते थे, मुसलमानों के लिए वर्जित सुअर का मांस उन्हें प्रिय था, किंतु क्या कारण है कि भारत के मुसलिम समाज ने मौलाना आजाद को ठुकराकर मि. जिन्ना को नेता बनाया, उन्हें रातोरात 'कायदे आजम' बना दिया। सन् 1946 का चुनाव परिणाम साक्षी है कि 95 प्रतिशत मुसलिम समर्थन मुसलिम लीग को प्राप्त हुआ, न कि मौलाना आजाद की कांग्रेस को। मुसलमानों ने जिन्ना को नेता माना, क्योंकि वे पृथकतावाद और विभाजन की भाषा बोल रहे थे, मौ. आजाद को उन्होंने ठुकराया, क्योंकि उनकी दृष्टि में वे हिंदू कांग्रेस की कठपुतली थे, क्योंकि वे राष्ट्रवाद और अखंड भारत की भाषा बोल रहे थे।

दूसरी ओर सन् 1937 के बाद वीर सावरकर रत्नागिरी जिले में स्थानबद्धता से मुक्त होकर कर्मक्षेत्र में उतर चुके थे, हिंदू महासभा के अध्यक्ष के नाते पूरे भारत का तूफानी दौरा उन्होंने शुरू कर दिया था। वे ओजस्वी वक्ता थे, प्रभावशाली लेखक थे, उनकी देशभक्ति, साहस और त्याग की कहानियाँ काफी लोकप्रिय थीं। उनकी हिंदुत्व-निष्ठा और देशभक्ति निःसंदिग्ध थी, किंतु सन् 1937 से 1947 तक उनके अथक प्रयत्नों के बावजूद हिंदू समाज उनके पीछे खड़ा नहीं हुआ, वह गांधी की कांग्रेस के

पीछे ही खड़ा रहा। मैं बहुत सोचता हूँ कि ऐसा क्यों हुआ तो उसका एक ही उत्तर मुझे समझ में आता है कि शायद सावरकर का हिंदुत्व राजनीतिक और प्रतिक्रियात्मक था, जबकि गांधी का हिंदुत्व भावात्मक और सांस्कृतिक था। सावरकर की भाषा राजनीतिक थी, गांधी की भाषा धार्मिक थी, जो हिंदू मानस के अनुकूल थी।

गांधीजी को हिंदू समाज ने तो शिरोधार्य किया, पर मुसलिम समाज को राष्ट्रीयता के प्रवाह में लाने में वे असफल रहे, जिसकी परिणति उनकी आँखों के सामने ही मातृभूमि के विभाजन में हुई। गांधीजी देश को विभाजन की त्रासदी से जूझते छोड़कर दुर्भाग्यपूर्ण परिस्थितियों में अनायास चले गए और खंडित भारत के शासन सूत्र जवाहरलाल नेहरू के हाथों में छोड़ गए। स्वाधीन भारत का समूचा सार्वजनिक जीवन सत्ताविमुख होकर राजनीति केंद्रित हो गया और राजनीतिक चुनावों की धुरी पर घूमने लगा। स्वाधीन भारत ने सन् 1861 से 1935 तक ब्रिटिश शासकों द्वारा आरोपित जिस ब्रिटिश संसदीय प्रणाली को अपनाया, उसने हिंदू चेतना को जाति, भाषा एवं क्षेत्र के आधार पर विभाजित किया और मुसलिम समाज को मजहब के आधार पर संगठित किया, जिसके कारण मुसलिम समाज सबसे बड़े वोटबैंक के रूप में उभर आया है। अनेक छोटे-छोटे दलों में विभाजित हिंदू नेतृत्व में मुसलिम वोटों को पाने के लिए जबरदस्त प्रतिस्पर्धा मची हुई है। मुसलिम वोटों को रिझाने के लिए सेकुलरिज्म के आवरण में हिंदू बहुसंख्यकवाद का काल्पनिक हौवा खड़ा किया जा रहा है। राष्ट्रीयता और देशभक्ति के प्रतीकों को 'हिंदू प्रतीक' कहकर अपमानित और लांछित किया जा रहा है, दूसरी ओर हिंदू मतों को पाने के लिए जातिवाद और क्षेत्रवाद को उभारा जा रहा है। जातिवादी राजनीति को पुरोगामी और हिंदू एकता की बात को प्रतिगामी व सांप्रदायिक कहा जा रहा है। यह भुलाया जा रहा है कि जातीय चेतना और राष्ट्रीय चेतना परस्पर विरोधी नहीं है, विश्वैक्य की ओर बढ़ानेवाली उत्तरोत्तर सीढ़ियाँ हैं। हमारे यहाँ कहा गया है कि व्यक्ति को कुल के लिए, कुल को ग्राम के लिए, ग्राम को जनपद के लिए और आत्मा के लिए सब कुछ त्याग देना चाहिए। जिस प्रकार मनुष्य परिवार में पिता, पुत्र, पति आदि सब धर्मों का निर्वाह एक साथ कर सकता है, उसी प्रकार वह समाज-जीवन में इन अनेक समूह चेतनाओं को एक साथ लेकर चल सकता है। केवल इतना ध्यान रखना आवश्यक है कि जिस प्रकार राष्ट्रीयता नामक समूह-चेतना का भाव एकता की ओर ले जानेवाली एक सीढ़ी है, उसी प्रकार जाति चेतना व्यक्ति को राष्ट्रीयता की ओर बढ़ानेवाली सीढ़ी मात्र है, किंतु आज तो जाति के लिए राष्ट्र की बलि दी जा रही है। हिंदू अर्थात् भारतीय राष्ट्रवाद के चरित्र को रेखांकित करते हुए श्री विपिनचंद्र पाल ने जनवरी 1912 में प्रकाशित अपने लंबे लेख का समापन इन तीन सूत्रों में किया था (1) मातृभूमि, (2) मानवता, (3) नारायण अर्थात् अध्यात्म। यहीं भारतीय राष्ट्रवाद और मानव-एकता विरोधी पाश्चात्य

राष्ट्रवाद का अंतर आ जाता है। ऐसा विषम वातावरण बन गया है कि राष्ट्रीयता और देशभक्ति की बात करना अपराध लगने लगा है। मुसलिम समाज को पृथकतावाद के रास्ते पर धकेला जा रहा है। राष्ट्रवादी मुसलिम नेतृत्व की आज भी वही स्थिति है, जो पहले मौ. आजाद की थी। वंदेमातरम् विवाद ने यह बहुत स्पष्ट कर दिया है। वंदेमातरम् गानेवाले आरिफ मुहम्मद खान, मुख्तार अब्बास नकवी और शाहनवाज हुसैन जैसे नेताओं को हिंदू भाजपा का एजेंट कहा जा रहा है। उन्हें दीन से निकालने की धमकियाँ दी जा रही हैं।

राजनीतिक नेता निर्लज्जता के साथ जाट-मुसलिम, दलित-मुसलिम, यादव-मुसलिम, वोक्कालिंगा-मुसलिम और तमिल-मुसलिम गठबंधन की भाषा बोल रहे हैं। क्या ऐसी राजनीति के माध्यम से राष्ट्रीयता की भावना का पुनर्जागरण संभव है? यदि नहीं तो उसका विकल्प क्या है? वैकल्पिक लोकशक्ति को खड़ा करने का मार्ग क्या हो सकता है? क्या दयानंद-बंकिम-विवेकानंद-अरविंद-गांधी और श्रीगुरुजी की परंपरा का अनुसरण करते हुए राष्ट्रीयता के जागरण का एक विशाल बौद्धिक-आध्यात्मिक आंदोलन का सृजन पुनः संभव है? इसमें संदेह नहीं कि भारत की सांस्कृतिक चेतना व श्रद्धा आज भी स्थानीय और राष्ट्रीय मेलों, वृद्धिंगत तीर्थयात्रा, अनेकानेक नए-पुराने आश्रमों, मठों, मंदिरों व प्रवचनों के माध्यम से प्रवाहित हो रही है। गायत्री परिवार, स्वामीनारायण संप्रदाय, सत्य साईं बाबा, स्वाध्याय परिवार, चिन्मय मिशन जैसी अनेक संस्थाएँ आध्यात्मिक चेतना को जगाने का प्रयास कर रही हैं। करोड़ों भारतीय बिना किसी निमंत्रण के, अपनी आंतरिक श्रद्धा से ऊँच-नीच, गरीब-अमीर, शिक्षा-अशिक्षा, जात-पाँत और भाषा का भेद भूलकर इन मेलों, तीर्थों, प्रवचनों, उपासना केंद्रों में खिंचे चले आते हैं, वही भारत की आत्मा है। वे ही उस गैर राजनीतिक नैतिक-बौद्धिक जागरण का माध्यम बनने की क्षमता रखते हैं, पर कौन इन सब प्रयासों को एक प्रवाह में लाने का सामर्थ्य रखता है? गांधी ने भारत आगमन के पश्चात् प्रारंभिक वर्षों में कुंभ के मेले, गुरुकुल काँगड़ी, रामकृष्ण मिशन आदि सब सांस्कृतिक रचनाओं से जिस प्रकार अपने को जोड़ा, उसका अध्ययन आज भी उपयोगी हो सकता है।

पर यक्षप्रश्न यह है कि भारतमाता की कोख में से जनमा आज का शंकराचार्य या गांधी कौन है, कहाँ है?

□

देवी स्थान के शिखर पर : महादेवी

—निर्मल वर्मा

कितनी बार भुवाली से होता हुआ रामगढ़ से गुजरा हूँ। सेबों के पेड़ों पर सफेद फूलों की छटा दूर से ही दिखाई दे जाती है। लगता है, हवा में बहुत सी सुगंधें एक साथ आ मिली हैं। देवदार, चीड़, बाँस और बुराँश के पेड़ों को समुद्र से सात हजार फीट की ऊँचाई पर एक साथ लहराते हुए देखना अपने आप में एक दुर्लभ अनुभव है। यहाँ टूरिस्टों का कोई जमघट नहीं। आधुनिक हिल-स्टेशनों के शोर-शराबे से दूर, जबकि नैनीताल और मुक्तेश्वर जैसे नगर तीन-चार घंटों में ही पहुँचे जा सकते हैं। पेड़ों के नीचे साँय-साँय सन्नाटे को सुनते हुए अनायास किसी सुदूर अतीत का स्मरण हो आता है, जब हजारों वर्ष पूर्व यहाँ किन्नर, किरात, नाग, गंधर्व आदि जातियाँ निवास करती थीं··· देवजातियों का प्राचीन आवास स्थल।

क्या इसी पावन अतीत के सम्मोहन ने महादेवी वर्मा को उत्तरांचल के इस नीरव, शांत कोटर में रहने के लिए लालायित किया था? या इसलिए कि उन्होंने सुन रखा था कि इस आरण्यक प्रदेश का प्राचीन नाम 'देवी स्थान' है—महादेवी 'देवी स्थान' में नहीं रहेंगी तो कहाँ रहेंगी?

रामगढ़ का यह छोटा सा पहाड़ी कस्बा उन दिनों तो और भी अधिक उजाड़, निर्जन और एकाकी रहा होगा, जब वर्षों पहले, सन् 1937, हिंदी की प्रख्यात कवयित्री ने इलाहाबाद की हलचल से दूर अपनी एकाकी सृजन-साधना के लिए यहाँ अपने लिए एक छोटा सा घर बनवाया था। यहाँ वह हर वर्ष गरमियों में—जिन्हें वह 'पहाड़ों का वसंत' कहती थीं—अध्ययन-मनन के लिए आती थीं। साथ में उनका 'पशु-परिवार' भी आता था—खरगोश, कुत्ते, तरह-तरह के पक्षी, जिन्हें वह इलाहाबाद में अपने साथ पालती-पोसती थीं।

रामगढ़ का वह घर, जो एक छोटी सी कुटिया से शुरू हुआ था, धीरे-धीरे एक तपोवनी आश्रम में बदलता गया। हिंदी के अनेक कवि और साहित्यकार—इलाचंद्र

जोशी, सुमित्रानंदन पंत, धर्मवीर भारती समय-समय पर वहाँ आकर रुकते थे। कहते हैं, स्वयं महादेवीजी ने अपने कविता-संग्रह 'दीपशिखा' की रचना उसी भवन में रहकर की थी।

महादेवीजी की मृत्यु के बाद—जैसा अकसर हमारे देश में स्मृति स्थलों के साथ होता है—यह भवन जर्जर, उपेक्षित अवस्था में पड़ा रहा। सौभाग्य से श्री बटरोही कुछ संवेदनशील कुमाऊँनी प्राध्यापकों और लेखकों ने नैनीताल के जिलाधिकारियों के सहयोग से इस भवन को 'महादेवी साहित्य संग्रहालय' में विकसित करने का बीड़ा उठाया। संग्रहालय के उद्‌घाटन के अवसर पर—जो सन् 1996 में हुआ था—मुझे श्री अशोक वाजपेयी के साथ पहली बार वहाँ जाने का संयोग मिला। रामगढ़ के जिन सेब-बगीचों को मैं सिर्फ बस की खिड़की से लालायित आँखों से देखता था, वहाँ पहली बार कभी महादेवीजी के निमित्त ठहरने का मौका मिलेगा, यह कभी स्वप्न में भी नहीं सोचा था।

एक सँकरी सी चढ़ाई उस संग्रहालय तक जाती है, जहाँ कभी महादेवीजी धीरे-धीरे चलते हुए अपने घर जाती थीं। तब क्या वह अनुमान लगा सकती थीं कि वर्षों बाद उनके पाठकों-प्रशंसकों की लंबी कतार उनके पद-चिह्नों पर चलते हुए एक ऐसी ऊँचाई पर पहुँचेगी, जहाँ वह तो कहीं पहाड़ों के पीछे लुप्त हो जाएँगी, किंतु अपने पीछे आनेवालों के लिए अपने कतिपय स्मृति-अवशेष छोड़ जाएँगी। कुछ किताबें, जो अलमारी के भीतर एक-दूसरे से सटी, धूल में सनी दिखाई दे जाती हैं। चौके में चूल्हा, उन दिनों के कुछ पुराने बरतन, लकड़ी का पटरा—वही सादी-स्वच्छ-सात्त्विक सी घरेलू चीजें, जिनसे उनकी छोटी सी गृहस्थी चलती थी। उनके अध्ययन-कक्ष में एक आसन और डेस्क दिखाई दिए, जहाँ वह अधिकांश समय, एकांत की घड़ियों में लिखने, पढ़ने, सोचने में गुजारती थीं। वहीं शायद चित्र भी बनाती थीं। शायद यही कारण था कि भवन में उनके बनाए जो चित्र सुरक्षित हैं, वे अधिकांश लैंडस्केप हैं, सूर्यास्त की कोमल रोशनी, पहाड़ों पर झरता आलोक, पेड़ों के झुरमुट से खेलती हुई धूप, हवा, छाया।

वही धूप है, वही पहाड़ी बादल, वही जंगल की वनैली, सरसराती हवा; सिर्फ वे आँखें नहीं हैं, जो कभी डेस्क से उठकर खिड़की के पार उन्हें टोहा करती थीं।

कुछ स्थानों को देखते ही अनायास मन में कोई बहुत पुरानी स्मृति कौंध जाती है। महादेवीजी के डेस्क और आसन को देखकर मुझे वाराणसी के घाट पर बसा एक अन्य आश्रम याद आ गया···बहुत वर्षों से उसे देखने की उत्कट साध थी, जहाँ आनंदमयी माँ वर्ष के कुछ महीने रहा करती थीं। मेरी बड़ी बहन आनंदमयी माँ की अर्पित आराधिका थीं और बचपन में उन्हीं के साथ मैं उन्हें देखने-सुनने जाया करता था। आज मुझे कुछ और नहीं, उनके सुंदर, सात्त्विक चेहरे पर खेलती मुसकराहट याद रह गई है···बिल्कुल वैसी ही जैसी मैंने पहली और आखिरी बार महादेवीजी के चेहरे पर देखी थी।

यह भी क्या दैवी संयोग था कि महादेवीजी के अध्ययन-कक्ष में जाकर ही मुझे आनंदमयी माँ का वाराणसीवाला साधना-कक्ष याद आता रहा; वह भी खिड़की के पास बैठा करती थीं, जिसके पार धूप में चमकता गंगा का असीम, निस्पंद विस्तार दिखाई देता था। दोनों स्थानों के बीच एक दुर्लभ, अलौकिक साम्य था—हिमालय की पावन धवल अटलता और गंगा की सतत प्रवाहमयता···और तब महादेवीजी की चौकी के पास बैठा हुआ मैं सोचने लगा कि दोनों के बीच भौगोलिक दूरी के बावजूद कितना गहन सान्निध्य था! महादेवी शब्द की पवित्रता में सृष्टि को साकार करती थीं, आनंदमयी माँ सृष्टि की पवित्रता में ईश्वर से साक्षात् करती थीं। खिड़की से ये दृश्य भले ही अलग-अलग दिखाई देते हों, कवि और साधक में कोई अलगाव नहीं था; दोनों ही द्रष्टा थे।

यह भी एक विचित्र संयोग ही रहा होगा कि महादेवी ने अपने लिए जो निवास-स्थान चुना था, उससे लगभग तीन किलोमीटर दूर सबसे ऊँची पहाड़ी पर कभी कवींद्र रवींद्र रहा करते थे। वह सन् 1903 में अपनी बीमार बेटी के स्वास्थ्य-लाभ के लिए यहाँ आए थे। उन्होंने अपनी कुटी का नाम 'गीतांजलि' रखा था, जिसकी कुछ कविताएँ उन्होंने यहाँ लिखी थीं। आज उनके घर के नाम पर सिर्फ पत्थरों के ढूह दिखाई देते हैं। कितना अजीब है, जिस कृति के नाम पर रवींद्रनाथ को विश्व-ख्याति मिली, उसी के नाम का आवास-स्थल आज खँडहरों में दिखाई देता है।

□

कर्मकांड उदास हो गया है

—कृष्ण बिहारी मिश्र

मेरे नैष्ठिक मित्र श्री राममोहन पांडेय ने मेरे उच्चाटन का उपचार सुझाया है। पूजा-उपासना की पोथियों के साथ यह संदेश भेजा है कि विहित विधि से पूजा-पाठ मन:शांति की अचूक ओषधि है। होगी। आजमाने का मन नहीं होता। पांडेयजी की सहृदयता और आत्मीय भावना ही मेरे लिए महौषधि है। प्रीतिकर आश्वासन कि निपट अकेला नहीं हूँ। मित्र हैं, जो दु:ख की घड़ी में बराबर साथ खड़े रहते हैं कि कमजोर न पड़ जाऊँ। मगर राममोहनजी के उस आत्मीय सुझाव का क्या जवाब दूँ, जिसे स्वीकार करने को मन तैयार नहीं है? भावना का तकाजा है, कुछ तो लिखना है।

भावना को पोषण देनेवाली सबसे करीबी जमीन के यकायक हाथ से निकल जाने से मन बौराया रहता है। उस जमीन से जुड़ा था तो कर्मकांड से जुड़े बिना भी मन का कर्मकांड प्रसन्न था। और इससे अधिक कर्मकांड का मूल्य मेरी समझ में आया भी नहीं। है भी नहीं शायद। उद्देश्य भी कर्मकांड का चित्त को प्रसन्न और उदात्त करना ही है शायद।

मेरे आत्मीय बंधु राममोहनजी की दृष्टि में कर्मकांड का मूल्य बहुत ऊँचा है और सहज मैत्रीभाव के आवेग में वे मुझे उससे जोड़ने को व्याकुल हैं। मेरी दिवंगता गृहिणी भी सरल ग्रामीण महिला की शैली में कर्मकांड को बहुमान देती थीं और मेरे बौड़म तथा किंचित् अराजक स्वभाव से अंतरंग रूप में परिचित होने के कारण मेरा बोझ भी अपने कंधे उठाए चलती थीं। और अपनी सृष्टि की मंगल कामना से प्रेरित होकर नाना प्रकार के कर्मकांड के जटिल बोझ को अपनी निहायत सरल जीवनचर्या पर बड़े उछाह से लाद लिया था। अपने सहज छोह के आग्रह से अपने पूजन-आराधना के अनुष्ठान में मुझे भी जब-तब सम्मिलित कर लेती थीं। प्रीति का प्रताप था कि मेरे स्वभाव के विपरीत होते हुए भी तब कर्मकांड भारी नहीं लगता था। और मेरी भागीदारी से अपने अनुष्ठान को पूर्ण मानकर वह खिल जाती थीं; जैसे उनकी आंतरिक साथ रूपायित हो उठी हो। वह आस्था

थी। और उस आस्था को लक्ष्य कर मैं अकसर सोचा करता था, जहाँ इतनी संवेदनशील आस्था है, वहाँ कर्मकांड के प्रपंच का प्रयोजन क्या है। पर आस्था को टोकने में सहज संकोच था। कर्मकांड के वितान से संसक्त मेरी लोक-लीला-संगिनी की प्रसन्नचर्या सुरभि-संपन्न जान पड़ती थी।

पूरी आत्मीयता के साथ मैंने अपने मित्र की भावना के प्रति सम्मान प्रकट करते पत्र लिखा कि मेरे जीवन की सुरभि शेष हो गई है, मेरी गृहस्थी की तसल्ली टूट गई है, मेरे जीवन के सारे कर्मकांड की संयोजिका मुझे त्रासद रिक्तता में झोंककर यकायक अदृश्य हो गई है तो अब मेरे लिए कर्मकांड का मतलब क्या रह गया ? उन्होंने मेरे पत्र का जवाब नहीं दिया। अपने उपचार को मेरे लिए उन्होंने शायद व्यर्थ मान लिया या कि संवेदनशील आदमी हैं, मेरे टुटहे कर्मकांड-छंद को छूने-छेड़ने में उन्हें डर लगा हो शायद।

मैंने भी डरते हुए ही आखिरी कर्मकांड पूरा किया था। जिस चेहरे की हलकी उदासी मेरे लिए असह्य थी, और जिस चेहरे के सामने दुनिया का कोई भी चेहरा मुझे आकृष्ट नहीं करता था, उसकी मुखाग्नि-क्रिया का निर्मम कर्मकांड पूरा कर मैं हमेशा-हमेशा के लिए कर्मकांड के बंधन से मुक्त हो गया। उस धवल काया की राखी बटोरने का कर्मकांड मुझसे पूरा नहीं किया गया। राख का असह्य ढूह मेरे भीतर खड़ा हो गया था। इसलिए राखी बटोरने के आग्रह का तिरस्कार कर, पूरी तरह छूँछ होकर मैं श्मशानघाट से खाली हाथ घर लौट आया था। मेरे मन को पढ़ने की संवेदना जिनमें नहीं थी, उनकी आस्था आहत जरूर हुई मेरे उदास आचरण से। आशंका है, अपने आत्मीय सुझाव में मेरी अरुचि लक्ष्य कर मेरे अंतरंग बंधु की भावना भी आहत न हो जाए।

मगर मेरे मन ने मान लिया है कि अब मेरे लिए कर्मकांड का कोई मतलब नहीं रहा। शायद पहले भी कोई विशेष अर्थ नहीं था। कभी शिष्टाचार के दबाव से और कभी भावना के आग्रह से धर्म-अनुष्ठान और उसके कर्मकांड से जुड़ जाता था। कर्मकांड और पूजा-अर्चना उसके लिए मूल्यवान है, जो उसके अनुशासन में मन की मैल को धोने के लिए प्रवृत्त हो। मेरे मित्र राममोहनजी पूजा के आसन पर घंटों पूरी निष्ठा से बैठे रहते हैं। उनकी पूजा-निष्ठा प्रेरक है। उनके व्यक्तित्व की वैष्णव सुरभि कर्मकांड-अनुशासित उनकी धर्मचर्या को मूल्यवान बनाती है। उनके संदर्भ में कर्मकांड का महत्त्व है। कर्मकांड का प्रयोजन सिद्ध हुआ था मेरी गृहिणी की सरलता-परदुःखकातरता में। जो कर्मकांड से जुड़कर पापाचार की आजादी भोगना चाहते हैं, कर्मकांड उनके काम की चीज नहीं है। वे धर्म-अनुष्ठान और धार्मिक कर्मकांड का प्रयोजन और मर्म नहीं समझते। भ्रमवश कर्मकांड का भार ढोते रहते हैं। रामकृष्ण परमहंस और महर्षि रमण की कोटि के आध्यात्मिक पुरुषों के लिए भी कर्मकांड का अनुशासन अनावश्यक है। उनकी ऊँचाई के सामने कर्मकांड बहुत छोटा नजर आता है। और जिनके जीवन का

चरम लक्ष्य भोग है, वे कर्मकांड की मर्यादा-महत्ता को अपने हीन आचरण से क्षत करते एक गलत राह रचते हैं। इसी राह पर आज भीड़ अधिक दिखाई पड़ती है। सीधे-सादे लोग भी छल के शिकार होकर इसी राह पर चलने लगे हैं। इस राह की भीड़ दूसरी राह के यात्रियों को अपनी असामान्य मुद्रा से आतंकित किए रहती है। सद्कर्म-विवर्जित शोर आज का सर्वाधिक लोकप्रिय कर्मकांड है।

आज का भयावह शोर और कर्मकांड के नए अलंकृत तेवर देखकर मुझे अपनी माँ की याद आती है। उसकी एक विशेष अर्चा-मुद्रा। मेरी पट्टीदारी की एक महिला थीं, जो नीम पागल थीं। मेरे बाबा की चाची लगती थीं। बाल विधवा थीं। अत्यंत रूपवती। दिन भर गाँव की गलियों-आँगनों में चक्कर लगाती रहती थीं। हमेशा बुदबुदाती रहती थीं। हम बच्चों को बहुत डर लगता था उनसे, लेकिन जब कभी मेरे आँगन में घुसतीं, माँ श्रद्धा से पुलिकत हो जाती, जैसे साक्षात् भगवती का पर्दापण हुआ हो उसके आँगन में। उनके धूल-धूसरित, जले-रूखे पैरों पर आँचल रखकर पूरी भक्ति के साथ पाँच बार प्रणाम करती। फिर थाली में पानी भरकर उनके पाँव पखारती। आग्रहपूर्वक भोजन कराती। खाते समय भी वे बुदबुदाती रहतीं और माँ उनके पास बैठकर बेना डोलाती रहती। वृद्धा को हर तरह से पूजकर परम तोष से माँ प्रसन्न हो जाती। जब-जब माँ की वह मुद्रा याद आती है, मुझे लगता है, आज मैंने कायदे से पूजा की। चित्त को आलोकति कर देनेवाली संवेदना से जुड़कर एक सही कर्मकांड पूरा किया हो, ऐसा तोष।

आस्थाशील मेरी दिवंगता जीवन-संगिनी बड़ी निष्ठा से पूजा करती थीं। कर्मकांड से श्रद्धा जुड़ी थी उनकी पूरी जीवनचर्या। पर उनकी कर्मकांड-सुरभि हर वक्त मुझे आकृष्ट करती हो, ऐसा नहीं था। पर उनकी धर्म-भूमिका ने कई बार गहराई से स्पर्श किया है। संरक्षणीशील आस्थावाली अपनी गृहिणी को एक बार मोहल्ले की मातृहीना बंगाली कन्या के प्रेम-प्रसंग को विवाह में रूपायित करने को व्याकुल देखा था। और वैसा उल्लास उनके व्यक्तित्व में कभी नहीं देखा था, जब मंजू का मनोरथ पूरा होते और उसकी गृहस्थी को पुष्पित होते देखकर मुखर हुआ था। वह पूजा थी। पुण्य-सुरभि, कर्मकांड के मूल प्रयोजन का मूर्त रूप। वह प्रसन्न गृहिणी मंजू अपनी 'बऊदी' को खोकर इतनी उदास है, जैसे उसका सर्वाधिक अंतरंग संबल अदृश्य हो गया और माँ के अभाव-दंश जैसी त्रासद प्रतीति ने उसके भाव-लोक को छिन्न-भिन्न कर दिया है। मंजू के आँसू और विषण्ण मुद्रा उसकी भाव-पूजा जान पड़ती है। कर्मकांड की यह उन्नत दशा आश्वासन है कि जड़ मूल्यों के भार से दबा आदमी अभी मरा नहीं है। पुण्य को लीलने में प्रदूषण अभी पूरी तरह सफल नहीं हुआ है। असह्य शोर की मार से घायल संवेदना अभी साँस ले रही है।

और विवेक कहता है, संवेदना की इसी जमीन को उर्वर बनाए रखने की चिंता ने ही कर्मकांड-संविधान की रचना की होगी। उसे मनुष्य अपने हीन प्रयोजन से तोड़ता-मरोड़ता और बुद्ध जैसे संवेदनशील के मन में उसकी विकृति के प्रति अन्यथा भाव जगाता रहा। दोष उस विधान में नहीं, उस नियोजन-पद्धति में था, जो हीन मति से चालित थी। हिंदू कर्मकांड तो इतना सौंदर्य-सचेत संवेदनशील है कि काने-लँगड़े उपकरण से उसका छंद बनता ही नहीं। टुटहा दीया, दागी कलश, खंडित चावल, टेढ़े-मेढ़े, फटे-फूटे पत्र-दूर्वा को शूचिता-सजग कर्मकांडी स्वीकार नहीं करता। सर्वत्र सुंदर का आग्रह दिखाई पड़ता है, जो सौंदर्य को मान देने की कला सिखाता है। और उदार ऐसा कि किसी भी विहित उपकरण के अभाव में वह ठहर नहीं जाता। हर कमी का विकल्प अक्षत है, जो कर्मकांड को गत्वर बनाए रहता है। जड़ता की नसीहत नहीं देता हिंदू कर्मकांड। ऊर्ध्वमुखी गतिशीलता उसकी पहचान है।

उसी ऊर्ध्वमुखी जीवन-आयाम से मुझे जोड़ने के लिए व्याकुल हैं मेरे मित्र। स्वयं घनिष्ठ रूप में जुड़े हैं। मुझे भी अपने अनुभव की रोशनी बाँटने को उनकी सहृदयता बेचैन हो उठी है। मगर उनके जैसा सहृदय व्यक्ति भावना के आवेग में यह नहीं समझ पाता कि मेरी उदासचर्या को प्रसन्न करने के उनके आत्मीय सुझाव को स्वीकार करना मेरे मन को मंजूर नहीं है। और बेमन से कर्मकांड को यांत्रिक रूप में ढोने का मतलब क्या है! मेरी उदासीनता को उस दिन मेरे मित्र अशोक सेकसरिया ने टोका, 'पुत्र के विवाह में पिता की भूमिका क्या साक्षी मात्र की होती है?' साधु मानुष हैं अशोकजी। गाहे-ब-गाहे बच्चों जैसा सवाल करते हैं। उस दिन मेरे बेटे के विवाह-संस्कार में मेरी तटस्थ मुद्रा ने उनकी संवेदना को कुछ परेशान कर दिया था। उन्हें शांत करने की गरज से मैंने जवाब दिया था, 'जिस नृशंस समाज में सौभाग्यविहीन माता की छाया से मंगल-अनुष्ठान को यत्नपूर्वक बचाया जाता हो, और खास अवसरों पर उसके दुर्भाग्य-दंश को अपनी संवेदनहीनता से उकसाया जाता हो, उस समाज में जीनेवाले पिता को भी अपनी अपात्रता का विवेक रखना चाहिए; अन्यथा किसी लोक-चतुर व्यक्ति के टोक दिए जाने पर गहरी चोट लग जाएगी। इसलिए जरूरी है इतनी संवेदना-सजगता कि विधवा की उपस्थिति जब मंगल पर्व में वर्जित है तो विधुर की छाया किस तर्क से शुभ मानी जाएगी? इसी सहज संकोच से मैंने स्वत: अपने को प्रत्येक कर्मकांड से विलग कर लिया है।' मेरी बात अशोकजी को गहरे में स्पर्श कर गई और वे उदास हो गए। उन्हें उदास बनाना मेरा उद्‌देश्य कतई नहीं था। पर अशोकजी की संवेदना का क्या उपचार है? कर्मकांड का ककहरा न जाननेवाले अशोकजी की संवेदना मनुष्य की वेदना के स्पर्श मात्र से उद्वेलित हो उठती है। अपने संसार के प्रति मेरी संवेदना अक्षत रह सकी और अपनी गृहिणी की सृष्टि की मैं कायदे

से रखवाली कर पाया तो अशोकजी मुझे कर्मकांड में प्रवीण मान लेंगे। राममोहनजी मानें, न मानें। अपने बेटे के विवाह-मंडप से किंचित् अलग खड़ा होकर भी सारा कर्मकांड बेटे की माँ की आँख से ही देख रहा था। अशोकजी जैसे दो-एक की नजर मेरे उदास कर्मकांड पर थी, जो उन्हें परेशान कर रही थी। और मुझे तो आज अपने समय का कर्मकांड क्षीण आश्वासन के बावजूद सनकी लगता है।

□

सैकुलरिज्म, राष्ट्रीयता और पश्चिमीकरण

—रामस्वरूप चतुर्वेदी

भारतीय स्वतंत्रता संग्राम इस अर्थ में अनुपम है कि उसके पीछे तात्कालिक राजनीतिक कारणों के साथ-साथ व्यापक नैतिक मूल्यों पर विमर्श और उनका सक्रिय नियंत्रण पूरे दौर में बराबर रहा। चौरी-चौरा कांड के बाद 1922 में गांधी द्वारा असहयोग आंदोलन तत्काल स्थगित किया जाना इस बात का सबसे पुष्ट प्रमाण है; क्योंकि गांधी को लगा कि यहाँ अहिंसा का मूल्य हिंसा द्वारा आक्रांत कर लिया गया। बिहटा के भूकंप को जब उन्होंने अस्पृश्यता के पाप का दंड बताया तो वहाँ भी नैतिक चेतना उनके अंदर गहरे सक्रिय थी। भारतीय स्वतंत्रता संग्राम जहाँ शारीरिक वीरता, निर्भयता और त्याग के उदाहरणों से भरा हुआ है, वहीं उसमें पग-पग पर नैतिक मूल्यों पर विमर्श और तदनुसार समस्याओं का निराकरण भी होता रहा है। स्वराज के साथ सत्य, अहिंसा, अपरिग्रह जैसे धार्मिक-नैतिक मूल्य बराबर जुड़े रहे।

इस अर्थ में भारतीय स्वतंत्रता संग्राम में धार्मिक चेतना एक प्रमुख प्रेरक शक्ति के रूप में सक्रिय रही है। कहना उचित होगा कि यह धार्मिक-सामाजिक चेतना ही कालांतर में राष्ट्रीय चेतना के रूप में विकसित होती है। 1885 में भारतीय राष्ट्रीय कांग्रेस की स्थापना बंगाल के 'हिंदू मेला' (1867-1881) की कोख से होती है। इधर रवींद्रनाथ की एक नई जीवनी आई है अंग्रेजी में, कृष्णदत्त तथा एंड्रू रॉबिनसन द्वारा लिखित (ब्लूम्सबरी : 1995)। इसमें टैगोर परिवार की आरंभिक पृष्ठभूमि का विवेचन करते हुए लेखकद्वय बताते हैं—'देवेंद्रनाथ राजनीति से बचते थे, पर उनका सहयोग एक राजनीतिक तथा सांस्कृतिक उत्सव 'हिंदू मेला' के लिए था, जो कलकत्ता में एक प्रबल राष्ट्रवादी ब्रह्मसमाजी द्वारा 1867 में आरंभ किया गया था। इसका उद्देश्य राष्ट्रीय अभियान को जगाना था, नगर निवासियों के ध्यान को अंग्रेजी आयातित वस्तुओं से हटाकर देसी उत्पादों, विशेषतः ग्रामीण हस्तशिल्प को बढ़ावा देने के माध्यम से। टैगोर परिवार और स्वयं रवींद्रनाथ की सहायता से यह एक वार्षिक आयोजन हो गया और भारतीय राष्ट्रीय

कांग्रेस (1885 में संस्थापित) का पूर्व रूप बना।' (पृ. 36-37) इस हिंदू मेला का आशय था कि प्रायः चार दशक पूर्व संस्थापित ब्रह्मसमाज में जो पश्चिमोन्मुखता का तत्त्व प्रबल हो रहा था, उसे शमित किया जाए, 'प्रबल राष्ट्रवादी ब्राह्मो' कहने का यहाँ यही अभिप्राय है। यह पश्चिमीकरण का दबाव आधुनिक भारतीय जन-जीवन में घटता-बढ़ता रहा है। आजादी के बाद राष्ट्रीयता की लहर कुछ थमने पर यह फिर प्रबल से प्रबलतर होता है, जिससे कई तरह के विपर्यय हुए हैं, जिनपर आगे विचार होगा।

उत्तर प्रदेश (तब संयुक्त प्रांत) के किसान आंदोलन (1920) की भावभूमि इधर राम-नाम से कैसे जुड़ी हुई थी, इसका बड़ा भावपूर्ण वर्णन जवाहरलाल नेहरू ने अपनी 'आत्मकथा' में किया है। आठवें अध्याय में वे लिखते हैं—'रामचंद्र महाराष्ट्रीय था और कुली-प्रथा के अंदर मजदूर बनकर फिजी चला गया था। वहाँ से लौटने पर धीरे-धीरे वह अवध के जिलों की तरफ आ गया। तुलसीदास की रामायण गाता हुआ और किसानों के कष्टों और दुःखों को सुनाता हुआ वह इधर-उधर घूमने लगा...यों 'सीताराम' एक पुरानी और प्रचलित धुन है, मगर उसने उसे करीब-करीब एक युद्धघोष का रूप दे दिया और जरूरत के वक्त लोगों को बुलाने तथा जुदा-जुदा गाँवों को आपस में बाँधने का चिह्न बना दिया।' किसान आंदोलन, रामकथा और तुलसीदास का यह विलक्षण समागम 'बाबा रामचंद्र कहलानेवाले व्यक्ति' की अपनी विशिष्ट सूझ थी, जिससे धार्मिक चेतना को राजनीतिक आंदोलन में रूपांतरित करना संभव हुआ। लोकमान्य तिलक द्वारा महाराष्ट्र में प्रवर्तित गणेशोत्सव (1895) इस क्रम का मध्य अंग कहा जा सकता है।

फिर अगर कोई एक पुस्तक स्वतंत्रता संग्राम की पाठ्य-पुस्तक के रूप में रही तो वह 'गीता' थी। अहिंसा के अनुयायी और सशस्त्र क्रांति के पक्षधर, दोनों अपने जीवन पथ का औचित्य वहीं देखते थे। पिस्तौल और गीता का संयोग समूचे क्रांतिकारी आंदोलन के दौर में रहा। इधर तिलक, गांधी, अरविंद, विनोबा—शायद ही कोई ऐसा चिंतक राजनेता रहा हो, जिसने गीता की अपनी व्याख्या न की हो। समूचे आंदोलन में बहुसंख्यक हिंदू धर्म को केंद्र में रखकर सर्वधर्मसमभाव पर विशेष बल रहा।

कहना न होगा, यह धार्मिक चेतना क्रमशः सांस्कृतिक चेतना में रूपांतरित हो रही थी, जिसका समानांतर विकास आधुनिक हिंदी कविता में बहुत अच्छे ढंग से देखा जा सकता है, मैथिलीशरण गुप्त से छायावादी कविता में—'साकेत' से जयशंकर प्रसाद की 'कामायनी' और निराला की 'राम की शक्ति-पूजा' और 'तुलसीदास' में। यह आकस्मिक नहीं कि 'साकेत' का आरंभ मंगलाचरण से होता है, 'कामायनी' का पंडितों की शब्दावली में दग्धाक्षर से। इस संदर्भ में हम संस्कृति को धर्म का सत कह सकते हैं। यह ठीक है कि संस्कृति वापस धर्म में नहीं जाती, पर यह भी ठीक है कि संस्कृति धर्म से विलग नहीं होती। धर्म का तत्त्व जितना हलका होता जाता है, संस्कृति की

प्रभविष्णुता—'पोटेंसी'—उसी अनुपात में बढ़ती जाती है।

पर स्वतंत्रता के बाद रुख जैसे एकदम उलटता है। जन-समाज को धार्मिक-सांस्कृतिक चेतना की ओर से सामूहिक रूप में पराङ्मुख किया जाता है। स्वतंत्रता संग्राम में परीक्षित और प्रमाणित धर्म से जुड़ी राष्ट्रीयता के जीवन-मूल्यों के स्थान पर 'सैकुलरिज्म' एक बड़े जीवन-मूल्य के रूप में शासन की ओर से प्रचारित होता है। यह महज संयोग नहीं कि पहली और दूसरी दोनों दुनियाओं ने हमारे इस बदलाव में, अपने-अपने कारणों से, प्रोत्साहन दिया। अमेरिका की दिलचस्पी थी कि यदि भारत अपनी धार्मिक-सांस्कृतिक चेतना से विमुख रहता है तो उसपर पश्चिमीकरण का दबाव आसान होगा, रूस के सरकारी चिंतन में तो धर्म त्याज्य ही था। यों ये दोनों आपस में प्रबल प्रतिस्पर्धी भारत के सैकुलरीकरण में समान रूप से रुचि रखते रहे। भारतीय स्वतंत्रता आंदोलन और उसके परवर्ती स्वरूप पर धर्म, राष्ट्रीयता और सैकुलरिज्म के जीवन-मूल्य किस तरह क्रिया-प्रतिक्रिया करते रहे हैं, यह जानना और समझना हमारे समय में आवश्यक है—किसी भी भावी निर्माण के लिए। इस विषय की प्रासंगिक चर्चा कई बार करता रहा हूँ, अपेक्षया व्यवस्थित विवेचन का अवसर यहाँ होगा।

पूर्व उपनिवेशों में पश्चिमीकरण की लहर अपने प्रवाह से बहती आई है। भारत में विशेषतः पश्चिमीकरण के व्यापक दबाव को इधर और बढ़ाया है 'सैकुलरिज्म' के आग्रह ने। विडंबना यह है कि इसे वैदुषिक स्तर पर पहले पहचाना प्रख्यात अमेरिकी लेखक और आलोचक, अरब मूल के एडवर्ड सईद ने सत्तर के दशक में। अपने बीज ग्रंथ 'ऑरिएंटलिज्म' (1978) में उन्होंने 'सैकुलरिज्म' तथा पश्चिमीकरण के समीकरण को यों व्याख्यायित किया है—'जब (सर हैमिल्टन) गिब ने आधुनिक इसलामी राज्यों में राष्ट्रीयता का विरोध किया तो उनका भाव था कि राष्ट्रीयता आंतरिक ढाँचों को कुरेदकर इसलाम को प्राच्य अथवा 'ऑरिएंटल' बनाए रखेगी; धर्मनिरपेक्ष या सैकुलर राष्ट्रीयता का कुल नतीजा होगा कि प्राच्य पश्चिम से कहीं कुछ भिन्न न रह जाए।' (पेपरबैक सं., पृ. 263) सईद ने विवेचन के इस बिंदु पर बात ठीक पकड़ी है कि सांस्कृतिक उपनिवेशवादी का मुख्य लक्ष्य है कि 'प्राच्य पश्चिम से कहीं कुछ भिन्न न रह जाए' और इसके लिए उसने रास्ता पकड़ा है नकारात्मक धर्मनिरपेक्षीकरण का। सैकुलरिज्म बनाम राष्ट्रीयता का द्वंद्व भारत समेत अन्य उपनिवेशों में भी चला, जिसमें पश्चिम की ओर से सैकुलरिज्म आधुनिकता का रूप माना गया और राष्ट्रीयता धार्मिक कट्टरवाद का।

भारत के संदर्भ में विडंबना अलग है। यहाँ यह समझने का, परिभाषित करने का यत्न ही नहीं हो रहा कि सैकुलर है कौन और कौन नहीं? और इस देश में फिर किससे सैकुलर होने का आग्रह लगातार किया जाता है? सैकुलर की सामान्यतः दो

पहचान निर्धारित की जा सकती हैं—एक तो सब धर्मों के प्रति सम्मान का भाव हो और दूसरे, धर्म तथा राज्यतंत्र का अलगाव रहे। इस कसौटी पर यदि हिंदू धर्म को परखा जाए तो दिखेगा कि ऋग्वेद में उक्ति है—'सत्य एक है, उसे अनेक प्रकार से कहा जाता है।' फिर 'गीता' में कृष्ण का मार्मिक उद्घोष आता है—'जो-जो भक्त जिस-जिस देवता के स्वरूप को श्रद्धा से पूजना चाहता है, उस-उस भक्त की मैं उस ही देवता के प्रति श्रद्धा को स्थिर करता हूँ।' बहुलतावादी दृष्टि का इससे अधिक निर्भ्रांत आख्यान कठिन है। और स्मरणीय यह भी है कि यह धर्म में से ही उपजी धर्मनिरपेक्षता है। जहाँ तक धर्म और राज्यतंत्र को मिलाने का प्रश्न है, हिंदू परंपरा में दोनों को बराबर अलग रखा गया है। श्रुति और पुराण धर्मग्रंथ हैं, स्मृति और शास्त्र व्यवहार ग्रंथ; यों दोनों के क्षेत्र अलग-अलग निर्धारित हैं। भारतीय इतिहास कांग्रेस, मैसूर (1993) के प्रभागीय अभिभाषण में महाभारत, मनु, याज्ञवल्क्य, बृहस्पति, नारद आदि के अनेक साक्ष्यों को प्रस्तुत करके भट्टाचार्य ने आरंभकालीन भारत में राज्य की प्रकृति के प्रसंग में अपना निष्कर्ष इन शब्दों में उपस्थित किया है—'राजनीति और प्रशासन धर्म के संपर्क से संभवत: पूरी तरह अछूते तो नहीं समझे जाते थे, पर व्यवहार में राजनीति और प्रशासन को प्रबल रूप से गैर-धार्मिक माना गया था।'

अब यदि हिंदू धर्म की तुलना तीनों प्रधान सैमेटिक धर्मों—यहूदी, ईसाई और इसलाम से की जाए, जैसाकि प्रो. रविंदर कुमार ने अपने कैपारो व्याख्यान (1989) में किया है, तो पता चलेगा कि सैमेटिक परंपरा में अपने धर्म से बाहर घोर अंधकार का क्षेत्र बताया गया है, और कि जीवन के सभी छोटे-बड़े कार्यकलाप को निर्धारित करने के सिद्धांत उनके मूल धर्मग्रंथ में उल्लिखित हैं। भारत में बसे ईसाई प्रचारक साधु बेडे ग्रिफिथ ने अपनी पुस्तक 'द मैरिज ऑफ ईस्ट ऐंड वेस्ट' (फाउंट पेपरबैक, 1982) में लिखा है—'आज यह संभव नहीं रहा कि कोई एक धर्म दूसरे धर्मों से अलग-थलग रह सके। प्राय: प्रत्येक देश में विविध धर्मानुयायी तथा कोई धर्म न माननेवाले भी, एक-दूसरे के संपर्क में आ रहे हैं। एक ईसाई के लिए तथा अन्य सैमेटिक धर्मावलंबियों के लिए इसमें वास्तविक कठिनाई आती है। उनमें से हर एक को सिखाया गया है कि उनका अपना धर्म ही सच्चा धर्म है तथा अन्य सभी धर्म झूठे और त्याज्य हैं। यों उनके लिए अन्य धर्मों के साथ संवाद सुकर नहीं।' (पृ. 24) फिर ईसाई धर्म के एंग्लिकन चर्च में इंग्लैंड का राजा या रानी उस धर्म समुदाय का विधिवत् प्रधान रहा है, कैथलिक संप्रदाय में तो पोप का दर्जा और रख-रखाव ही राज्याध्यक्ष का है।

यों हिंदू तो अपने धर्म से सहज सैकुलर है, कह सकते हैं कि सैकुलर नहीं तो हिंदू नहीं; दूसरी ओर सैमेटिक धर्मानुयायी को सैकुलर होने की इजाजत उनका धर्म

नहीं देता। रहा भारत गणराज्य, वह उचित ही संविधान में घोषित रूप से 'सैकुलर' है। व्यवहार में कुछ ज्यादा ही सैकुलर; उसकी दृष्टि में सब धर्म बराबर हैं, कुछ अधिक बराबर हैं, यह दूसरी बात है। तो, जैसा कहा गया कि सैकुलर होने का आग्रह अब किया किससे जा रहा है? रोचक स्थिति यह है कि जो जन नेता सार्वजनिक जीवन में सैकुलर होने पर जोर-जोर से आग्रह करते हैं, व्यक्तिगत जीवन में उतना ही अधिक पूजा-पाठ, तिलक-छाप, मंदिर-यज्ञ के हामी होते जाते हैं। सैकुलर का आग्रह एक ओर और तंत्र-मंत्र, बाबा-भभूत-अँगूठी की बढ़त दूसरी ओर में सीधा अनुपात है, जहाँ धर्म अपनी स्वस्थ धारणकर्ता भूमि से गिरकर नए तरह के टोने-टोटकों में बदलता जाता है। दबाए जाने पर धर्म ने जैसे कहीं यह 'अंडरवर्ल्ड' रूप धारण कर लिया हो!

हमारे यहाँ सैकुलरिज्म का अदर्श स्वरूप, व्यंजना से, पश्चिमी देशों—इंग्लैंड-अमेरिका का कहा जाता है। तब उस सैकुलरिज्म पर कुछ विचार यहाँ प्रासंगिक होगा। इंग्लैंड में राजा और धर्म के संबंध का उल्लेख पहले हो चुका है। विद्या-केंद्रों और विश्वविद्यालय परिसर, जो सामान्यतः समाज के सबसे आलोकित क्षेत्र हैं, में एंग्लिकन चर्च की सदस्यता वहाँ व्यवहारतः वांछनीय है। कवि शेले के निष्कासन की बात पुरानी हो गई, आलोचक लीविस के साथ अन्याय की बात तो अभी की है। फिर यह भी स्मरणीय है कि इन पश्चिमी देशों में प्रायः एक कानूनी प्रावधान होता है, जिसे सामान्यतः 'एंटी ब्लैस्फमी लॉ' के नाम से जाना जाता है। इस कानून का उपयोग तब होता है, जब उस देश में ईसा मसीह या कि उनके परिवार के किसी सदस्य की जाने-अनजाने अवमानना की जाए। यह 'एंटी ब्लैस्फमी लॉ' जिस धर्म के मान्य संस्थापकों प्रभृति की सुरक्षा करता है प्रकारांतर से, या कहना चाहिए विपरीत ढंग से, वही धर्म उस देश का राजकीय धर्म है। यहाँ उनका उदारवाद आसानी से भुला देता है कि एक व्यक्ति के लिए जो कुफ्र है, वही दूसरे के लिए सत्य हो सकता है। इंग्लैंड में रशदी द्वारा इसलाम की अवमानना के प्रसंग में वहाँ के मुसलमानों ने चाहा था कि इस कानून के अंतर्गत रशदी पर मुकदमा चलाया जाए। पर इंग्लैंड के गृह सचिव ने यह कहकर मना कर दिया कि यह कानून सिर्फ ईसाई धर्म के प्रसंग में सक्रिय किया जा सकता है।

अमेरिका की राज्य व्यवस्था में धर्म के तरह-तरह के हस्तक्षेप जगह-जगह देखे जा सकते हैं। वहाँ के राष्ट्रीय सिद्धांत वाक्य 'हमारी आस्था ईश्वर में है' (1956 में अधिकृत) और भारत गणराज्य के सिद्धांत वाक्य 'सत्यमेव जयते' (1950 तक अधिकृत) की तुलना में यह पक्षपात आप-से-आप स्पष्ट हो जाता है। उनके राष्ट्रपति की शपथ बाइबिल पर हाथ रखे बिना पूरी नहीं होती। पवित्र बाइबिल का वहाँ के राज-काज में इतना ही स्थान नहीं है। वर्ष 1982 में अमेरिकी संसद् ने एक प्रस्ताव

पारित करके राष्ट्रपति रीगन से अनुरोध किया कि वे वर्ष 1983 को 'बाइबिल का वर्ष' घोषित करें; क्योंकि 'बाइबिल ने, जो ईश्वर-वचन है, संयुक्त राज्य को रूपाकार देने में, उसे विशिष्ट और धन्य राष्ट्र तथा जन बनाने में अपूर्व योग दिया है।' रीगन ने ऐसा ही किया। राज-काज में धर्म की सक्रिय भागीदारी का सबसे ताजा उदाहरण स्वयं अमेरिकी कांग्रेस ने प्रस्तुत किया है। 1995 के अंत में बजट को लेकर राष्ट्रपति और कांग्रेस में तीखे मतभेद चल रहे थे। सीनेट में बहुमत के नेता बॉब डोल ने कोई समझौता निकालने की दृष्टि से रविवार को सदन की बैठक आहूत कर रखी थी। रविवार ईसाई समाज में आराधना का विशेष दिन है। तो इस रविवासरीय सत्र के लिए सदन में आराधना का विशेष प्रबंध किया गया। 'द न्यूयॉर्क टाइम्स' के संवाददाता जैरी ग्रे के शब्दों में—'एक सप्ताह के बाद, जिसमें केंद्रीय सरकार दो बार बंद हुई, दो प्रतिनिधियों ने हंगामा किया और डेमोक्रेट्स ने सदन में धरना दिया। सीनेट का विरल रविवासरीय सत्र चैपलेन द्वारा दैवी हस्तक्षेप के लिए प्रार्थना के साथ खुला।' (द न्यूयॉर्क टाइम्स, 20 नवंबर, 1995) विडंबना यह है कि इस सबके बावजूद पश्चिम के ये दोनों मानक देश—इंग्लैंड-अमेरिका—सैकुलर हैं और भारत धार्मिक कट्टरवादी है, फंडामैंटलिस्ट है। इसका अर्थ एक ही है कि जो विकसित है, संपन्न है वह सैकुलर है, जो पिछड़ा है, गरीब है वह धार्मिक कट्टरवादी। तब इस समूची स्थिति पर सिवा इसके और क्या कहा जा सकता है कि वे कत्ल भी करते हैं तो चर्चा नहीं होता! जहाँ तक भारत राष्ट्र का संबंध है, उसका सांस्कृतिक स्रोत हिंदू धर्म हो, पर संवैधानिक रूप में वह निश्चित रूप से एक आधुनिक धर्मनिरपेक्ष या कि कहें पंथनिरपेक्ष राज्य है; और इस स्थिति में उसकी धर्मनिरपेक्षता पश्चिम के तथाकथित सैकुलर राज्यों की तुलना में कहीं अधिक सच्ची है। परंपरा से हिंदू राष्ट्र संविधानतः सैकुलर राज्य हो तो यह सहज स्वाभाविक है।

पश्चिम से प्रेरित-प्रचारित सैकुलरिज्म के पाखंड से खीजकर धर्म की एक प्रतिरक्षात्मक उग्रता की मुद्रा बन रही है, जहाँ सैकुलरिज्म = पश्चिमीकरण के समीकरण से बचने की कोशिशें तेज हो रही हैं। पश्चिम का आक्रमण इतना तीव्र है कि पहले उसने तीसरी दुनिया की सभ्यताओं को नष्ट किया, अब संस्कृति की बारी है—साहित्य, कला और विविध विधाओं के क्षेत्र में। ऐसी घेरेबंदी की स्थिति में राष्ट्रीय अस्मिता जैसे धर्म के गढ़ में घुसकर अपनी सुरक्षा करना चाहती है। अपनी क्रिया-प्रतिक्रिया में यह धार्मिक कट्टरवाद बनकर स्पष्ट ही किसी धर्म के हित में नहीं। इस क्रिया-प्रतिक्रिया को लगातार उद्दीप्त रखने में मुख्य भूमिका पश्चिमी सैकुलरिज्म की है। अल्पसंख्यकों को वह अधिक दावेदार बनाती है और फिर बहुसंख्यकों को असहिष्णु। दूसरी ओर वर्तमान शती के आरंभिक दशकों में विचारकों का एक समुदाय था, जिसने बलपूर्वक

आग्रह किया—धर्म को छोड़ो, अर्थ-नीति पर सारा ध्यान केंद्रित कर दो। उनकी अपनी अर्थ-नीति तो नष्ट ही हो गई, संसार के नक्शे से उनका नाम गायब हो गया।

कुल मिलाकर पश्चिम प्रेरित 'सैकुलरिज्म' व्यापक पश्चिमीकरण के लिए तैयारी है; जैसे नया रंग चढ़ाने के पहले एक भद्दा सा बदरंग 'प्राइमर' लगाया जाता है पुराने रंग-संस्कारों को मिटाने के लिए। इस उद्देश्य के तईं आधुनिक इसलामी राज्यों में अंग्रेज उपनिवेशवादियों द्वारा सैकुलरिज्म के उपयोग का जो विवेचन एडवर्ड सईद ने किया, उसका उल्लेख प्रस्तुत विवेचन के आरंभ में हो चुका है। हिंदू धर्म, जिसे भारत के उच्चतम न्यायालय ने ठीक ही 'एक जीवन व्यवस्था' कहकर वर्णित किया है, जैसी अनिर्दिष्ट खुली जीवन व्यवस्था में तो इस सैकुलरिज्म को, स्पष्ट ही और आसानी से चढ़ाया जा सकता है। कवि इकबाल ने पूरे आत्मतोष के साथ जिस 'हस्ती' के न मिटने की बात अपने 'तरान-ए-हिंदी' में कही थी, उसके लिए एक बड़ा खतरा आधुनिक जीवन में इस सैकुलरिज्म के छद्म से है, जो पश्चिम के दबाव का एक दूसरा नाम भर है, साथ ही भारत के हिंदुओं और मुसलमानों के बीच फाँक डाले रहने की कुशल कोशिश।

धर्म, संस्कृति और राष्ट्रीयता में घनिष्ठ द्वंद्वात्मक संबंध है, सैकुलरिज्म है इस क्रम में विचलन। संस्कृति, जैसा कहा गया, धर्म का सत है, राष्ट्रीयता विविध प्रकार के सामाजिक वर्गीकरण—क्षेत्र, संप्रदाय, लिंग, वर्ण—से ऊपर की भावभूमि, जो अपर भावात्मक पोषण के लिए संस्कृति पर निर्भर होती है; क्योंकि सत रूप में संस्कृति भी विविध प्रकार के वर्गीकरण-विभाजनों का समंजन करती है। एवज में राष्ट्रीयता संस्कृति के आधार रूप को सुदृढ़ रखती है। यों संस्कृति राष्ट्रीयता की प्रेरक शक्ति है, सैकुलरिज्म पश्चिमीकरण की।

इस संदर्भ में देखा जाए तो अंग्रेजों के शासनकाल में कुछ भारतीय परिवार ऐसे अंग्रेजी राजभक्त होते थे, जो अंग्रेजों की तरह ही इंग्लैंड को 'होम' कहते थे। अब उस परंपरा में ऐसे परिवार बढ़ती पर हैं, जो अंग्रेजी राज के सम्मोहन—'राजडेज' के 'नॉस्टेल्जिया'—में डूबे रहते हैं। अंग्रेजी समाचार-पत्र और प्रकाशन इस 'राज-सम्मोहन' को, निहित स्वार्थवश, दिन-दिन फैला रहा है। उनकी भंगिमा से लगता है कि अपना राज तभी था, अब 1947 के बाद से तो जैसे भारत पर विदेशियों का राज हो गया है। आलेख के आरंभ में संकेतित जिस मूल्य-विपर्यय से हमने अपनी स्वतंत्रता आरंभ की, उसीकी परिणति है पचास वर्षों में घटित यह काल-बोध विपर्यय। हवा बोकर तूफान काटना है। राष्ट्रीय जीवन-मूल्यों के स्थान पर सैकुलरिज्म को बढ़ावा देने का परिणाम है स्वतंत्रता संग्राम का यह बोध विपर्यय, जिसका निराकरण जीवन-मूल्यों की उचित प्राथमिकता में ही संभव है।

कहना न होगा, इस सैकुलरी षड्यंत्र से बचने और बचाने की अधिकतर जिम्मेदारी बहुसंख्यक हिंदू समाज की है। यदि उनके संगठनों का अधिकांश समय इतिहास में हुए पिछले अत्याचारों के सुधारने और शोधन में लगता है तो यह बहुत दुर्भाग्यपूर्ण होगा। यह बहुमूल्य ऊर्जा लगनी चाहिए हिंदू समाज के आंतरिक सुधार पर—वर्ण भेद, अस्पृश्यता और दहेज-प्रथा जैसी कुरीतियों को हटाने पर। स्वतंत्रता संग्राम की गहमागहमी और विशेषत: गांधी के बाद, जो पुनर्जागरण क्रम अवरुद्ध हो गया उसे फिर विमुक्त करना है। मंदिरों का पुनर्निर्माण और उनकी विमुक्ति तो प्रतीकात्मक ही हो सकती है। एक का आयोजन आजादी के तुरंत बाद केंद्र की सरकार ने किया, एक में सहयोग किया प्रदेश सरकार ने। इस सिलसिले को बंद करके ही अब आर्थिक-सामाजिक-सांस्कृतिक पुनर्निर्माण संभव है, जिसमें से नए और आधुनिक मूल्य विकसित हो सकेंगे। □

दर्शन और जीवन

—बाबू गुलाबराय

बद अच्छा बदनाम बुरा, अव्यावहारिकता का उदाहरण देने के लिए बेचारे दार्शनिक ही बलि के बकरे बनाए जाते हैं—'अजापुत्र बलिं दद्यात् दैवो दुर्बलघातकः'। 'प्रदीपः सर्व विद्यानाम्', आन्वीक्षिकी विद्या के उपासक नैयायिकों का 'घृताधारं पात्रं वा पात्राधार घृतम्' का उदाहरण देकर मजाक उड़ाया जाता है। दार्शनिकों की विस्मरणशीलता को प्रमाणित करने के लिए कल्पना-प्रसूत बड़े मनोरंजक किस्से भी चलन में आ गए हैं। कहा जाता है कि एक बार न्यायशास्त्र के कर्ता महर्षि गौतम (शायद उनके सीधेपन के ही कारण उनका नाम 'गौतम' अर्थात् 'अत्यंत गौ' पड़ा) विचार करते हुए जा रहे थे। विचारमग्न पास के अंधकूप को न देख सके और उसमें गिर पड़े। तब भगवान् ने दया करके उनके पैरों में भी आँखें दे दीं, जिससे कि पैर अपने आप सँभल जाया करें। तभी से उनका नाम 'अक्षपाद' पड़ा। न्यूटन को यह भी याद नहीं रहता था कि उसने खाना खा लिया या नहीं? एक बार जब वह अपने कार्य में संलग्न था, उसके एक मित्र ने उसकी मेज पर रखे हुए खाने को खा लिया। न्यूटन जब कार्य से छुट्टी पाकर मेज पर पहुँचा तो तश्तरी में जूठन-जाठन देखकर कहने लगा—'मैं बड़ा बेवकूफ हूँ। मुझे यह भी याद न रहा कि मैंने भोजन कर लिया।' वास्तव में भोजन किसी दूसरे ही ने किया था। एक दार्शनिक महोदय ट्रेन के टिकट खो जाने पर इस कारण व्यग्र न थे कि उनसे दुबारा किराया माँगा जाएगा, वरन् इसलिए कि टिकट के बिना उनको यह किस प्रकार मालूम हो कि वे कहाँ जा रहे हैं। एक दूसरे दार्शनिक महाशय के संबंध में यह कहा गया है कि एक बार उनको स्टेशन जाते हुए भ्रम हो गया कि वे अपनी घड़ी नहीं लाए हैं और घर लौटकर घड़ी लाने के लिए बड़ी व्यग्रता के साथ वे जेब से घड़ी निकालकर देखने लगे कि इतना समय है या नहीं कि घर से घड़ी ले आवें, 'बगल में छोरा, शहर में ढिंढोरा'। एक और दार्शनिक सज्जन टहलकर लौटने पर चारपाई पर अपनी छड़ी को सुला देते हैं और स्वयं कोने में जाकर छड़ी के स्थान में रात भर खड़े रहते हैं।

अनंतता के पुजारी दार्शनिक से संबंधित ऐसे किस्से भी अनंत हैं, किंतु प्रश्न यह है कि क्या दार्शनिक ऐसे उपयोगशून्य व्यक्ति होते हैं, जिनका जीवन में कोई स्थान नहीं। क्या हमारे जीवन की गतिविधि में दर्शन का कोई हाथ नहीं? अफलातून ने राजा के लिए दार्शनिक होना आवश्यक कहा है, किंतु दुर्भाग्य से वह भी दार्शनिक था। उसकी गवाही चोर के साथी गठकतरे की बात नहीं तो अपने मुँह मियाँ मिट्ठू की बात तो अवश्य ही कही जाएगी।

यद्यपि कुछ भारतीय दर्शनों ने शब्द प्रमाण को माना है, तथापि आजकल के युग में तर्क और अनुमान प्रमाण की महत्ता है। आइए, उसी के आधार पर जीवन में दर्शन की उपयोगिता पर विचार करें।

दर्शन का क्षेत्र बहुत व्यापक है। संसार का कोई ऐसा विषय नहीं, जो दर्शनशास्त्र से उपकृत न हुआ हो। सभी विज्ञानों के अंतिम तथ्य दर्शनशास्त्र के विवेच्य विषय होते हैं। विज्ञान की आधारशिलाओं का विन्यास दर्शनशास्त्र द्वारा ही होता है। दर्शनशास्त्र के आत्मीय सहकारी तर्कशास्त्र के (विशेषकर आगमनात्मक तर्क, जिसको अंग्रेजी में Inductive Logic कहते हैं) ज्ञान बिना वैज्ञानिक अन्वेषक भी अपने परीक्षणों में सफल नहीं होता। जहाँ-जहाँ विवेचना और ज्ञान का क्षेत्र है, वहाँ-वहाँ दर्शन का अधिकार है। 'जहाँ-जहाँ पातशाही तहाँ दावा शिवराज को'। दर्शनशास्त्र स्वयं अपने को भी शासित करता है। दर्शनशास्त्र की उपयोगिता पर विचार करना भी दर्शनशास्त्र का ही विषय है। दर्शनशास्त्र वैज्ञानिक का ही पथ-प्रदर्शन नहीं करता है, वरन् मनुष्य में वैज्ञानिक मनोवृत्ति को भी उत्पन्न करता है। वैज्ञानिक केवल वही नहीं है, जो प्रयोगशाला में बैठकर प्रयोग नलिकाओं में रासायनिक पदार्थों का उलट-फेर करता रहता हो, वरन् समाजशास्त्र, अर्थशास्त्र, राजनीतिशास्त्र, गणितशास्त्र, सभी में वैज्ञानिक पद्धति से काम लिया जाता है। दैनिक जीवन में भी हम वैज्ञानिक पद्धति की उपेक्षा नहीं कर सकते हैं। जीवन में न्यायपरायण और संतुलित मन का वही मनुष्य कहा जा सकता है, जो तर्क से काम लेता है तथा पक्ष और विपक्ष के दोनों ही पल्लों को बराबर महत्त्व देता है। वैज्ञानिक को अपने पक्ष की पुष्टि के उदाहरणों का जितना ध्यान रखना पड़ता है, उससे अधिक वह विपरीत उदाहरणों को महत्त्व देता है। एक भी विपरीत उदाहरण के उपस्थित हो जाने पर जब तक वह उसकी व्याख्या न कर ले, वैज्ञानिक को चैन नहीं पड़ता। कभी-कभी तो व्याख्या न होने पर उसको अपनी प्रिय-से-प्रिय विचारधारा की गति को मोड़ देना पड़ता है।

हमारे कितने अंधविश्वास विपरीत उदाहरणों की उपेक्षा पर निर्भर रहते हैं। यूनान में एक देवता के मंदिर में उन लोगों के चित्र टँगे हुए थे, जो उस देवता की मन्नत मानने के कारण जहाज में डूबने से बच गए थे। एक मनुष्य ने वहाँ के पुजारी से प्रश्न किया कि

क्या तुम्हारे पास उन लोगों के भी चित्र हैं, जो मन्नत मानने पर भी डूब गए?

परीक्षण बुद्धि प्रत्येक विचारशील मनुष्य का एक आवश्यक गुण है। तुलसीदासजी ने भी कम-से-कम बहराइच की जात (यात्रा) करनेवालों के संबंध में इस परीक्षण बुद्धि से काम लिया है, 'आँख लही कब आँधरे जग बहराइच जाय?' इस परीक्षण बुद्धि का हमको प्रत्येक कार्य में उपयोग करना चाहिए। यद्यपि हमको यह मानना पड़ेगा कि सब जगह परीक्षण बुद्धि से काम लेने का अवसर नहीं होता और यदि हम तात्कालिक निर्णय न करें तो दीर्घसूत्रता के दोष के शिकार बन जाएँ, किंतु जिन बातों में जल्दी नहीं है और वे हमारे नित्य व्यवहार की वस्तुएँ हैं, उनमें परीक्षण-बुद्धि से काम न लेना अकर्मण्यता है। वैज्ञानिक परीक्षक किसी प्रयोग की सफलता मात्र से संतुष्ट नहीं होता। जब तक वह कार्य-कारण संबंध की स्थापना न कर ले, वह अपने प्रयोग को पूर्ण नहीं कर लेता। बहुत से अंधविश्वास तो केवल नामों के सहारे चलते हैं। आँखों के रोहुओं के लिए रोहू मछली के दाँत गले में बाँध दिए जाते हैं। जो चीज न खिलाई जाए, न लगाई जाए, उसका रोग के शमन से क्या संबंध? मोतीझले में अनविधे मोती खिलाना कुछ सार्थकता रखता है, क्योंकि वह खाने की चीज है और उसमें कैल्सियम भी होता है। परीक्षण बुद्धि में हमको केवल यही नहीं देखना पड़ता है कि अमुक प्रयोग से हमको सफलता हुई या नहीं, वरन् यह भी कि उसकी सफलता में अन्य कोई सहायक कारण तो नहीं है और विफलता में कोई बाधक कारण तो नहीं उपस्थित हो गया है।

उपमानों पर भी हमको सहज में न दौड़ जाना चाहिए। यदि कोई कहे कि जब जहाज डूबता हो, तब हमको जहाज के कप्तान की ही बात माननी पड़ती है। उस समय जहाज में बैठनेवालों का मत नहीं लिया जाता है। इसलिए प्रजातंत्र राज्य नहीं चल सकता है। या तो राजतंत्र ही चल सकता है या तानाशाही एकाधिपत्य। डूबते हुए जहाज और राज्य-शासन की समानता नहीं हो सकती। उस समय विवेचन का समय नहीं होता है और न सबको नौ-संचालन की वैज्ञानिक जानकारी होती है। राज्य-शासन में व्यवस्थापक सभाओं के सदस्य राजनीति का ज्ञान रखते हैं और उनका राज्य के साथ संबंध यात्रियों और जहाज के संबंध की अपेक्षा अधिक स्थायी होता है। जाति-पाँति को जन्मजात माननेवाले कहा करते हैं—पढ़े-लिखे शूद्र से अनपढ़ ब्राह्मण श्रेष्ठ है, क्योंकि गधी की अपेक्षा ठल्ल गाय आदरणीय है। यह युक्ति हिंदुओं पर ही प्रभाव डाल सकती है। उनके संस्कार ऐसे बने हुए हैं, इस युक्ति में भी एक प्रकार का जातिवाद छिपा हुआ है। जातिवाद के सहारे ही जातिवाद का पोषण तर्कशास्त्रसम्मत नहीं कहा जा सकता।

दार्शनिक किसी प्रयोग की विफलता से विचलित नहीं होता। वह बिना विफलता के कारणों की पूरी खोज किए अपना निर्णय नहीं देता। वह बिना पूरी छानबीन किए अपने मत के अनुकूल निष्कर्षों पर दौड़ नहीं जाता। वह धीर और संतुलित मन का होता है।

न तो वह अपने लिए किसी वाद विशेष का भूत खड़ा कर लेता है और न उद्यत और प्रमत्त की भाँति दूसरे वादों का तिरस्कार करता है। वह विचार-स्वातंत्र्य का पुजारी होता है। उसके लिए सब वादों में तथ्य रहता है। जैन दर्शन ने तो सप्तभंगी न्याय का प्रचार कर बहुत कुछ मतभेद का शमन कर दिया है। दृष्टिकोण भेद से वहाँ बात जो एक सत्य मानता है, दूसरा असत्य मान सकता है। हमको उससे लड़ने की आवश्यकता नहीं, वरन् उसके दृष्टिकोण को समझने की आवश्यकता है।

दर्शन हमको आत्मौपम्य दृष्टि देता है, जिसके कारण हम दूसरे के सुख-दुःख और सुभीते व गैर-सुभीतों को उसकी स्थिति में अपने को रखकर अपने सुख-दुःख के रूप में देखते हैं। इस आत्मौपम्य दृष्टि के अभाव के कारण ही दुनिया में इतना संघर्ष, कलह-कलुष और मार-काट है। हम अपने दोषों को उपेक्षा की दृष्टि से देखते हैं और दूसरों के दोषों को अणुवीक्षण यंत्र से बढ़ा-चढ़ाकर देखते हैं। सांप्रदायिक झगड़ों के मूल में भी इसी आत्मौपम्य दृष्टि का अभाव है। हम अपने दोषों को न स्वीकार कर सारे दोषों का भार दूसरों पर रखने को तैयार हो जाते हैं। हम अपने को तथा अपने लोगों को दूध का धोया समझते हैं और दूसरों को पाप-पंक में आपादमस्तक निमग्न देखते हैं। दूसरों को दोषी बनाने में हमारा कितना हाथ है ? इसको हम कभी अपने से नहीं पूछते। समत्व बुद्धि जितनी निजी संबंधों में आवश्यक है उतनी ही अंतरराष्ट्रीय संबंधों में। दूसरे देशों के संबंध में हम अपने-पराए की बुद्धि से ऊपर नहीं उठ सके हैं। 'आत्मवत् सर्वभूतेषु' का सिद्धांत यदि व्यवहार में आ जाए तो इस संसार को स्वर्ग बनने में देर न लगेगी।

'आत्मवत् सर्वभूतेषु' के सिद्धांत को व्यवहार में लाने से पूर्व हमको वह दृष्टि उत्पन्न करनी पड़ेगी, किंतु वह बिना दार्शनिक अध्ययन और मनन के नहीं प्राप्त हो सकती। एकात्मवाद की उर्वरा भूमि पर ही परोपकार और अंतरराष्ट्रीय न्याय की भावना पनप सकती है।

हमारे दार्शनिक विचारों का हमारी सामाजिक संस्थाओं पर भी गहरा प्रभाव पड़ता है। उदाहरण के लिए हम भारतीय सम्मिलित कुटुंब और यूरोप की विभाजित कुटुंब प्रथा को लेंगे। भारतवर्ष में एकात्मवाद के प्राधान्य के कारण सम्मिलित परिवार को महत्त्व मिला है। यूरोप में अनेकवाद के और व्यक्तिवाद के प्राधान्य के कारण विभाजित कुटुंब का अधिक प्रचलन रहा है। पाश्चात्य प्रभाव से हमारे यहाँ व्यक्तिवाद बढ़ता जा रहा है। तभी तलाक आदि के प्रश्नों पर विचार होने लगा है। पाश्चात्य प्रभाव से आजकल धर्म में बुद्धिवाद को अधिक स्थान मिलता जा रहा है। वर्तमान युग में हमारा अधिकांश साहित्य बुद्धिवाद से प्रभावित है। यद्यपि व्यक्तिवाद और तर्कवाद पाश्चात्य देशों की ही देन नहीं हैं, तथापि पाश्चात्य प्रभावों में इन वादों को विशेष बल दिया है।

भारतीय जन्मांतरवाद तथा बौद्ध और 'आत्मवत् सर्वभूतेषु' के आध्यात्मिक प्रभावों

के कारण हमारे यहाँ अहिंसा वृत्ति का प्राधान्य रहा है। जन्मांतरवाद से धर्म में भी प्रवृत्ति अधिक बढ़ती है। यह जीवन ही हमारी सत्ता का अंत नहीं है। जन्मांतरवाद को न मानने का स्वाभाविक परिणाम चार्वाक के 'ऋण कृत्वा घृतं पिबेत्' 'भस्मीभूतस्य देहस्य पुनरागमनं कुतः' वाले सिद्धांत का जन्म होता है (हमारे यहाँ के चार्वाक भी सात्त्विक बुद्धि के थे। उन्होंने घृत पिबेत् ही कहा, सुरा पिबेत् नहीं कहा)।

जन्मांतरवाद से ज्ञान की उद्यति के लिए भी प्रोत्साहन मिलता है। यदि शरीर के साथ हमारी सत्ता का अंत होता है तो ज्ञानोपार्जन से क्या लाभ? जन्मांतरवाद कम-से-कम यह बतलाता है कि यदि वैयक्तिक स्मृति नहीं भी रहती है तो संस्कार अवश्य बन जाते हैं। आजकल के लोग ज्ञान की धारा के सामूहिक प्रभाव में विश्वास करते हैं। मेरा ज्ञान यदि मुझको लाभदायक नहीं होता तो दूसरे को लाभदायक होगा, किंतु बहुत सा ज्ञान अप्रकाशित रह जाता है, उसके लिए जन्मांतरवाद ही संतोष देता है।

दर्शन के अंतर्गत मनोविज्ञान आता है। उसकी उपयोगिता जीवन के प्रत्येक क्षेत्र में स्वीकृत है। शिक्षाशास्त्र, साहित्यशास्त्र, चिकित्साशास्त्र, व्यापार, राजनीति, राज्य-शास्त्र, दंड-विधान तथा दैनिक व्यवहार सभी में मनोविज्ञान का आश्रय लेना पड़ता है। मनोविज्ञान के आधार पर ही बालकों का बुद्धि-परीक्षण होता है और उनकी शारीरिक आयु का न खयाल कर उनकी बौद्धिक आयु के आधार पर उनको शिक्षा दी जाती है। शिक्षाशास्त्री ध्वनियों के विश्लेषण, बालकों के ऐंद्रिक और मानसिक विकास तथा सिद्धांतों के हृदयंगम कराने में मनोविज्ञान का प्रयोग करते हैं। मनोविज्ञान ही हमको क्रमशः स्थूल से सूक्ष्म की ओर ले जाता है और शिक्षा में ताड़ना की अपेक्षा समझाने-बुझाने के महत्त्व को स्थापित करता है। असाधारण और समस्यात्मक बालकों का सुधार मनोविज्ञान के सहारे ही किया जाता है।

साहित्यशास्त्र में काव्य के आधार-स्तंभ, अनुभूति, कल्पना, भावना और वृद्धि मनोविज्ञान के ही विषय हैं। बिना पाठकों की मनोवृत्ति के ज्ञान के श्रेय को प्रेय बनाना सहज कार्य नहीं है। साहित्य यदि जीवन की आलोचना है तो मनोविज्ञान जीवन के विश्लेषण का रसायन-मंदिर है। मनोविश्लेषण तो आजकल के उपन्यास साहित्य का प्रमुख अंग बन गया है।

मनोविश्लेषण चिकित्साशास्त्र का भी जीवन-प्राण है। मन का प्रभाव शरीर पर पड़ता है और शरीर की विकृतियाँ मन की कुंठाओं और ग्रंथियों पर अवलंबित रहती हैं। मानसिक रोगों की चिकित्सा तो बिना मनोविश्लेषण के चल ही नहीं सकती है; किंतु अन्य रोगों की मनोदशा की उपेक्षा नहीं की जा सकती है।

व्यापार में जनता की आवश्यकताओं का अध्ययन, उत्पादन के लिए धन-संग्रह और जन-संगठन, वितरण के लिए विज्ञापन और ग्राहक पटाने की कला, वस्तुओं को

आकर्षक बनाने के ढंग—ये सब मनोविज्ञान के ही विषय हैं।

राजनीति और राज्य-शासन में बहुत कुछ मनुष्यों के हृदय-परिवर्तन के साधनों के ज्ञान की आवश्यकता पड़ती है। जो लोग मनोविज्ञान के अच्छे पंडित नहीं होते हैं, वे प्राय: लड़ाई मोल ले लेते हैं और अपने कार्य में सफल नहीं रहते हैं। दंडशास्त्र भी अपराधी के सुधार में तभी सहायक हो सकता है, जब हम अभियुक्त की मनोवृत्ति को अच्छी तरह समझ लें। तभी हम उसके साथ सुधार करनेवाली सहानुभूति से काम ले सकते हैं। वह दंडशास्त्र, जो केवल दंड और अपराधी को भौतिक सीमाओं में धरे रखना ही जानता है, अपने उद्देश्य में विफल रहता है।

दैनिक जीवन के व्यवहार में पद-पद पर मनोविज्ञान की आवश्यकता पड़ती है, जो लोग अपने साथ व्यवहार करनेवाले के मनोगत भावों को जानते हैं, वे ही उससे कार्य-साधन में सफल हो सकते हैं। भय, क्रोध, दया आदि मनोवेगों की जानकारी उसके बाह्य अभिव्यंजकों द्वारा प्राप्त कर लेने पर मनुष्य को अवसरानुकूल काम करने की क्षमता मनोविज्ञान से ही आती है। अवसर की गाली भी अच्छी लगती है और बिना अवसर की प्रशंसा भी अग्राह्य होती है। खुशामद से आमद अवश्य होती है, किंतु खुशामद भी बिना मनोवृत्तियों के अध्ययन के नहीं आती है। खुशामद भी एक कला है, जो मनोविज्ञान पर आश्रित है।

दर्शन की उपयोगिता तभी मालूम पड़ती है, जब हम दार्शनिक दृष्टि से संसार में प्रवेश करते हैं और उससे हम नित्य के जीवन की समस्याओं को हल करते हैं। दर्शनशास्त्र हमारे दृष्टिकोण के निर्माण में सहायक होता है। हमारा आशावादी या निराशावादी होना भी हमारे दार्शनिक सिद्धांतों पर निर्भर रहता है। आशावादी को सावन के अंधे की भाँति सब हरा-ही-हरा दीखता है और वह जीवन में उत्साह और धैर्य से काम करता है। निराशावादी में जीवन-शक्ति का ह्रास हो जाता है। उसको किसी काम के करने में उत्साह नहीं रहता है और वह जीवन में विफल रहता है। इसलिए हम जीवन में दर्शनशास्त्र की उपेक्षा नहीं कर सकते। केवल 'अति सर्वत्र वर्जयेत्' का हमको हमेशा ध्यान रखना चाहिए।

□

साहित्यिकों की स्मृति-रक्षा

—रामबृक्ष बेनीपुरी

जब पिछली बार पेरिस में था, एक दिन भोर के जलपान के बाद बाहर निकला, तो हर चौराहे के सरकारी नोटिस-बोर्ड पर एक शानदार नोटिस चिपका हुआ पाया, उसमें उल्लेख था, विक्टर ह्यूगो की डेढ़ सौवीं वर्षगाँठ के उपलक्ष्य में एक पक्ष मनाया जा रहा है, उसमें फ्रांस के राष्ट्रपति और प्रधानमंत्री भाग लेंगे; जहाँ ह्यूगो की कब्र है, उस पैंथियन पर दीप-मालिका सजाई जाएगी और पंद्रह दिनों तक लगातार ह्यूगो और उसकी कृतियों पर भिन्न-भिन्न रूप में प्रकाश डाले जाएँगे। संगीत सभाएँ होंगी, नाटक होंगे, प्रदर्शनियाँ होंगी, आदि-आदि।

हाँ, यह नोटिस सरकारी नोटिस-बोर्ड पर चिपकाई हुई थी। वहाँ, पेरिस में हर चौराहे के कोने पर एक नोटिस बोर्ड होता है, जिस पर सिर्फ सरकारी नोटिस ही चिपकाई जा सकती हैं। इसका मतलब यह था कि ह्यूगो की वर्षगाँठ का यह आयोजन सरकार की ओर से, उसकी संरक्षता में हो रहा था।

उसी दिन भागा-भागा मैं पैंथियन पहुँचा। वह विशाल इमारत, जो पेरिस के त्राता संत जीनोइव की स्मृति में तैयार की गई थी, इतनी ऊँची, इतनी लंबी-चौड़ी कि जब पृथ्वी की गति संबंधी जाँच-पड़ताल की बात हुई तो उसी में एक डोर लटकाकर यह सिद्ध किया गया कि पृथ्वी चलती है।

जब फ्रांस की क्रांति हुई, तो इस धर्म-मंदिर को फ्रांस के महान् पुरुषों के समाधि-मंदिर के रूप में परिणत कर दिया गया। सारी पेरिस में आप कला और क्रांति को गलबहियाँ देकर चलते हुए से पाएँगे। इस मंदिर की भी यही हालत है। सुंदरतम मूर्तियाँ, मनोरम तसवीरें। एक ओर संतों की तसवीरें देखिए, दूसरी ओर क्रांति के भिन्न-भिन्न रूपों की तसवीरें। किंतु मैं तो सबसे पहले विक्टर ह्यूगो की समाधि देखना चाहता था। समाधियाँ मंदिर के निचले हिस्से में, तहखाने में हैं। टन-टन-टन-टन घंटा बजा और हम उसके बजानेवाले का पीछा करते तहखाने में पहुँचे।

सबके पहले दाहिनी ओर रूसो की समाधि है और बाईं ओर वाल्टेयर की। हाथ में पुस्तक लिये खड़े वाल्टेयर की वह सुप्रसिद्ध मूर्ति वहीं है, जिसकी प्रतिकृति हम प्रायः पुस्तकों में पाते हैं। फिर गलियारे शुरू होते हैं, जिनके दोनों ओर समाधियों का ताँता है। पहले गलियारे में थोड़ा आगे बढ़ने पर ही बाईं ओर विक्टर ह्यूगो की समाधि है। एक-एक कोठरी में प्रायः दो-दो समाधियाँ हैं, ह्यूगो की समाधि की बगल में एमिल जोला की समाधि है। रूसो, वाल्टेयर और ह्यूगो, जोला-जोड़ियाँ भी कैसी! मैं एकटक ह्यूगो की समाधि को देख रहा था और कल्पना कर रहा था तथा शाम को इस विशाल इमारत पर वह चिरागाँ होगा, जगमग, झलमल! सारी पेरिस उमड़कर जो वहाँ इकट्ठी होगी, उसकी रंगीनी की कल्पना तो और भी भाव-विभोर बना रही थी।

किंतु मेरे पास इतना समय कहाँ था कि कल्पना में ही डूबा रहूँ। कितने ही लेखकों, कवियों, कलाकारों, दार्शनिकों, योद्धाओं की समाधियों को देखता, सिर नवाता, वहाँ से रवाना हुआ।

और जब दूसरे दिन ह्यूगो के स्मारक-भवन में पहुँचा, तो विस्मय-विमुग्ध हो रहा था। यह भवन ह्यूगो का ही है। उसके पोते ने इसे फ्रांस की सरकार को दे दिया। अब सरकार इसका संरक्षण कर रही है। ह्यूगो धनी आदमी था, उसके पिता नेपोलियन की फौज में एक जनरल थे। तलवार के धनी का बेटा कलम का धनी निकला। किंतु विद्रोही कितने ही वर्षों तक उसे अपने देश से बाहर, वनवास में, रहना पड़ा। और जब वह लौटा, कला-प्रेमी, क्रांति-प्रेमी फ्रांस की, पेरिस की जनता ने उसे सिर-आँखों पर लिया। ह्यूगो को प्रारंभ में ही अपनी महत्ता का अनुमान था, ज्ञान था। अतः उसने अपनी चीजों को सँभालकर, खोजकर रखा था और जो चीजें इधर-उधर बिखरी पड़ी थीं, उन्हें इकट्ठा किया उसके पोते ने। जब से सरकार ने इस विपुल संग्रहालय को लिया है, तब से बची-बचाई चीजें भी इकट्ठी कर दी गई हैं।

यह कमरा है, जिसमें ह्यूगो सोता था। पलंग बिछा है, तकिया लगी है। पलंग के ऊपर, दीवार में, वह तसवीर है, जो उसकी मृत्यु के बाद खींची गई थी। लगता है, इस पलंग से उठकर वह उस तसवीर में जा सोया है। वह रात में सोते-सोते उठ बैठता था और लिखने लगता था। अतः इस घर में एक टेबल, पलंग के पैताने की बाईं ओर है। वह खड़े-खड़े लिखता था, टेबल उसी के अनुसार बनवाया गया था। ह्यूगो ठिगना था, अतः टेबल की ऊँचाई अधिक नहीं। टेबल पर उसकी कलम-दवात अब तक रखी है। उसकी वह कलम, इच्छा होती थी कि उसे हाथ में लेकर चूम लूँ! किंतु चीजों के छूने की मुमानियत जो थी। तो भी जरा झुककर उस टेबल को तो चूम ही लिया। टेबल पर लिखते समय, अपना एक पैर टेबल के नीचे लगे काठ के बल्ले पर रखता था, उस पर आज तक घिस्से बने हुए हैं।

इसके बाद कमरे-पर-कमरे! इस कमरे में वह लिखता-पढ़ता था, इस कमरे में उसकी पोशाकें रखी थीं, इस कमरे में उसकी पत्नी रहती थी, इस कमरे में वह मित्रों से मिलता था, आदि-आदि। इन कमरों में स्मारक वस्तुओं का खजाना है। उसकी शादी प्रेम की शादी थी, वे सब खत वहाँ संगृहीत हैं, जो शादी के पहले या बाद में लिखे गए थे। तरह-तरह की पोशाकें हैं, एक सैनिक वरदी भी है और एक तलवार भी, जिसे कमर से लटकाकर वह शान से निकलता था। भिन्न-भिन्न उम्र में उसने अपने बालों के गुच्छे काटकर रख दिए थे, जरा उन गुच्छों को देखिए—सुनहले, भूरे, होते-होते, सन-से सफेद!

कमरों के बाद तीन बड़े-बड़े हॉल। उसे चीनी-मिट्टी के बरतन इकट्ठा करने का बड़ा शौक था। तरह-तरह की तस्तरियाँ, रकाबियाँ, प्याले, सुराहियाँ। एक पूरा हॉल उन्हीं से भरा पड़ा है। एक हॉल की अलमारियों में उसके सभी ग्रंथों की हस्तलिपियाँ हैं। उन्हें देखने से लगता है, वह बहुत तेज लिखता था, अक्षर फीके-फीके हैं, जगह-जगह काट-कूट करने से भी वह नहीं चूकता था।

कहाँ तक वर्णन किया जाए, कितना वर्णन किया जाए।

स्वर्गीय भाई मेहरअली ने एक बार कहा था, जब पेरिस जाना तो उस श्मशान-भूमि में अवश्य जाना, जहाँ मौलियर की समाधि है। यह श्मशान-भूमि-पैरीलेचित! पेरिस को इस बात का अभिमान है कि जितने बड़े लोग इस श्मशानभूमि में दफनाए गए हैं, संसार की किसी भी श्मशान-भूमि को वह सौभाग्य नहीं मिल पाया है। यहाँ पहुँचते ही दिमाग खबत हो उठता है कि कितना देखा जाए, कैसे देखा जाए। तरह-तरह के आकार-प्रकार की समाधियाँ, कतार-कतार में, आदमी खोजता है, रास्ता पकड़ता है, किंतु दिशाएँ भूल जाती हैं। तो भी खोज-ढूँढ़कर मौलियर की, बालजक की, ऑस्कर वाइल्ड की समाधियाँ देखीं। सारा बर्नहार्त की समाधि की खोज में तो बहुत समय बरबाद किया। मौलियर की समाधि ताबूतनुमा है, जमीन से ऊपर, चार स्तंभों पर। बालजक की समाधि पर उसकी मूर्ति है, किंतु विचित्र समाधि है ऑस्कर वाइल्ड की, उसके ऊपर एक नंग-धड़ंग व्यक्ति की खुरदरी आकृति लिटाई हुई है।

किंतु मौलियर की असल स्मारक तो है कोमोदिए फ्रांसिस। गुण-ग्राहक सम्राट् लुई चौदहवाँ मौलियर को अपने राजभवन में बुला लाया और उसी के एक अंश को नाटक-भवन में परिणत कर दिया। लुई के खानदान का नामोनिशान भी नहीं है, वह राजभवन भी ध्वस्त-पस्त हो चुका है, किंतु राजभवन का वह भाग आज भी गुलजार है। जब मैं वहाँ पहुँचा, मैटिनी-शो चल रहा था। झटपट टिकट कटाया, भीतर हाजिर हुआ। यह नाटक-भवन ही नहीं है, यह एक उत्तम संग्रहालय भी है। मौलियर की सारी

रचनाओं की प्रतिलिपियाँ तो हैं ही, वह शोफा भी रखा हुआ है, जिस पर बैठकर वह अंतिम बार अभिनय कर रहा था। मौलियर उन दिनों बीमार रहता था, किंतु उसका अभिनय देखने के लिए लोगों में बड़ी बेचैनी थी। अत: उसने एक ऐसा नाटक लिखा, जिसका नायक बीमार हो। इसी बीमार नायक का पार्ट करते-करते कलाकार भूल गया कि वह बीमार है। इतने जोश से वह अभिनय करने लगा कि वह मूर्च्छित हो गया। लोगों ने समझा, यह भी अभिनय ही है; किंतु यह तो उसके जीवन-अभिनय का अंतिम पटाक्षेप था।

यह तो बड़े-बड़े लोगों की बातें हुईं, फ्रांस का कोई भी ऐसा उल्लेखनीय साहित्यकार नहीं, जिसकी स्मृति में कुछ-न-कुछ नहीं किया गया हो। किसी के नाम पर संग्रहालय है, किसी के नाम पर साहित्यिक संस्था है, किसी के नाम पर सड़क है। प्राय: उनकी मूर्तियाँ भी बनी हैं, तसवीरों की क्या चर्चा!

इंग्लैंड साहूकारों का देश माना जाता है। नेपोलियन ही उसे घृणा की दृष्टि से नहीं देखता था, बर्नार्ड शॉ ने उस पर व्यंग्य के ऐसे तीर चलाए हैं कि कोई भी झिलमिला उठे। किंतु साहूकारों का यह देश भी जानता है कि अपने साहित्यिकों की स्मृति-रक्षा, रुपए-पैसे की आमदनी की दृष्टि से भी, कितनी महत्त्वपूर्ण है। जब आज से सौ वर्ष पहले स्ट्रैफोर्ड ऑन एवन में शेक्सपीयर का स्मारक बनाने की बात चली, तो लंदन के पत्रों ने सख्त विरोध किया था। किंतु अब उन्हें मालूम होता होगा, देश के मध्यभाग में, घोर देहात के उस छोटे से गाँव में, जहाँ से रेलवे लाइन आज भी सोलह मील दूर है, शेक्सपीयर का स्मारक बनाकर कितनी बुद्धिमानी का काम किया गया। मैं वहाँ चार दिनों तक रहा, उसका एक-एक होटल विदेशियों से खचाखच भरा था और उसके नाट्यभवन में शेक्सपीयर के नाटकों को देखने के लिए आनेवाले दर्शकों की भीड़ पाँच-छह महीने तक ऐसी बनी रहती है कि उसके लिए टिकट का जोगाड़ दो-दो तीन-तीन महीने पहले से कर लेना होता है!

इस गाँव को ऐसा बना दिया गया है कि लगता है, उसके जर्रे-जर्रे में शेक्सपीयर रम रहा हो! जहाँ उसने जन्म लिया, जहाँ पढ़ा, जहाँ अपने से पाँच वर्ष बड़ी लड़की से प्रेम किया, जहाँ वह धन और यश पाकर शान से रहा और जहाँ उसे दफन किया गया, एक-एक स्थान को इस तरह सुरक्षित रखा गया है कि देखते आँखें नहीं अघातीं!

इंग्लैंड के साहित्यिकों की स्मृति-रक्षा में छोटी-छोटी बातों पर ऐसा ध्यान रखा गया है कि देखकर आश्चर्य होता है। शेक्सपीयर ने अपने हाथ से मलबेरी का जो पेड़ रोपा, उसके पोते को आजतक चार सौ वर्षों के बाद भी जिलाकर रखा गया है और कीट्स ने जिस पेड़ पर बैठी बुलबुल की आवाज सुनकर 'ओह टू नाइटेंगिल' लिखा,

वह पेड़ गिर रहा है; तो भी भरमाए से उसे गिरने और नष्ट होने से बचाया जा रहा है।

यूरोप में कला और साहित्य का संदेश तो इटली से गया। इटली भारत की ही तरह, अनेक प्राचीन गरिमा रखती हुई भी, एक गरीब मुल्क है। उसकी अच्छी-से-अच्छी कलाकृतियाँ यूरोप के संग्रहालयों और चित्रागारों को सुशोभित करती हैं; तो भी जो चीजें भी अपने घर में रख पाई हैं, उसके सँजोने और सँभाल से वह कभी बेखबर नहीं रही। जब मैं फ्लोरेंस पहुँचा, उसके कला और साहित्य-संबंधी वैभव को देखकर मुग्ध हो गया। एक ही साथ जो शहर माइकेल एंजेलो, लियानार्दो विंची, राफेल, दांते, बुक्कासियों, गैलीलियो, मैकियावेली की जन्मभूमि या लीलाभूमि रहा हो, उसकी महिमा का क्या कहना? मैंने दाँते का वह छोटा सा घर देखा, जिसे छह सौ वर्षों के बाद भी सुरक्षित रखा गया है, जिसमें उन दिनों एक कला-प्रदर्शनी सजाई गई थी। फ्लोरेंस का पैंथियन देखा, जिसकी अँगनाई में एक ऊँचे स्तंभ पर दांते की शानदार मूर्ति है, राजकीय संग्रहालय में वे कागजात देखे, जिनका संबंध दांते के जीवन से है। दांते पर जो वारंट निकाला, दांते पर जो मुकदमा चला, दांते को जो बनवास की सजा मिली, दांते की मृत्यु के बाद उसकी हड्डी को फ्लोरेंस में लाने के लिए नागरिकों ने जो दरख्वास्त दी, सब कागजात वहाँ सुरक्षित हैं।

रोम तो स्मिति-चिह्नों का नगर ही है। जिधर निकल जाइए, सम्राटों, धर्मगुरुओं, कलाकारों की स्मृति में बने प्रासादों, मंदिरों और स्मारकों की भरमार पाएँगे। रोम-रोमनों का सम्मान करें, यह तो स्वाभाविक है ही। किंतु कितने ही विदेशी साहित्यकारों और कलाकारों के स्मिति-चिह्न भी वहाँ सुरक्षित हैं। मुझे सबसे उत्सुकता थी कीट्स और शैली की समाधियाँ देखने के लिए। अंग्रेजी के ये दो अमर कवि—अपने देश से दूर, यहाँ शांति और स्वास्थ्य की खोज में आए और यहीं चिरशांति पा गए। कीट्स की समाधि पर उसी ने अपने लिए जो पहले से एक पंक्ति चुन रखी थी, वह लिखी है, 'हेयर लाइज बन हूज नेम वाज रिटन औन वाटर!' यहाँ वह सोया है, जिसका नाम पानी पर लिखा गया था! किंतु उसके प्रशंसकों ने सिद्ध कर दिया है, कवि की यह निराशामयी पंक्ति उसके लिए लागू नहीं है।

किंतु इस पंक्ति को देखकर मुझे भारतीय साहित्यकारों के दुर्भाग्य का स्मरण अवश्य हो आया, खासकर हिंदी के साहित्यकारों का। जो हममें सर्वसम्मति से श्रेष्ठ था, उस तुलसी के लिए ही हमने आज तक क्या किया, जो दूसरों के लिए हम सिर धुनें। तुलसी का जन्म कहाँ हुआ, उसको लेकर विवाद हो, किंतु उनकी मृत्यु काशी के अस्सी घाट पर हुई, इसमें तो कोई संदेह ही नहीं है। हम वहीं क्यों नहीं उनका एक स्मारक बनाएँ, ऐसा स्मारक, जो भारत की राज्यभाषा के सर्वश्रेष्ठ साहित्यकार के गौरव के

उपयुक्त हो? यों ही विद्यापति के लिए, सूर के लिए, खुसरो और रहीम के लिए, मीरा के लिए, हरिश्चंद्र और प्रेमचंद के लिए आज तक हमने क्या किया? कीट्स, तुम छोटी उम्र में मरे, निराशा के वातावरण में मरे, इसलिए तुम समझते रहे, तुम्हारा नाम पानी पर लिखा गया। किंतु तुम्हारे गुणग्राहक देश ने तुम्हें वह अमरता दी, जिसकी तुम कामना करते रहे! यह तो हम हैं, तुमने सात समुद्र पार के एक अभागे देश के सरस्वती के सेवक, जिनका नाम सचमुच पानी पर लिखा गया या लिखा जा रहा है, आह! लिखना शुरू न किया, मिटना शुरू हो गया।

□

गंगा : आविर्भाव और तिरोभाव

—विद्यानिवास मिश्र

गंगा दशहरा के दिन गंगा का धरती पर आविर्भाव हुआ था। वे देवलोक से मर्त्यलोक में आई थीं। शायद भू-विज्ञान की भाषा में इसी दिन गोमुख के रास्ते एक बड़ा हिमनद किसी आकस्मिक घटना के कारण द्रवित हुआ। हम उसी को भगीरथ का तप कहते हैं, उसी को हम असंख्य अभिशप्त मनुष्यों की आकांक्षा का ताप कहते हैं। उसने और भी द्वार बनाए। उन सबसे सहस्र गंगाएँ निकलीं और देवदारुओं के सघन जटाजूट में उलझते-सुलझते गोमुख से निकली हुई धारा में मिलीं और 'भागीरथी' कहलाईं। मनुष्य का एक तप वह था, जिसने धाराओं के द्वार खोले और उसकी लिप्सा का एक आयाम यह है कि उसके द्वार बंद किए जा रहे हैं। जब हम किसी धारा को मुख्य धारा कहते हैं, जब किसी नदी को मुख्य नदी कहते हैं तो हम इस आधार पर नहीं कहते कि उसके पास जल का सँभार अधिक है, बल्कि इस आधार पर कहते हैं कि उसके पास दूसरों को साथ ले चलने की क्षमता है, उसमें संवहन सामर्थ्य है। पुराणों की एक कहानी है—गंगा को शाप मिला कि 'तुम विष्णु के चरणों की सेवा में निरंतर लगी रहती हो, कभी दूसरों को मौका नहीं देतीं। जाओ, तुम मर्त्यलोक के सामान्य मरणधर्मा असंख्य प्राणियों की सेवा में लगो।' और गंगा स्वयं अभिशप्त होकर असंख्य-असंख्य लोगों के लिए वरदान बनीं। भारत के भूगोल का परिवर्तन हुआ। आज पुरातात्त्विक साक्ष्य के आधार पर लगभग आठ हजार वर्ष से गंगा और उसकी सहायक नदियों की गोद में जो धरती है वह उर्वर बनी हुई है। दूसरी बड़ी नदियों ने रेगिस्तान बना दिया है, स्वयं रेगिस्तान बन गईं। पर गंगा ने अविच्छिन्न उर्वरता भारत की धरती को दी। यह गंगा की न टूटनेवाली इस धारा के कारण है, जिसके बल पर वह अपने से अधिक जल सँभारवाली नदियों को अपनी पीठ पर लाद लेती है और उन्हें भी अनंत महासागर तक पहुँचाती है, ताकि उनका जल सूर्य की किरणें उठा लें। ताप के भाप के रूप में उठा लें और बादलों के माध्यम से निखरे हुए रूप में फिर ढरका दें, ताकि जल संग्रहण की निरंतरता टूटने न पाए।

गंगा किसी नदी का नाम नहीं है, जाग्रत् देश की प्राण-नाड़ी का नाम है गंगा। ध्यान से अगर हम नक्शा देखें तो हिमालय, हिमालय के बाएँ बाजू की पहाड़ियाँ, विंध्याचल, पारियात्र (अरावली) की पहाड़ियाँ—इन सबके ऊपर जो बर्फ गिरती है, जल बरसता है, वह सब गंगा समेटती है। यमुना के जरिए चंबल, बेतवा, काली सिंध, पार्वती, केन, धसान नदियों का सोन के जरिए मेकल पर्वतश्रेणी, कैमूर पर्वतश्रेणी, केहजुआ का जल बटोरती है। तमसा के माध्यम से सतना की पहाड़ियों का जल बटोरती है और जमुना के जरिए ही मध्य हिमालय की छोटी-छोटी अनेक नदियों का जल बटोरती है। और उत्तर से आनेवाली रामगंगा, गोमती, घाघरा, नारायणी, कोसी, तिस्ता और सबसे बड़ी ब्रह्मपुत्र के जरिए पूरे हिमालय के रस को समेट लेती है। भारत का यह पूरा भूभाग 'नदीमातृक भूभाग' कहा जाता है, क्योंकि इस भूभाग की माता नदी है। और वह नदी स्वर्ग का सुख छोड़कर आई हुई, जड़ अमरत्व की नींद छोड़कर आई हुई, मरणशील जीवों के जीने-मरने में साथ देनेवाली नदी बनकर आई हुई गंगा है। वह मनुष्यता की पीड़ा है, मनुष्यता का उल्लास है, वह नदी नहीं है; पर उसका शरीर जल तो है ही, उस जल की शोभा बढ़ते रहने में है, उस जल की क्षमता धार बनने में है। उसको अवरुद्ध करना और ऐसे अवरुद्ध करना कि धार टूट जाए, गंगा के जीवन प्रयोजन के साथ विश्वासघात है। यदि गंगा पर जीनेवाला आदमी गंगा की चिंता नहीं करता तो आत्मघात करता है।

गंगा दशहरा के दिन हम लोग काशी में गंगा नहाते हैं तो देखते हैं कि पानी कुछ बढ़ गया है। जेठ में हिम का पिघलना शुरू होता है और वह पिघला हुआ जल काशी तक भी पहुँचता है। शायद ज्येष्ठ शुक्ल की दशमी (गंगा दशहरा) प्रतीत करा देती है कि हिमालय हमारी अँजुरी में आ गया है। देश की गरिमा, देश की ऊँचाई हमारे पास आ गई है। ऐसा लगता है, गंगा आज के दिन हिमालय के घर जन्म ले रही है। इसी दिन हम यह भी अनुभव कर रहे हैं कि बहुत बड़ा संकटासन्न है। इस संकट का नाम है 'टिहरी बाँध'। तर्क दिया जाता है कि गंगा की धारा मोड़ी जाएगी और उसका लाभ भारत की राजधानी को मिलेगा; पर किस कीमत पर? कहीं धार रुक जाए और असंख्य-असंख्य नदियों की आकांक्षाएँ सागर में मिलते ही अधूरी रह जाएँ, उन्हें ले जानेवाली धारा लुप्त होने के करीब पहुँच जाए, बड़े भूभाग का प्राणतंत्र टूट जाए। क्या संभावित क्षति को रुपए में आँका जा सकेगा? हजारो-हजार वर्षों में करोड़ों-करोड़ आदमी जिसके नाम का स्मरण मात्र करके साधारण जल में नई ताजगी पा जाते हैं, वह तिरोभाव की ओर जाए, यह मामूली नहीं, भयावह दुर्भाग्य की बात होगी। इस योजना को शुरू करना ही कहीं-न-कहीं गलत था। कहीं-न-कहीं एक बड़े शिल्पी भगीरथ के परिश्रम को व्यर्थ करना था, जो पहाड़ों के बीच में उन्होंने गंगा के लिए राह बनाई। इसीलिए वह 'भागीरथी' कहलाई। इसके पीछे बड़ी दूरदृष्टि थी। उसके पीछे संयोजन का भाव था। हरिद्वार में गंगा

नहर बनी, दूसरी नहर बननी शुरू हुई तो महामना मालवीयजी ने सत्याग्रह किया था और गंगा के लिए एक अलग राह छोड़ी गई थी; पर उस समय का जल-संभरण टिहरी बाँध के प्रायोजित जल-संभरण से कहीं कम था। क्या इतनी बड़ी जलराशि को सुरक्षित रखते हुए जल के निकास की व्यवस्था की जा सकेगी? हम जल यांत्रिकी के जानकार नहीं, भूगर्भ विद्या के जानकार नहीं। गंगा की सहायक नदी राप्ती के किनारे छोटे से गाँव में मैं जनमा-पला। मैंने अपने अनुभव से देखा, जब पानी कहीं रोककर छोड़ा जाता है या पानी कभी मेंड़ या छोटे सूराख बना देता है तो सूराख पर इतना जोर पड़ता है और पानी इतने वेग से निकलता है कि बाँध भी ढह जाता है और पानी फैल जाता है। उसका अभीष्ट उपयोग नहीं होता। मैं नहीं जानता कि कैसे यह व्यावहारिक होगा कि इतना ऊँचा बाँध बने और इतने पानी को सँभालने का कोई उपाय भी सोचा जाए, जो पानी की निकासी को भी सुनिश्चित करे। मुझे तो दोनों बातें विरोधी लगती हैं। इतना बेसँभाल संग्रहण और इतनी सावधानी से जल के निकास की व्यवस्था। ऐसे सुनने में आया है कि कोई समिति इन सब मामलों के बारे में पुनर्विचार कर रही है। पर रुपया-आना-पाई को सर्वस्व माननेवाले लोग हैं, जो आकाश, वायु, जल, पृथ्वी, बिजली सबको रुपए में परिवर्तित कर लेते हैं और सोचते हैं कि इससे अधिक कुछ नहीं। मनुष्य की कीमत पचास रुपए प्रतिदिन से लेकर हद-से-हद एक हजार रुपए प्रतिदिन तक हो सकती है। पानी की कीमत तो एक बोतल की बारह रुपए हो ही गई है। आकाश की कीमत आकाशचुंबी इमारत बनानेवालों से पता की जा सकती है। हवा की कीमत ऑक्सीजन की थैली की कीमत से नपी है। क्या पवित्रता, पवित्र होने की आकांक्षा की भी कीमत नपी है? क्या सबकुछ के बावजूद जीने की इच्छा नपी है? क्या दूसरे के लिए अपना विसर्जन करने की आकांक्षा की कीमत नपी है? यदि नहीं तो गंगा की कीमत भी नहीं आँकी जा सकती, जो तिरोभाव के आसन्न संकट से ग्रस्त है। किसी दूसरी नदी से गंगा की तुलना नहीं हो सकती। भारत की ही नहीं, भारत के दूर-दूर के देशों की पीढ़ी-दर-पीढ़ी की साध पूरी करनेवाली कोई दूसरी नदी नहीं है। लाओस में लोग मेकांग को माँ गंगा का ही रूपांतर मानते हैं। मंगोलिया से आए हुए शिष्टमंडल के एक सदस्य ने हरिद्वार में तत्कालीन मुख्यमंत्री संपूर्णानंद से अनुरोध किया था कि 'गंगास्नान की मेरे लिए व्यवस्था करा दीजिए। मेरे दूसरे साथी न जानने पाएँ।' जब वे स्नान कर चुके तो उनकी आँखों में आँसू थे और उन्होंने संपूर्णानंदजी से कहा, 'आज पच्चीस पीढ़ियों का ऋण उतरा। पच्चीस पीढ़ी पूर्व मेरे एक पुरखे ने अपने लड़के से कहा था कि हमारे वंश में कोई गंगा नहा ले तो मुझे बड़ी शांति मिलेगी।' डॉ. संपूर्णानंद यह सुनकर स्वयं बहुत ही भीग गए थे कि गंगा कितना बड़ा इतिहास ढो रही है, कितना बड़ा भूगोल ढो रही है। इसके साथ-ही-साथ उस स्नानार्थी के दूसरे साथियों के अविश्वास का रेत ढो रही है।

आज के दिन की अविश्वास की रेतीली आँधी में भी करोड़ों आदमी एक ही दिन में दस-बारह किलोमीटर के घेरे में स्नान कर लेते हैं और हर आदमी के मन में नई स्फूर्ति होती है। विचित्र धन्यता का अनुभव होता है। कोई भी बीमार नहीं पड़ता और माघ के कड़ाके के जाड़े में भी कष्ट का अनुभव नहीं करता। यह कौन सी शक्ति है? गंगा के जल मात्र की शक्ति है या गंगा के जल से जुड़ी हुई असंख्य-असंख्य लोगों की शुचिता के संकल्प की शक्ति है? इस सच्चाई को कौन अर्थतंत्र है, जो झुठला देगा। गंगा का 'आविर्भाव दिवस' मनाते समय यह विचार स्वभावत: आता ही है कि तिरोभाव की मनुष्यजनित संभावनाओं पर भी हम विचार करें और शुद्ध हृदय से विचार को रुपए-पैसे की दृष्टि से न विचार करें। मुझे स्मरण है कि एक बार किसी अमेरिकी मित्र ने कहा कि 'तुम शुद्ध बौद्धिक स्तर पर विचार करने के लिए तैयार हो?' मैंने कहा, 'अवश्य।' उन्होंने पूछा कि 'गोमांस खाने में दोष क्या है? पाप क्या है? इससे ठाँठ गाय-बैलों के पालन का खर्च बचेगा और आपके ही पुरखे गोमांस भक्षण करते थे। खाद्य की कमी की समस्या की भी पूर्ति होगी।' मैंने कहा, 'आपकी सभी बातें सही हैं, मुझे भी एक प्रश्न करने की अनुमति दीजिए। आप मनुष्य का मांस क्यों नहीं खाते? आपके यहाँ बहुत से ऐसे लोग हैं, जो सचमुच जी नहीं रहे हैं, साँस ले रहे हैं। उनका मांस खाइए, बहुत बड़ी जनसंख्या का हल निकल जाएगा। ऐसा नहीं कि कभी मनुष्य ने मनुष्य का मांस खाया न हो। आज भी कुछ लोग खाते हैं और बड़े चाव से खाते हैं।' वे एकदम से बिफर पड़े, 'ऐसा तो मैं कभी सोच भी नहीं सकता; क्योंकि मनुष्य का जीवन तो पवित्र है, इसमें किसी तर्क की आवश्यकता नहीं है।' मैंने पूछा, 'आप उसी प्रकार सोच लीजिए, हम प्राणिमात्र का जीवन पवित्र मानते हैं। विशेष तौर पर गाय को, क्योंकि वह हमारी खेतिहर संस्कृति की प्राणभूत है। जहाँ प्राण की बात आती है, वहाँ हम रुपए-पैसे की बात नहीं सोचते।' वे निरुत्तर हो गए। उन्होंने कहा, 'मैं अब यह प्रश्न किसी भारतीय से नहीं पूछूँगा।'

गंगा भी निरंतर दूध देनेवाली गाय है। वह उस बछड़े के लिए भी पिन्हाती है, जो उसके थनों में दाँत लगाता है और उसके लिए तो पिन्हाती ही है, जो उसके थन बड़ी मुलायमियत से चुँभलाता है। गंगा ने हिंदू को पवित्र किया हो, मुसलमान को नहीं—ऐसा कभी हुआ नहीं। हुआ होता तो रहीम यह न लिखते, 'अच्युत चरनतरंगिनी सिव सिर मालति माल। हरि न बनाओ सुरसरी! कीजौ इन्दव भाल॥' विष्णु के चरणों में तरंगित होनेवाली गंगा शिव के सिर पर मालती की माला की तरह विराजनेवाली गंगा। जब मैं यह शरीर छोड़ूँ तो तुम मुझे विष्णु बनाना, मुझे शिव बनाना, ताकि मेरे सिर पर ही विराजमान रहो। वह गंगा धैर्य ही क्षीण हो रहा है। मनुष्य ने उसे बुलाया, उसकी पवित्रता अपनी पवित्रता मानी। वही मनुष्य अपने कचरे उसमें डाल रहा है। वही मनुष्य उसका दोहन कर

रहा है। ऐसा दोहन कर रहा है कि उसका जल घटता जा रहा है। वही मनुष्य बर्फ की चोटियों को रौंद रहा है। और जिसे हिमालय के बेटे धर्म-कर्म की चूली कहते हैं, वह नहीं रहेगी तो धर्म-कर्म नहीं रहेगा। भारत के आदमी की क्रियाशीलता उन हिम-धवल चोटियों के कारण है। गंगा उन्हीं को गुहारती है और अपने केशपाश जैसे वनों में बहुत बचा-बचा के आगे ले जाती है। मनुष्य उन वनों को काट रहा है। वही मनुष्य आज गंगा विजय अभियान पर निकला है। उसकी अपार क्षमता को अपने कमजोर हाथों में थामना चाहता है। क्या यह केवल गंगा का ही तिरोभाव है या भारत की मनुष्यता का तिरोभाव है? मैं नहीं जानता कि इन शब्दों का कोई प्रभाव कहीं पड़ेगा। हमारी नजरें इतनी कमजोर हो गई हैं कि अपने पैर के आगे की जमीन भी नहीं दीखती तो आगे आनेवाले समय में गंगा की धार टूटने पर क्या परिदृश्य होगा, यह हम कहाँ से देख पाएँगे! हमारे कान भी तरह-तरह की आवाजों से बहरे हो रहे हैं। हम उस प्रलाप के स्वर को कहाँ से सुन पाएँगे, जो बाँध के साथ कभी घटित हो सकता है। तब भी स्वधर्म जानकर मैंने गंगा आविर्भाव के दिन इसके तिरोभाव के भय की आसन्न सच्चाई से अवगत कराया।

□

अग्नि में घी

—विनायक दामोदर सावरकर

विश्व में ऐसा कौन सा सद्धर्म है कि जिसमें परतंत्रता और दासता को धिक्कारा नहीं गया हो। इसी कारण जहाँ परमेश्वर होगा, वहाँ परतंत्रता कभी नहीं रह सकती और जहाँ परतंत्रता है वहाँ, परमेश्वर का अधिष्ठान नहीं, वहाँ धर्म नहीं। एतदर्थ किसी भी प्रकार की परतंत्रता का अर्थ धर्म का उच्छेद एवं ईश्वरीय इच्छा का भंग होना है।

क्या मनुष्य जाति की उन्नति के लिए उत्पन्न हुए सारे धर्म मनुष्य जाति की अवनति के लिए उत्पन्न हुई परंतत्रता को एक क्षण भी जीवित रखने की आज्ञा देंगे? उसमें भी राजनीतिक परतंत्रता सभी परतंत्रताओं से मनुष्य जाति की अत्यंत भयानक अवनति करनेवाली है, इसलिए इस अधम राक्षस का कंठच्छेदन करने की आज्ञा प्रमुखता से ही दी गई होगी। जो अन्यों को गुलाम बनाते हैं और जो गुलामी में रहते हैं, वे दोनों ही मुनष्य जाति को नरक की ओर धकेलते हैं। इसलिए मुनष्य जाति को स्वर्ग की ओर ले जानेवाले सद्धर्म इस राजनीतिक गुलामी को नष्ट करने के लिए अपने अनुयायियों को बार-बार उपदेश देते हैं। उनका यह उपदेश अस्वीकार करनेवाले सारे लोग धर्मद्रोही हैं। दूसरों को गुलामी में ढकेलनेवाले अंग्रेज भले ही रोज चर्च में जाएँ, वे धर्मद्रोही ही हैं और परतंत्रता के नरक में सड़नेवाले भारतीय रोज शरीर पर भभूत मलते हैं, तब भी वे धर्मद्रोही ही हैं। जो किसी भी तरह की दासता में रहते हैं वे सारे हिंदू धर्मभ्रष्ट हैं और वे सारे मुसलमान भी धर्मभ्रष्ट हैं, फिर वे चाहे रोज हजार बार संध्या-वंदन कर रहे हों या हजार बार नमाज पढ़ रहे हों। यह ध्यान में रखकर ही श्री समर्थ रामदास ने स्वराज्य-प्राप्ति को धर्म का मुख्य कर्तव्य कहा है। जो राज्य अपनी इच्छा के विरुद्ध बलपूर्वक अपने पर थोपा गया है—ऐसे पर-राज्य को उखाड़ फेंकना, गुलामी की बेड़ियाँ तोड़ देना और मनुष्य जाति की उन्नति का जो प्रथम साधन होता है, वह स्वराज्य प्राप्त करना, स्वतंत्रता प्राप्त करना धर्म का प्रधान कर्तव्य है, ऐसा प्राणनाथ प्रभु का छत्रसाल को दिया गया या समर्थ का शिवाजी को दिया गया उपदेश दो शताब्दियों बाद हिंदुस्थान की पुण्यभूमि के पुरुषों के

कान में ज्ञात या अज्ञात रूप से सन् 1857 में फिर से गूँजने लगा।

हिंदुस्थान की पुण्यभूमि की स्वतंत्रता का हरण कर अंग्रेजों ने सभी धर्मों को तो अपने पैरों तले कुचला ही था, परंतु धर्म का सैद्धांतिक अपमान पूरा नहीं है, ऐसा लगने पर ही शायद, इस हिंदुस्थान के पवित्र धर्म का व्यावहारिक अपमान करने के लिए वे बहुत आतुर थे। अफ्रीका और अमेरिका में वहाँ के निवासियों को ईसाई धर्म की दीक्षा देने के काम में मिली सफलता से बहके हुए पश्चिमवासियों को अफ्रीका की भाँति ही हिंदुस्थान में भी सारे लोगों को ईसाई बना डालने की भारी आशा थी। वेद और प्राचीन हिंदू धर्म तथा ईसाइयत की पीठ पर नृत्य करते इसलाम के जड़-मूल कितने गहरे हैं, इसका उन्हें जरा भी ज्ञान नहीं था। दर्शनशास्त्र, भक्ति-प्रेम एवं नीति-निपुणता में सारे जग का आदिगुरु आर्य धर्म आज तक कितनों के ही नामकरण और नामशेष देखता आया है, यह इन अल्प बुद्धिवालों को कैसे ज्ञात हो! उन्हें आज पूरे हिंदुस्थान को ईसाई बनाने की रत्ती भर भी आशा शेष नहीं है—फिर भी सन् 1857 तक उन्हें इस सफलता के संबंध में पूरा विश्वास था। औरंगजेब जैसे खुले द्वेष से भी भयानक गला काटनेवाला द्वेष करने और हिंदुस्थान को अनजाने ईसामय बना डालने का उनका दृढ़ उद्देश्य था। इतना ही नहीं अपितु इस हेतु उनके खुले प्रयास भी चल रहे थे। हिंदुस्थान में पाश्चात्य शिक्षा-पद्धति प्रारंभ करनेवाला मैकाले अपने एक निजी पत्र में लिखता है—'अपनी यह शिक्षा प्रणाली ऐसी ही बनी रही तो तीस वर्ष में पूरा बंगाल ईसाई हो जाएगा।'[1] इस टिटहरी को ऐसी आशा और विश्वास था कि अपनी चोंच से मैं यह अगाध समुद्र देखते-देखते पी जाऊँगी। सारे हिंदुस्थान को ईसाई बना डालने के लिए हर अंग्रेज की कुछ-न-कुछ योजनाएँ अवश्य होती थीं। इस धर्म-प्रवर्तन को प्रकटतः मदद करनेवाला हजारों मिशनरियों द्वारा किया जानेवाला निवेदन मानकर उसके अनुसार हिंदू और इसलाम धर्म की गरदन पर तलवार चलाने का कार्य भी अंग्रेजी सरकार द्वारा किया जाता था; परंतु उस राष्ट्र को धर्म-प्रवर्तन की अपेक्षा व्यापार-प्रवर्तन और यीशू की तुलना में द्रव्य भक्ति अधिक होने के कारण ऐसे खुले कार्य करके धर्म के लिए हिंदुस्थान का राज्य होने से निकलने देने की गलती उसने नहीं की। इच्छा नहीं थी, ऐसा नहीं, पर हिम्मत नहीं थी। फिर भी, बड़े-बड़े नाम देकर और अपना मूल हेतु छिपाते हुए सती प्रथा प्रतिबंध, विधवा विवाह को समर्थन, दत्तक पुत्राधिकार की समाप्ति आदि अवसरों पर हिंदुस्थान की धर्म-आस्थाओं में परिवर्तन करने का प्रयास उन्होंने प्रारंभ कर ही दिया था। मिशनरियों के तहत चलनेवाले स्कूलों को सरकारी धन की सहायता बिना रुके मिल रही थी। बड़े-बड़े आर्कबिशपों के वेतन बड़े-बड़े सरकारी अधिकारियों द्वारा हिंदुस्थान की जनता को निचोड़कर जमा किए गए धन से दिए जाते थे। ये अधिकारी अपने अधीनस्थ लोगों को अपने पवित्र धर्म को त्यागकर ईसाई होने का उपदेश करते। सरकारी कागजों में हिंदुस्थान के लोगों का उल्लेख 'Heathen'

शब्द से किया जाता। अंग्रेजी कर्मचारियों का अधिकतर समय आसमानी बाप का शुभ चरित सुनाने में ही जाता था।

सेना में जो अंग्रेज घुसते थे, उनमें से कितने ही केवल अधिकार के बल पर भारतीय धर्म की खिल्ली उड़ाने के लिए ही घुसते थे। शांति काल में सेना के लोगों को कोई काम न होता था, अतः उस समय हिंदू और मुसलमान सिपाहियों को यीशू का चरित सुनाने को विपुल समय मिलने से लश्करी विभाग में यत्र-तत्र इन मिशनरी कर्नलों और सेनापतियों की आवाजाही बढ़ गई थी। जिस 'रामचंद्र' के पवित्र नामोच्चार से हर हिंदू के हृदय में भक्तिभाव उमड़ पड़ता है और जिस 'मोहम्मद' के नाम से सारे मुसलमानों की रग-रग से प्रेम झलक पड़ता है, उस रामचंद्र के और उस मोहम्मद के नाम को वे पदरी कर्नल गालियाँ बकते। उठते-बैठते भारतीय सिपाहियों को अधिकार के जोर से चुप बैठाकर वे उनके सामने उनके प्राणप्रिय वेदों और कुरान की डटकर निंदा करते थे। इन मानवी राक्षसों का यह उद्योग किस तरह निरंतर चल रहा था और इस कार्य का उन्हें कितना अभिमान था, इसका स्वरूप स्पष्ट करने के लिए एक व्यक्ति से संबंधित उदाहरण देना आवश्यक है। सारे धर्मों का जनक आर्य धर्म तथा ईसायत की गरदन पर छुरी रखकर आगे बढ़ा हुआ मोहम्मदी धर्म, इन दोनों धर्मों को और उनके अनुयायियों को अपने टुटपुँजिया शुभ चरित से ठगना चाहनेवाले इन पादरी सेनापतियों में से बँगला पैदल रेजीमेंट का एक कमांडर बड़े घमंड से कहता है—"मैं गत बीस वर्षों से यह शुभ चरित का कार्य निरंतर कर रहा हूँ। इन काफिर लोगों की आत्मा को शैतान से बचाना एक फौजी कर्तव्य ही है।" हिंदुस्थान के धन पर मोटे हुए ये पादरी वीर एक हाथ में लश्करी आदेशों की पुस्तक और दूसरे हाथ में बाइबिल लेकर इस देश के सिपाहियों को धर्मच्युत करने का प्रयास दिन-रात करते रहते थे। इतना ही नहीं अपितु उस प्रयास में जल्दी सफलता मिले, इसके लिए धर्मांतरण करनेवाले सिपाही को पदोन्नति का खुला वचन देते थे। सिपाही अपना धर्म छोड़े तो हवलादार हो जाता था और हवलदार—सूबेदार, मेजर। इस प्रकार सेना विभाग एक तरह से बलात् ईसाई बनाने का मिशन हो जाता था। हिंदुस्थान के धन से मुटाए हाथ और हिंदुस्थानी पैसे से खरीदी गई तलवार से हिंदुस्थानी धर्म को ही चोट पहुँचाने के अंग्रेजों के इस हेतु के विरुद्ध संशय उत्पन्न हुआ और उसमें हर रोज जुड़ती नई-नई घटनाओं के कारण सारे हिंदुस्थान को ईसाई बनाने की अंग्रेजी नीति सबको स्पष्ट दिखने लगी। अपने सनातन आर्य धर्म का और अपने प्राणप्रिय इसलाम धर्म का मीठी छुरी से गला काटा जा रहा है, यह देखते ही हिंदू और मुसलमान क्रोधित हो उठे। फिरंगियों के असह्य अत्याचारों से उनके शरीर जलने लगे और धर्म-रक्षा के लिए प्राण भी देने के लिए वे शपथ लेने लगे।

और इसी भड़कती आग में घी डालने को हिंदुस्थानी लश्कर में नए कारतूस

उपयोग करने का आदेश आ गया। नए प्रकार की बंदूकों के लिए नए कारतूस काम में लाने की आवश्यकता पड़ जाने से इन कारतूसों का कारखाना हिंदुस्थान में लगाने का प्रस्ताव सरकार ने किया। यह प्रस्ताव यद्यपि सन् 1857 के आरंभ में अमल में आया, फिर भी इन कारतूसों का प्रवेश पहले ही हो गया था। हिंदुस्थान के हिंदू और मुसलमानों की धर्म-निष्ठाओं को तुच्छ माननेवाली फिरंगी सरकार ने इंग्लैंड में तैयार गाय की रबी लगे ये कारतूस सन् 1853 में ही हिंदुस्थान में भेजे थे, ऐसा अब सिद्ध हो गया है। अंग्रेजों ने यह बात गुप्त रखकर कि उन कारतूसों में किसकी चरबी लगी है—कानपुर, रंगून एवं फोर्ट विलियम की हिंदुस्थानी फौज के हिंदू-मुसलमानों को सन् 1853 में ही धर्मच्युत कर दिया था। यह विश्वासघात सन् 1857 में खुलने तक कारतूसों को चाहे जो भी चरबी लगाने की अंग्रेजों ने जान-बूझकर व्यवस्था की थी। यह बात अनुमान से नहीं कही गई है, क्योंकि सन् 1853 के दिसंबर में कर्नल टक्कर द्वारा भेजी गई सरकारी रिपोर्ट में इस बात का स्पष्ट उल्लेख है।[2] स्वयं कमांडर-इन-चीफ को यह बात ज्ञात थी। ऐसा होते हुए भी हिंदुस्थानी सिपाहियों को वे कारतूस देकर उनके पवित्र धर्म को भ्रष्ट करने का अधम कृत्य निरंतर चालू रखा गया था। अंग्रेजों के मन के इस विश्वासघात की कल्पना सन् 1853 में भारतीय सिपाहियों को बिल्कुल भी न थी, अत: उन्होंने इन कारतूसों का प्रयोग बिना किसी शंका के किया। इस तरह अपनी कपट भरी योजना सफल होते देख उन कारतूसों के निर्माण का कारखाना दमदम में चालू किया गया। इस कारखाने में तैयार किए गए कारतूसों को पहले जैसी ही चरबी लगाई जाती थी; पर ऐसा करने में हिंदुस्थानी लोगों को धर्मच्युत करने का सरकार का हेतु नहीं था—इसे कोई भी भूले नहीं! ऐसा उद्देश्य न होते हुए भी हमारा देश मिट्टी में मिल गया। ऐसा कोई उद्देश्य न होते हुए भी हमारा स्वराज्य चर-चर चीर दिया गया और ऐसा उद्देश्य न होते हुए भी हमारे धर्म का नाश हो रहा था। कमांडर-इन-चीफ को चरबी की बात मालूम होते हुए भी उसने क्योंकर हिंदुओं के मुँह में गाय का मांस एवं मुसलमानों के मुँह में सूअर का मांस ठूँसा? इस एक व्यवहार में अंग्रेजी सरकार ने कितनी बार सफेद झूठ बोला, यह देखें तो रक्त की हर बूँद खौलने लगती है।

कारतूस को गाय और सूअर की चरबी लगाई जाती है, इस अफवाह पर सिपाहियों ने अंधविश्वास किया, ऐसा कहनेवाले निर्लज्ज लोग, दमदम कारखाने में जो ठेकेदार चरबी देता था, उसका करार पत्र अवश्य देखें,[3] जिससे इसका स्पष्ट उत्तर मिलेगा कि उन कारतूसों में गाय की चरबी का उपयोग किया जाता था या नहीं।[4] हिंदू लोग जिसे माँ मानते हैं, उस गाय की चरबी की आपूर्ति दो आने की एक पौंड की दर से की जाती थी और उस चरबी में सूअर की चरबी का अंश मिलाया जाता था, यह भी असंभव नहीं है। इन कारतूसों का हल्ला होते ही सन् 1857 की 29 जनवरी को एक सरक्यूलर भेजा गया

था। उसमें से सरकारी हुकूमत कहती है—"नेटिव सिपाहियों के लिए बननेवाले कारतूसों को केवल बकरी या बकरे की चरबी लगाई जाए, सूअर या गाय की चरबी बिल्कुल काम में न ली जाए।" जल्दबाजी में निकाले गए सरक्यूलर से यही सिद्ध होता है कि गाय या सूअर की चरबी न लगाने का इसके पहले नियम नहीं था। दमदम और मेरठ में इन कारतूसों के कारखाने थे। दमदम के कारखाने में काम करनेवाले एक मेहतर ने एक ब्राह्मण से उसके लोटे का पानी माँगा। ऐसा करने पर वह लोटा भ्रष्ट हो जाएगा, उस ब्राह्मण के ऐसा कहते ही वह मेहतर बोला, "अब सब ओर भ्रष्टता फैलेगी। जिन कारतूसों को तुम दाँत से तोड़ागे, उन कारतूसों पर गाय और सूअर की चरबी मढ़ी जा रही है।" यह सुनते ही वह ब्राह्मण दूसरे सिपाहियों को वह बात कहने लगा। दमदम में जल्दी ही सारे सिपाही संशयग्रस्त हो गए और उन्होंने पड़ताल की तो यह सत्य स्पष्ट हो गया कि कारतूसों को गाय और सूअर की चरबी लगाई जाती है। दमदम का यह समाचार आग की तरह सब ओर फैल गया। हर सिपाही को अपने हाथों में गाय और सूअर की चरबी लगी दिखने लगी और हर लश्करी शिविर में ईसाई लोगों के इस षड्यंत्र से हर एक को अपने धर्म और अपने अस्तित्व का एक क्षण का भी भरोसा नहीं रहा। यह देखकर अंग्रेजी सरकार घबरा उठी और उसने अपना कुकृत्य छिपाने के लिए ऐसी झूठी और नीच बातें कहनी शुरू कीं, जिससे कि मनुष्य जाति को कालिख पुती रहे। कारतूसों को गाया और सूअर की चरबी लगाई हुई थीं, यह जब अस्वीकार करना कठिन हो गया, तब हिंदुस्थानी सरकार के लश्करी सचिव बर्च ने सरकारी घोषणा की कि मेरठ और दमदम में तैयार होनेवाले नए कारतूस हमने अभी तक बिल्कुल नहीं बाँटे हैं। उसका यह कथन बिल्कुल झूठ था। अंबाला, सियालकोट और बंदूकों के प्रशिक्षण के लिए चलाए गए नए लश्करी वर्गों में ये चरबी लगे कारतूस सन् 1856 से ही भेजे जा रहे थे। अंबाला डिपो में 22,500 और सियालकोट को 14,000 कारतूस 23 अक्तूबर, 1856 को भेजे गए, फिर भी कर्नल बर्च जनवरी 1857 में सरकारी घोषणा करता है कि कारखाने से एक भी कारतूस नहीं भेजा गया। जहाँ लश्करी वर्ग चल रहे थे, वहाँ नई बंदूकों के प्रशिक्षण में इन कारतूसों का उपयोग नहीं किया गया, यह असंभव था। इसके पहले लिखा जा चुका है कि सन् 1853 में यही कारतूस भारतीय सिपाहियों को कोई जानकारी न देते हुए उपयोग के लिए दिए गए थे। गुरखा पलटन में तो ये कारतूस खुलेआम बाँटे गए थे। फिर भी बर्च किसी उस्ताद उचक्के जैसा सीना तानकर कहता है कि चरबी लगा एक भी कारतूस नहीं बाँटा गया था।[5]

भोले सिपाहियों को चाहे जैसी लुका-छिपी कर धोखे में रखना चाहनेवाली सरकार का यह प्रयास विफल हो जाने पर अब सिपाहियों को ऐसी अनुमति दी गई कि वे चाहे कोई भी चिपचिपी वस्तु अपने कारतूसों में स्वयं ही लगा लें। इस अनुमति का

परिणाम जो होना था, वही हुआ। सरकार द्वारा चरबी लगाने की जिद इतनी जल्दी छोड़ देने का अर्थ है कि एक ओर चुप करके दूसरी ओर से छल करने की उसकी योजना होगी—ऐसा उनको पक्की तरह लगने लगा। चरबी की जगह पर चाहे कोई भी चिपचिपी वस्तु लगाने को कहा अवश्य गया, परंतु जिस सरकार ने चुपके से चरबी में गाय का और सूअर का मांस डाला था, वह सरकार इन कारतूसों पर लगे कागज पर वैसा चिपचिपापन लाने के लिए ऐसा ही कोई धर्मबाह्य पदार्थ लगाने का प्रयास नहीं करेगी, इसको कैसे माना जाए? अत: ये कारतूस किसी भी मूल्य पर नहीं लेना है, यह दृढ़ निश्चय सब लोगों को करना चाहिए।

पर यह निश्चय हो गया तो भी इतने से मुख्य आपदा तो टलनेवाली नहीं है। बहुत हुआ तो ये कारतूस नहीं दिए जाएँगे। परंतु इनके स्थान पर कल कोई दूसरी आपदा आएगी। अर्थात् इन कारतूसों को न लेने से भी धर्म पर आई वास्तविक आपदा टलनेवाली नहीं है। गुलामी के नरक में गिरे लोगों का धर्म पवित्र कैसे रह सकता है! गाय की चरबी तो क्या, देशमाता की चरबी काटकर निकाली जा रही है—इस बात को भुला देनेवालों का धर्म जीवित कैसे रह सकता है? सद्धर्म स्वर्ग में रहता है और गुलामी में पड़े लोग नरक में रहते हैं। अत: यदि उन्हें धर्म चाहिए तो उन्हें गुलामी की गंदगी अपने और अपने शत्रुओं के रक्त से धोकर साफ करनी चाहिए।

इसलिए अब कारतूस लें या न लें, हे हिंदुस्थान! धर्मरक्षण यदि आवश्यक हो, धर्म के उद्‌देश्य के लिए मानव का जो प्रगमन आवश्यक है, उसे साधने का यदि तेरा हेतु हो और यदि अपमान पर तुझे लज्जा आती है तो इस गुलामी को भंग करने को तैयार हो जा। धर्म के लिए मर, मरते-मरते सबको मार और मारते-मारते स्वराज्य प्राप्त कर। सन् 1857 का वर्ष उदय हो चुका है, इसलिए उठ! हिंदुस्थान उठ! और स्वराज्य प्राप्त कर!

संदर्भ—

1. "हमारी अंग्रेजी पाठशालाएँ दिन-प्रतिदिन आश्चर्यजनक ढंग से प्रगति करती जा रही हैं। अकेले हुगली नगर में 1,400 बालक अंग्रेजी सीख रहे हैं। इस शिक्षा का प्रभाव ही नितांत चमत्कारपूर्ण हो रहा है। मेरा यह सुदृढ़ विश्वास है कि यदि यह शिक्षा योजना सुचारु रूप से जारी रही तो तीस वर्ष पश्चात् बंगाल में एक भी मूर्तिपूजक न रह जाएगा।"

   —मैकलेज लेटर टू हिज मदर, 12 अक्तूबर, 1836

2. के कृत—'इंडियन म्युटिनी', खंड 1, पृष्ठ 360
3. के कृत—'इंडियन म्युटिनी', खंड 1, पृष्ठ 381
4. "चरबी की बनावट में गाय की कुछ चरबी होती थी, इस विषय में तनिक भी संदेह नहीं है।"

   —के कृत—'इंडियन म्युटिनी', खंड 1, पृष्ठ 381

5. "ठीक अंतिम समय पर कर्नल बर्च सिपाहियों को यह आश्वासन देने हेतु आगे आया कि उन्हें दिए गए किसी कारतूस में चरबी नहीं लगाई गई है। उसका यह कथन सर्वथा मिथ्या था। सिपाही इससे धोखे में आनेवाले नहीं थे। जैसाकि एक साहसी लेखक ने लिखा है कि 'सरकार तो केवल झूठ का पुलिंदा ही खोल रही है।'"

—बंगाल के एक हिंदू का पत्रक, 1857

6. वही, 4 । 3

□

अग्नि की उड़ान (अंश)

—ए.पी.जे. अब्दुल कलाम

एस.एल.वी.-3 परियोजना के नेतृत्व की जिम्मेदारी सँभालते हुए मुझे कई जरूरी एवं परस्पर विरोधी माँगों का सामना करना पड़ा, जैसे—कमेटी के काम से संबंधित, सामान-उपकरणों के प्रबंध, पत्र-व्यवहार, समीक्षाएँ, ब्रीफिंग तथा विभिन्न विषयों पर सूचनाएँ उपलब्ध कराने की जरूरत।

मेरे दिन की शुरुआत करीब दो किलोमीटर के प्रात:कालीन भ्रमण से होती। सुबह घूमने के दौरान ही मैं दिन भर का कार्यक्रम बना लिया करता था। मेरा जोर इसपर रहता था कि दिन भर में दो या तीन काम निश्चित रूप से पूरे कर लिये जाएँ और इसमें कम-से-कम एक काम ऐसा होता, जो लंबी अवधि के लक्ष्यों से संबंधित होता था। दफ्तर में एक बार मैं अपनी टेबल जरूर साफ करता था। पहले दस मिनट के भीतर मैं सभी कागजात देखकर उनको अलग-अलग कर लेता—वे कागज जिनपर तुरंत काररवाई करनी है, प्राथमिकता की दृष्टि से कम महत्त्वपूर्ण कागज, ऐसे कागज, जिनका काम अधूरा पड़ा है और पढ़ने की सामग्री अलग। इसके बाद मैं सर्वाधिक महत्त्वपूर्ण कागजों को अपने सामने रखता और दूसरी चीजों को अलग किनारे रख देता।

एस.एल.वी.-3 के डिजाइन के दौरान करीब दो सौ पचास उप-भाग और चालीस बड़ी उपप्रणालियाँ तैयार की गई थीं। सामान की सूची में दस लाख से ज्यादा छोटे-बड़े कल-पुर्जे शामिल थे। सात से दस साल की अवधिवाले इस जटिल कार्यक्रम को सुचारु रूप से संचालित करने के लिए एक परियोजना कार्यान्वयन रणनीति बनानी जरूरी हो गई थी। अपनी तरफ से प्रो. सतीश धवन एक बयान जारी करके स्पष्ट रूप से यह कह चुके थे कि वी.एस.एस.सी. और श्रीहरिकोटा में काम करनेवाले लोगों और पैसे का नियंत्रण हमारे हाथ में रहेगा। अपनी ओर से हमने ऐसी प्रबंध व्यवस्था अपनाई थी कि उसमें तीन सौ से ज्यादा कंपनियों के उत्पाद लिये जाने थे। इसके पीछे उद्देश्य यह था कि हमारी परियोजना की वजह से इन कंपनियों की तकनीक में और विकास हो।

मैंने अपने साथियों के सामने तीन बातों पर ज्यादा जोर दिया था—डिजाइन क्षमता का महत्त्व, लक्ष्य निर्धारण तथा उसकी उपलब्धि और झटकों को बरदाश्त करने की क्षमता पैदा करना। मैं अब एस.एल.वी.-3 परियोजना प्रबंधन के श्रेष्ठ पक्षों पर विस्तार से कुछ कहूँ, उससे पहले मैं एस.एल.वी.-3 के बारे में बताना चाहता हूँ।

प्रक्षेपण यान का वर्णन मानवाकार में करना दिलचस्प होगा। यान का जो मुख्य यांत्रिकीय ढाँचा है, इसकी कल्पना मानव शरीर के रूप में कर सकते हैं। यान का जो हिस्सा नियंत्रण एवं मार्गदर्शन संबंधी प्रणालियों को संचालित करता है, उसकी कल्पना मानव के मस्तिष्क के रूप में की जाती है। यान का यह मस्तिष्क इलेक्ट्रॉनिक प्रणालियों से युक्त होता है। इसी प्रकार उसकी भुजाएँ प्रणोदन के रूप में होती हैं। कैसे बनाए जाते हैं ये? इनको बनाने में कौन-कौन सा सामान आवश्यक होता है और कौन-कौन सी तकनीकें इस्तेमाल की जाती हैं?

प्रक्षेपण यान के निर्माण में धात्विक एवं अधात्विक दोनों प्रकार के पदार्थ काम में लाए जाते हैं। इसमें सम्मिश्र पदार्थ और सिरामिक भी शामिल हैं। धातुओं में विभिन्न प्रकार का स्टेनलैस स्टील तथा अल्युमिनियम, मैग्नीशियम, टाइटेनियम, कॉपर, बेरिलियम, टंगस्टन व मोलिब्डेनम के अयस्क काम में लाए जाते हैं। सम्मिश्र पदार्थ दो या दो से अधिक मिश्रणों अथवा संयोजन का ऐसा संघटित रूप होते हैं, जो अपने रूप एवं पदार्थ संरचना में एक-दूसरे से भिन्न होते हैं तथा एक-दूसरे में घुलनशील नहीं होते। कुछ पदार्थ धात्विक, कार्बनिक या अकार्बनिक हो सकते हैं; जबकि कुछ पदार्थों की संरचना असीमित होती है। प्रक्षेपण यान के निर्माण में सबसे जटिल सम्मिश्र संरचनात्मक अवयवों से बने होते हैं। प्लास्टिक के सम्मिश्रों को मजबूती प्रदान करने के लिए हमने कई किस्मों के ग्लास फाइबर (काँच के तंतु) इस्तेमाल किए और पॉलीमाइड्स एवं कार्बन यौगिकों के प्रयोग के लिए रास्ता खोला। सिरामिक पारदर्शी माइक्रोवेव में विशिष्ट तरीके से मिट्टी से तैयार किए पदार्थ होते हैं। हमने सिरामिक के इस्तेमाल पर विचार किया था; लेकिन तब तकनीकी सीमाएँ होने की वजह से इसे अस्वीकार कर दिया गया था।

यांत्रिकी विधियों के जरिए ये पदार्थ हार्डवेयर में तब्दील किए जाते हैं। दरअसल इंजीनियरिंग की जितनी भी शाखाएँ हैं, जिनका रॉकेट विज्ञान में सीधा प्रयोग होता है, उनमें मेकैनिकल इंजीनियरिंग सबसे ज्यादा महत्त्वपूर्ण है। यह एक परिष्कृत प्रणाली होने, जैसे तरल इंजन हो या हार्डवेयर का कोई हिस्सा हो, से इसके निर्माण में मेकैनिकल इंजीनियरों और उत्कृष्ट मशीनों की जरूरत होती है। हमने भी कुछ महत्त्वपूर्ण तकनीकियाँ जैसे—निम्न अयस्कवाले स्टेनलैस स्टील के लिए वेल्डिंग टेक्नोलॉजी, विद्युत् चिनगारी (स्पार्क) से धातु की कटाई (मशीनिंग) और अति सूक्ष्म पुरजों की बनवाई (फैब्रीकेशन) के लिए नई स्वदेशी तकनीकें विकसित करने का फैसला किया। अपने यहाँ ही हमने

कुछ और जरूरी मशीनें बनाने का भी फैसला किया था, जैसे—दो सौ चौवन लीटर क्षमता का ऊर्ध्वाधर सम्मिश्रक। हमारी कई उपप्रणालियाँ इतनी व्यापक एवं जटिल थीं कि इनके लिए काफी पैसे की जरूरत थी। बिना किसी हिचकिचाहट के हमने निजी क्षेत्र के उद्योगों से बातचीत की और ठेके पर आधारित प्रबंधन योजनाएँ शुरू कीं, जो आगे चलकर विज्ञान एवं टेक्नोलॉजी के क्षेत्र में व्यवसाय करनेवाले संगठनों के लिए एक रूपरेखा के रूप में स्थापित हुईं।

अब हम एस.एल.वी. के जीवन की बात पर आते हैं। एस.एल.वी. में एक जटिल विद्युतीय परिपथ प्रणाली स्थापित की जाती है, जो इसके यांत्रिकी ढाँचे को गति के लिए शक्ति प्रदान करती है। इस प्रकार मशीनों एवं उपकरणों को सामान्य रूप से बिजली सप्लाई होती है। यह ठीक इसी प्रकार है, जैसे वैमानिकी शोध में निर्देशन एवं नियंत्रण प्रणालियों को सामूहिक रूप से रखा जाता है। वैमानिकी प्रणालियों में डिजिटल इलेक्ट्रॉनिक्स, माइक्रोवेव राडार, राडार ट्रांसपोंडर, जड़त्वीय घटकों एवं प्रणालियों से संबंधित विकास की कोशिशें वी.एस.एस.सी. में पहले से ही चल रही थीं। एस.एल.वी. की इस स्थिति के बारे में जानना बहुत ही महत्त्वपूर्ण है, जब यह उड़ान की स्थिति में होता है। दबाव, प्रणोदन, स्पंदन, त्वरण आदि भौतिक अवस्थाओं के माप के लिए विभिन्न किस्मों के ट्रांसड्यूसरों के विकास का काम एस.एल.वी. पर काम के दौरान ही शुरू हुआ। ट्रांसड्यूसर यान के इन भौतिक मापों को विद्युतीय संकेतों में परिवर्तित कर देते हैं। इसके बाद यान पर लगी दूरमापीय प्रणाली इन संकेतों को ग्रहण करके इन्हें रेडियो तरंगों के रूप में पृथ्वी पर स्थित केंद्रों को भेज देती है। यहाँ ये संकेत प्राप्त किए जाते हैं और इनके विश्लेषण के बाद वापस मूल सूचना के रूप में ट्रांसड्यूसरों द्वारा एकत्रित कर लिये जाते हैं। अगर यह प्रणाली डिजाइन के अनुरूप काम करती है तो इसमें चिंता की कोई बड़ी बात नहीं होती। लेकिन यदि इसमें कुछ गड़बड़ी हो जाती है तो ऐसे में यान को रोकने के लिए नष्ट कर देना चाहिए, जिससे कोई बहुत बड़ी अप्रत्याशित गड़बड़ियाँ न हो जाएँ। इसलिए सुरक्षा निश्चित करने के लिए एक विशेष प्रकार की दूर नियंत्रण प्रणाली विकसित की गई, ताकि गड़बड़ी की स्थिति में रॉकेट से नष्ट किया जा सके, एस.एल.वी. की परास (रेंज) और स्थिति का पता लगाने के लिए इंटरफैरोमीटर प्रणाली विकसित की गई। एस.एल.वी. परियोजना में स्वदेशी अनुक्रमापी (सीक्वेंसर्स) के विकास का भी काम शुरू किया गया। इनका उपयोग प्रज्वलन चरणों को अलग करना, यान से जुड़े कार्यक्रम—जो रॉकेट विज्ञानियों के लिए सूचनाएँ इकट्ठी करते हैं तथा ऑटो पायलट इलेक्ट्रॉनिक्स प्रणाली, जो वाहन को पूर्व निर्धारित पथ पर संचालित करती है, जैसे कार्यों में होता है।

जब तक पूरी प्रणाली को गति देने के लिए ऊर्जा नहीं दी जाती प्रक्षेपण यान तब

तक जमीन पर ही रहता है। यह प्रोपेलेंट (ईंधन) ज्वलनशील पदार्थ के रूप में होता है, जो ऊष्मा पैदा करता है तथा यान को बढ़ाने के लिए रॉकेट इंजन में बल उत्पन्न करता है। यह ऊर्जा के स्रोत तथा ज्वलनशील पदार्थ, दोनों के रूप में काम करता है। रॉकेट इंजनों में प्रोपेलेंट का सामान्य तौर पर जो अर्थ होता है, वह उसे गति देने के लिए इस्तेमाल किए जानेवाले रासायनिक पदार्थों से है।

साधारण तौर पर ईंधनों को दो वर्गों में बाँट सकते हैं—ठोस एवं तरल। हमने ठोस ईंधनों पर ध्यान केंद्रित किया। ठोस ईंधन के मुख्य रूप से तीन घटक होते हैं—ऑक्सीडाइजर, ईंधन और संयोगी पदार्थ। ठोस ईंधनों को भी दो वर्गों में बाँटा जा सकता है—कंपोजिट ईंधन और डबलबेस ईंधन। कंपोजिट ईंधन में ऑक्सीडाइजर या फिर अकार्बनिक पदार्थ जैसे अमोनियम परकोलेट होते हैं और ये कार्बनिक ईंधन जैसे सिंथेटिक रबर की तरह होते हैं। उस समय डबलबेस ईंधनों का सपना काफी दूर था; लेकिन फिर भी हमने इस सपने को साकार कर लिया।

यह सारी आत्मनिर्भरता और स्वदेशी निर्माण का काम धीरे-धीरे ही हुआ। हमारे पास स्वप्रशिक्षित इंजीनियरों की उत्कृष्ट टीम थी। आज मुझे लगता है कि एस.एल.वी. के विकास में हमारी अप्रशिक्षित प्रतिभा, उसकी विशेषताओं एवं समर्पण का मिला-जुला रूप ही ज्यादा महत्त्वपूर्ण पक्ष रहा। समस्याएँ लगातार आती रहीं, लेकिन मेरी टीम के सदस्यों ने कभी मुझे अपनी दस उँगलियों से ज्यादा समस्याएँ नहीं गिनाईं। देर रात काम खत्म करने के बाद मैंने यह लिखा था—

'सुंदर हैं वे हाथ
सृजन करते जो सुख से
धीरज से
सच से
साहस से
हर क्षण, हर पल
हर दिन, हर युग।'

एस.एल.वी. पर हमारे काम के साथ-साथ ही डी.आर.डी.ओ. में जमीन से हवा में मार करनेवाली स्वदेशी मिसाइल विकसित करने का भी काम चल रहा था। राटो परियोजना बंद कर दी गई थी; क्योंकि जिन विमानों के लिए इसे डिजाइन किया गया था, वे पुराने पड़ चुके थे। नए विमान जो आए थे, उनमें राटो की आवश्यकता नहीं थी। परियोजना बंद करने के साथ ही नारायणन को डी.आर.डी.ओ. में मिसाइल निर्माण के लिए टीम का नेतृत्व करने की जिम्मेदारी दी गई। इसरो में हमसे अलग उन्होंने तकनीकी विकास के बजाय एक-एक करके काम पूरा करने के दर्शन को प्राथमिकता

दी। रूसी मूल की जमीन से हवा में मार करनेवाली मिसाइल एस.ए.-2 के बारे में पूरी विस्तृत जानकारी हासिल की गई, ताकि संगठन में परीक्षण मिसाइल का डिजाइन तैयार करने के लिए बुनियादी सुविधाएँ जुटाई जा सकें। ऐसा मानना था कि पहले एक-एक करके स्वदेशी तकनीक विकसित की जाए, इसके बाद निर्देशित मिसाइलों के क्षेत्र में अत्याधुनिक टेक्नोलॉजी तो स्वतः आ जाएगी। यह परियोजना सन् 1972 में स्वीकृत हुई और इसे 'डेविल' कोड नाम दिया गया। इस परियोजना के पहले तीन वर्षों के लिए पाँच करोड़ रुपए निर्धारित किए गए। इसमें से आधे से ज्यादा पैसा विदेशी मुद्रा में चला गया।

अब एयर कमोडोर पद पर पदोन्नत कर नारायणन को डी.आर.डी.एल. का निदेशक बना दिया गया था। हैदराबाद के दक्षिण-पूर्वी उपनगर में स्थित इस प्रयोगशाला को उन्होंने इस काम में सक्रिय किया। नारायणन बहुत ही ऊर्जावान व्यक्ति थे, जो हमेशा आगे बढ़ने में रहते थे। उन्होंने अपने आसपास उत्साही लोगों का एक समूह तैयार किया था और कई सेना अधिकारियों को इस महत्त्वपूर्ण प्रयोगशाला में रखा। एस.एल.वी. परियोजना में पूरी तरह लगे होने की वजह से मिसाइल पैनल की बैठकों में मेरी भागीदारी धीरे-धीरे कम होती गई और बाद में तो बैठकों में जाना बंद ही हो गया। हालाँकि नारायणन और उनकी 'डेविल' परियोजना से संबंधित सारी खबरें त्रिवेंद्रम पहुँच जाया करती थीं।

राटो परियोजना में नारायणन के साथ रहने के दौरान मैंने पाया कि वे बहुत ही कठोर परिश्रमी व्यक्ति हैं—पूरी तरह नियंत्रण, अधिकार एवं प्रभुत्व रखनेवाले। मुझे आश्चर्य हुआ करता था कि अगर उन जैसा कोई मैनेजर हो, जिसका उद्देश्य लक्ष्य-प्राप्ति ही हो—चाहे कीमत कुछ भी अदा करनी पड़े—तो आगे चलकर उसे मौन विद्रोह एवं असहयोग का सामना करना पड़ सकता है।

सन् 1975 के नए साल का पहला दिन एक नया अवसर लेकर आया। नारायणन के नेतृत्व में चल रहे काम का मूल्यांकन किया जाना था। इसके लिए उस समय रक्षामंत्री के वैज्ञानिक सलाहकार प्रो. एम.जी.के. मेनन ने डॉ. ब्रह्मप्रकाश की अध्यक्षता में कमेटी गठित की। कमेटी को 'डेविल' परियोजना पर अब तक हुए काम की समीक्षा करनी थी। इस टीम में मुझे रॉकेट वैज्ञानिक के रूप में शामिल किया गया। मुझे वायुगतिकीय तथा मिसाइल के ढाँचे एवं प्रणोदन (प्रोपल्शन) के क्षेत्र में हुई प्रगति का मूल्यांकन करना था। प्रणोदन से संबंधित पक्षों की समीक्षा के लिए मेरी सहायता कर रहे थे—बी.आर. सोमशेखर और विंग कमांडर पी. कामराजू। मूल्यांकन समिति में शामिल सदस्यों में डॉ. आर.पी. शेनॉय तथा प्रो. आई.जी. शर्मा भी थे, जिन्होंने परियोजना की इलेक्ट्रॉनिक प्रणालियों की समीक्षा की थी।

हम 1-2 जनवरी, 1975 को डी.आर.डी.एल. में मिले। यहाँ हमने इन विभिन्न

केंद्रों का दौरा किया, जहाँ परियोजना के विकास कार्य चल रहे थे। हमने परियोजना में कार्यरत वैज्ञानिकों के साथ विचार-विमर्श किया। यहाँ मैं ए.वी. रंगा राव की दृष्टि, विंग कमांडर आर. गोपालास्वामी की गतिशीलता, डॉ. आई. अच्युत राव की संपूर्णता, जी. गणेशन के उत्साह, एस. कृष्णन की वैचारिक स्पष्टता और आर. बालाकृष्णन की आलोचनात्मक दृष्टि से बहुत ही प्रभावित हुआ। असीमित जटिलताओं के बीच भी जे.सी. भट्टाचार्य और लेफ्टिनेंट कर्नल आर. स्वामीनाथन के चेहरे पर स्पष्टता झलक रही थी। लेफ्टिनेंट कर्नल वी.जे. सुंदरम् का उत्साह एवं परिश्रम साफ नजर आ रहा था। इस प्रकार यह एक विलक्षण बुद्धिवाले समर्पित लोगों का ऐसा समूह था, जिसमें सेना अधिकारी एवं वैज्ञानिक दोनों थे और सबने अपने आपको खुद ही अपने-अपने क्षेत्रों में प्रशिक्षित किया था, ताकि भारतीय मिसाइल को उड़ाने का मिशन सफल हो सके।

मार्च 1975 के अंत में हमने त्रिवेंद्रम में इसकी समापन बैठक बुलाई। हमारा मानना था कि तरल रॉकेट क्षेत्र को छोड़कर बाकी मिसाइल परियोजना का काम, विशेष रूप से हार्डवेयर निर्माण के क्षेत्र में, प्रगति पर है। तरल रॉकेट के क्षेत्र में कुछ समय की जरूरत और थी। पूरी मूल्यांकन समिति की सर्वसम्मति से यह राय बनी थी कि हार्डवेयर निर्माण और प्रणाली विश्लेषण में डी.आर.डी.एल. ने दोहरी उपलब्धि हासिल की है, खासतौर से ग्राउंड इलेक्ट्रॉनिक्स के डिजाइन एवं विकास में।

हमने देखा कि डिजाइन डाटा के निर्माण में एक के बाद एक प्रतिस्थापना के दर्शन ने श्रेष्ठता स्थापित की। कई डिजाइन इंजीनियर आवश्यक विश्लेषण पर पर्याप्त ध्यान देने में समर्थ नहीं थे, जैसाकि वी.एस.एस.सी. में हमें अनुभव हो गया था। प्रणाली विश्लेषण अध्ययन (सिस्टम एनालिसिस स्टडीज) इस समय शुरुआती स्तर पर थी। कुल मिलाकर नतीजे उत्कृष्ट थे। लेकिन अभी तो हमें बड़ी मंजिल तय करनी थी। मुझे स्कूल के समय की कविता याद आती है—

'क्यों है चिंतित
सहमा, डरा, उदास, कापुरुष!
अभी कहाँ आया है अवसर,
अभी कहाँ खोया है कुछ भी।'

कमेटी ने सरकार को अपनी सिफारिश भेजी और 'डेविल' परियोजना आगे भी जारी रखने को कहा। हमारी सिफारिश मान ली गई और परियोजना को जारी रखा गया।

वी.एस.एस.सी. में एस.एल.वी. आकार ले रहा था। डी.आर.डी.एल., जहाँ बहुत तेजी से काम चल रहा था, के मुकाबले हम काफी धीरे चल रहे थे। टीम के नेता के अनुसरण के बजाय मेरी टीम का हर सदस्य अपने व्यक्तिगत स्तर पर सफलता की ओर बढ़ रहा था। हमारे काम के तरीके में सबसे ज्यादा जोर आपस में संवाद बनाए रखने पर

था, खासकर निर्देशों के मामले में टीमों के बीच और टीम के भीतर। एक तरह से इस अति विशाल परियोजना के प्रबंधन को चलाने में संवाद ही मेरा असली 'मंत्र' था। अपनी टीम के सदस्यों से सर्वश्रेष्ठ नतीजे पाने के लिए मैंने उन्हें बार-बार संगठन के लक्ष्य एवं उद्देश्यों के बारे में बताया और इसपर विशेष रूप से जोर देता कि इन लक्ष्यों को हासिल करने में हर सदस्य के विशेष योगदान का महत्त्व होगा। इसी समय मैंने अपने अधीनस्थ काम कर रहे साथियों के हर रचनात्मक विचार को भी ग्रहण करने की कोशिश की और फिर इन्हें सही रूप में आलोचना के लिए भेजता तथा परियोजना में लागू कराता। उस समय की अपनी डायरी में मैंने कहीं लिखा है—

'चलो सिर उठाकर
पड़े हर कदम इत्मीनान से
कहाँ छोड़ते हैं निशान
वक्त की रेत पर
जो पग डगमगाते
लरजते, झिझकते, घिसटते।'

ज्यादातर समय ऐसा होता कि बातचीत (कन्वर्सेशन) और संवाद (कम्युनिकेशन) के बीच भ्रम की स्थिति पैदा हो जाती। दरअसल, दो चीजें बिल्कुल भिन्न हैं। मैं संवाद-पटु नहीं हूँ; लेकिन अपने को एक कुशल संवादक मानता हूँ। हँसी-मजाक या सुखद बातचीत में प्राय: कोई उपयोगी बातचीत अथवा सूचनाएँ नहीं होतीं। यह जानना बहुत ही महत्त्वपूर्ण है कि संवाद दो पक्षों के बीच होनेवाली एक ऐसी प्रक्रिया है, जिसमें दोनों पक्ष आपस में एक-दूसरे को विशिष्ट सूचना देते हैं अथवा लेते हैं।

एस.एल.वी. पर काम करने के दौरान मैं अपने साथियों के समक्ष आई समस्याओं को समझने और उनके हल निकालने के लिए जरूरी कदम उठाने के उद्देश्य से तथा आपसी समझ बढ़ाने के लिए संवाद किया करता था। प्रामाणिक संवाद किसी भी परियोजना के प्रबंधन को कुशलता से चलाने के लिए एक महत्त्वपूर्ण औजार के रूप में प्रयोग में लाया जाता है। मैंने यह कैसे किया ? मैंने हमेशा तथ्यात्मक जानकारी हासिल करने की कोशिश की और कभी भी सच का मुलम्मा चढ़े गलत तथ्यों पर ध्यान नहीं दिया। एक बार स्पेस साइंस काउंसिल (एस.एस.सी.) की समीक्षा बैठक में—सामान आने में देरी के मामले पर—मैंने वी.एस.एस.सी. के लेखा एवं वित्तीय सलाहकार की उदासीनता और लालफीताशाही के रवैए के खिलाफ अपनी शिकायत उठा दी। मेरा जोर इस बात पर था कि लेखा स्टाफ के काम करने का जो तरीका है उसे बदला जाना चाहिए। मैंने यह भी माँग की कि लेखा विभाग के काम को परियोजना टीम में बाँट दिया जाए। डॉ. ब्रह्मप्रकाश मेरी इस बात से भौंचक रह गए। उन्होंने अपनी सदा सुलगती

सिगरेट कुचली और बैठक से उठकर बाहर चले गए।

उस दिन मुझे सारी रात इस बात पर पश्चात्ताप हुआ कि मेरे कठोर शब्दों से डॉ. ब्रह्मप्रकाश को पीड़ा हुई। हालाँकि मैं व्यवस्था में आई जड़ता के खिलाफ लड़ने के लिए प्रतिबद्ध था। मैंने स्वयं से व्यावहारिक प्रश्न पूछा, 'क्या कोई इन असंवेदनशील नौकरशाहों के बीच जीवित रह सकता है?' जवाब था—नहीं। तब मैंने खुद से ही एक निजी प्रश्न पूछा, 'मेरे कठोर शब्दों से डॉ. ब्रह्मप्रकाश को जो आघात लगा, क्या वह उससे बढ़कर होगा, जो उन्हें तब लगेगा, जब इन नौकरशाहों के चलते एस.एल. वी. परियोजना आगे जाकर दफन हो जाएगी?' मैंने ईश्वर से प्रार्थना की और मदद माँगी। मेरे लिए यह सौभाग्य था, अगले दिन सुबह डॉ. ब्रह्मप्रकाश ने वित्तीय अधिकार परियोजना प्रबंधन को दे दिए।

कोई भी, जो टीम का नेतृत्व करने की जिम्मेदारी सँभालता है, सिर्फ तभी सफल हो सकता है, जब उसे पर्याप्त स्वतंत्रता मिले तथा शक्तिशाली एवं असरदार अधिकार दिए जाएँ। यह शायद जीवन में व्यक्तिगत संतुष्टि का रास्ता भी है। जिम्मेदारी के साथ आजादी के लिए भी व्यक्तिगत खुशहाली का सिर्फ एक ठोस आधार भी यही है। अपनी निजी स्वतंत्रता को बनाए रखने के लिए कोई क्या कर सकता है? इसके लिए मैं आपको दो तरीके बताता हूँ।

पहला, आप अपनी शिक्षा और कौशल को बढ़ा सकते हैं। ज्ञान एक ऐसी वास्तविक संपत्ति है, जो आपके काम का एक सर्वाधिक महत्त्वपूर्ण हिस्सा होती है। जितना ज्यादा अद्यतन ज्ञान आपके पास होगा, आप उतने ही स्वतंत्र रहेंगे। ज्ञान को किसी के पास से ले जाया नहीं जा सकता, सिवाय इसके कि यह पुराना पड़ सकता है। कोई भी नेता मुक्त रूप से अपनी टीम का नेतृत्व तभी कर सकता है, जब उसे यह सही-सही पता हो कि उसके चारों ओर क्या-क्या हो रहा है। सही ढंग से नेतृत्व करने के लिए शिक्षा से लगातार संबद्ध रहना जरूरी है। एक सफल टीम नेता बनने के लिए जरूरी है कि शोरगुल तथा दिन भर की कामकाजी भीड़-भाड़ के बाद आप रुकें और अगले नए दिन के लिए अपने को तैयार करें।

दूसरा रास्ता व्यक्तिगत जिम्मेदारी के लिए भीतर उमंग पैदा करना है। व्यक्तिगत आजादी का जो सर्वश्रेष्ठ तरीका है, वह उन शक्तियों को पता लगाने में मदद करता है, जो तुम्हें ढूँढ़ती हैं। सक्रिय रहो! जिम्मेदारी सँभालो! वह काम करो, जिसमें तुम विश्वास करते हो। अगर तुम ऐसा नहीं करते हो तो तुम अपनी किस्मत दूसरों के हवाले कर रहे हो। इतिहासकार एडिथ हैमिल्टन ने प्राचीन यूनान के लिए लिखा है—'जब उन्होंने आजादी चाही, उन्हें जिम्मेदारी से मुक्त कर दिया गया; पर फिर एथेंस की आजादी ही खत्म हो गई और फिर कभी आजाद नहीं हुआ। सच्चाई यह है कि हममें से बहुत से

अपनी आजादी बढ़ाने के लिए बड़े समझौते कर लेते हैं। हम उन ताकतों के खिलाफ लड़ सकते हैं, जो हमारा दमन करने की धमकी देती हैं। हम अपने उन गुणों एवं परिस्थितियों से अपने को मजबूत कर सकते हैं, जो निजी आजादी को बढ़ावा देते हैं। ऐसा करते हुए हम एक ऐसा मजबूत संगठन खड़ा कर सकते हैं, जो हमें अप्रत्याशित लक्ष्यों की प्राप्ति में सक्षम बनाए।'

एस.एल.वी. के काम में तेजी आने के साथ ही प्रो. धवन ने प्रगति की समीक्षा करने की नई व्यवस्था शुरू की। इसमें परियोजना में शामिल पूरी टीम को भी लिया जाता। प्रो. धवन एक लक्ष्य लेकर चलनेवाले व्यक्ति थे। वी.एस.एस.सी. में परियोजना समीक्षा संबंधी बैठकों की अध्यक्षता प्रो. धवन ही करते थे और इन बैठकों में वे बड़ी घटनाओं पर ही विचार करते थे। वह इसरो के एक सच्चे कप्तान थे—एक कमांडर, नेवीगेटर, व्यवस्थापक—सारी भूमिकाएँ एक ही में निभाते थे। फिर भी, जितना उन्होंने किया, उससे ज्यादा करने का दावा या ढोंग कभी नहीं किया। बजाय इसके, जब उन्हें कहीं कुछ अस्पष्ट लगता तो वह सवाल पूछ लेते और खुलकर विचार-विमर्श के जरिए शंकाएँ दूर कर लेते। मैं उन्हें एक ऐसे नेता के रूप में याद करता हूँ, जिनके लिए किसी टीम का दृढ़ता, लेकिन निष्पक्षता के साथ नेतृत्व करना एक नैतिक अनिवार्यता थी। अगर वह किसी भी मामले पर एक बार कोई फैसला कर लेते थे तो उसपर बिल्कुल डटे रहते थे। लेकिन कोई भी फैसला लेने से पहले वह उसे अंतिम रूप देने तक विचार, राय-मशविरे के लिए खुला रखते थे।

प्रो. धवन के साथ मुझे लंबे समय तक समय बिताने का अवसर मिला। वह अपने तर्क एवं बौद्धिकता से सुननेवाले को मोहित कर लेते थे; क्योंकि वह किसी भी विषय पर अपना विश्लेषण प्रस्तुत कर सकते थे। उनके पास डिग्रियों का असाधारण मेल था—गणित एवं भौतिकशास्त्र में बी.एस-सी., अंग्रेजी साहित्य में एम.ए., मैकेनिकल इंजीनियरिंग में बी.ई., वैमानिकी इंजीनियरिंग में एम.एस. तथा वैमानिकी एवं गणित में कैलिफोर्निया इंस्टीट्यूट ऑफ टेक्नोलॉजी से पी-एच.डी.।

उनके साथ बौद्धिक बहसें बहुत ही प्रेरक हुआ करती थीं तथा उनसे मुझे और मेरी टीम के सदस्यों को दिमागी ऊर्जा मिलती थी। मैंने उन्हें हमेशा आशावाद और सहानुभूति से भरा पाया। यद्यपि वह खुद प्राय: अपने को कठोर समझते थे। अगर किसी से कोई गलती हो जाती तो उसके प्रति भी वह उदार रहते। प्रो. धवन दोषियों के खिलाफ बहुत ही सख्त रूप में फैसला सुना दिया करते थे; लेकिन उसके बाद ही वह उन्हें माफ भी कर देते थे।

सन् 1975 में इसरो सरकारी संस्था बन गई। विभिन्न केंद्रों के निदेशकों तथा अंतरिक्ष विभाग (डी.ओ.एस.) के वरिष्ठ अफसरों को मिलाकर 'इसरो परिषद्'

का गठन किया गया। यह परिषद् सरकारी शक्तियोंवाले अंतरिक्ष विभाग और काम करनेवाले केंद्रों के बीच भागीदारी प्रबंधन के फोरम के रूप में थी। सरकारी विभागों की पारंपरिक शब्दावली में कहें तो इसरो के केंद्र अब अधीनस्थ इकाइयों या संबद्ध दफ्तरों के रूप में आ गए थे। लेकिन ऐसे शब्द न तो कभी इसरो की तरफ से और न ही कभी डी.ओ.एस. की ओर से बोले गए। भागीदारी प्रबंधन, जो प्रशासनिक शक्तियों और उन्हें लागू करनेवाली एजेंसियों के बीच एक सक्रिय पारस्परिक संबंध बनाता है, इसरो प्रबंधन की एक उत्कृष्ट मिसाल है, जो भारत के शोध और विकास संगठनों में लंबे समय तक कायम रहेगी।

इस नई व्यवस्था में मैं टी.एन. शेषन के संपर्क में आया। शेषन उस समय डी.ओ.एस. में संयुक्त सचिव थे। तब तक मैं नौकरशाहों के बारे में रूखा एवं अव्यक्त संकोची भाव रखा करता था। इसलिए एस.एल.वी.-3 के प्रबंधन बोर्ड की बैठक में जब मैं पहली बार शेषन से मिला तो मुझे बहुत अच्छा नहीं लगा। लेकिन जल्दी ही शेषन के प्रति मेरे मन में आदर का भाव उत्पन्न हुआ। शेषन बैठकों में पूरे एजेंडे के साथ हमेशा पूरी तैयार करके जाते थे। वह अपनी विलक्षण विश्लेषण क्षमता के साथ वैज्ञानिकों के मस्तिष्कों को उत्तेजित कर दिया करते थे।

एस.एल.वी. परियोजना के पहले तीन सालों में विज्ञान के कई रहस्यों का खुलासा हुआ। इनसान होने के नाते अज्ञानता हमेशा हमारे साथ रही है और हमेशा रहेगी भी। मेरे लिए चाहे जो कुछ भी नया होता, मैं उसके बारे में अथाह जानने के लिए जागरूक हो जाता। मैं यह मानकर चला करता था कि विज्ञान का काम हर चीज की व्याख्या करना, उसे समझाना है और प्रांत के लोगों में जानकारी का यह अभाव एक प्रक्रिया है, जो मेरे पिता एवं लक्ष्मण शास्त्री जैसे लोगों में थी। हालाँकि मैं हमेशा इस मामले में अपने वैज्ञानिक साथियों के साथ चर्चा इस डर से नहीं करता था, क्योंकि इससे कहीं उनके विचारों पर कोई असर न पड़े।

धीरे-धीरे मुझे विज्ञान एवं टेक्नोलॉजी के बीच तथा शोध एवं विकास के बीच अंतर मालूम हुआ। विज्ञान अनंत रास्ते और संभावनाएँ खोलता है। विकास एक बंद पथ के समान है और इसमें गलतियाँ होना स्वाभाविक है—और हर रोज होती हैं। लेकिन हर गलती सुधार किया करती है, अच्छा बनाने के लिए। संभवतया सृजक ने इंजीनियरों को वैज्ञानिक से और ज्यादा उपलब्धि हासिल करवाने के लिए बनाया। वैज्ञानिक पूरी तरह शोध करते हैं और हल निकालते हैं। फिर इंजीनियर भी उन्हें एक और रोशनी दिखाते हैं—यानी एक और संभावना। मैं हमेशा अपनी टीम को वैज्ञानिक बनने से सावधान करता रहा हूँ। विज्ञान उम्मीदों एवं संभावनाओं में एक कभी न खत्म होनेवाली यात्रा की तरह है। हमें सीमित समय और सीमित पैसा दिया गया था। एस.एल.वी. का निर्माण

हमारे अपने ज्ञान की सीमाओं पर आधारित था। काम में मैंने उन चीजों, तरीकों को वरीयता दी, जो सबसे बेहतर विकल्प हो सकते थे। समयबद्ध परियोजना के भीतर कोई नया तरीका नहीं निकाला जा सकता था। मेरी राय में एक परियोजना टीम के नेता को हमेशा उन्हीं प्रामाणिक तकनीकियों के लिए काम करना चाहिए, जो ज्यादा-से-ज्यादा इस्तेमाल हो सकें और प्रयोग करने की कोशिश तभी करनी चाहिए, जब बहुसंसाधन उपलब्ध हों।

□

खेतड़ी के महाराज को लिखित
(विवेकानंद पत्र)

अमेरिका
1894

प्रिय महाराज,

…संस्कृत के किसी कवि ने कहा है, न गृहं गृहमित्याहुर्गृहिणी गृहमुच्यते— अर्थात् 'ईंट-पत्थर की इमारत से घर नहीं बनता, गृहिणी के होने से बनता है।' यह कितना सत्य है! घर की छत जो गरमी-जाड़े तथा वर्षा से तुम्हारी रक्षा करती है, उसके गुण-दोषों का विचार उन खंभों से, जिनके सहारे कि वह खड़ी हुई है, नहीं हो सकता, चाहे वे कितनी ही सुंदर शिल्पमय 'कोरिनथियन्' खंभे क्यों न हों। उसका निर्णय होगा नारी से, जो वास्तविक मर्म-स्तंभ है, सबका केंद्र है, घर का वास्तविक अवलंबन है। उस आदर्श के अनुसार विचार करने पर अमेरिका का पारिवारिक जीवन-जगत् के अन्य किसी स्थान के पारिवारिक जीवन से न्यून न होगा।

अमेरिका के पारिवारिक जीवन के संबंध में मुझे अनेक निरर्थक कहानियाँ सुनने को मिलीं—जैसे वहाँ स्वाधीनता स्वेच्छाचार तक पहुँच जाती है, वहाँ की धर्मवर्जित स्त्रियाँ स्वाधीनता के अपने उन्माद नृत्य में अपने पारिवारिक जीवन की सुख-शांति को पददलित कर चूर्ण-विचूर्ण कर देती है एवं इसी तरह की और भी सारी बकवास। किंतु अब एक वर्ष के बाद अमेरिकी परिवार तथा अमेरिका की स्त्रियों के संबंध में मुझे जो अनुभव प्राप्त हुआ है, उससे यह स्पष्ट प्रतीत हो रहा है कि उक्त प्रकार की धारणाएँ कितनी भ्रांत तथा निर्मूल हैं। अमेरिकी महिलाओ! सौ जन्म में भी मैं तुमसे उऋण न हो सकूँगा। मेरे पास तुम्हारे प्रति कृतज्ञता प्रकाश करने की भाषा नहीं है। 'प्राच्य अतिशयोक्ति' ही प्राच्यवासी मानवों की कृतज्ञता की गंभीरता को प्रकट कने की एकमात्र भाषा है : 'यदि समुद्र मसि-पात्र हो, हिमालय

पर्वत लेखनी, पृथ्वी पत्र तथा महाकाल स्वयं लेखक, फिर भी तुम्हारे प्रति मेरी कृतज्ञता प्रकट करने में ये सब समर्थ न हो सकेंगे।'[1]

गत वर्ष ग्रीष्म में दूर देश से नाम-यश-धन-विद्याविहीन, बंधुरहित, असहाय दशा में प्राय: खाली हाथ जब मैं एक पारिव्राजक प्रचारक के रूप में इस देश में आया, उस समय अमेरिका की महिलाओं ने ही मेरी सहायता की, मेरे ठहरने तथा भोजन की व्यवस्थ की, मुझे अपने घर ले गईं तथा मेरे साथ अपने पुत्र तथा सहोदर जैसा बर्ताव किया। जब उनके पुरोहितों ने इस 'भयानक विधर्मी' को त्याग देने के लिए उन्हें बाध्य करना चाहा, जब उनके सबसे अंतरंग बंधु 'इस संदिग्ध भयानक चरित्र के अपरिचित विदेशी व्यक्ति' का संग छोड़ने के लिए उपदेश देने लगे, तब भी वे मेरी मित्र बनी रहीं। किंतु ये महिलाएँ ही मानव-चरित्र तथा मानव-प्रकृति की सच्ची निर्णायिकाएँ हैं—क्योंकि स्वच्छ दर्पण में ही प्रतिबिंब स्पष्ट पड़ता है।

कितने ही सुंदर पारिवारिक जीवन मैंने यहाँ देखे हैं, कितनी ही ऐसी माताओं को देखा है, जिनके निर्मल चरित्र तथा निस्स्वार्थ संतान-स्नेह का वर्णन भाषा के द्वारा नहीं किया जा सकता। कितनी दुहिताएँ तथा पवित्र कन्याएँ—देवी डायाना के मंदिर पर तुषारकणिकाओं के समान पवित्र-तदुपरांत उनकी वैसी संस्कृति, वैसी शिक्षा और वैसी सर्वोच्चकोटि की आध्यात्मिकता! तब क्या अमेरिका की सभी नारियाँ देवीस्वरूपा हैं? यह बात नहीं, भले-बुरे सभी स्थानों में होते हैं। किंतु दुर्बल व्यक्तिओं द्वारा, जिन्हें हम दुष्टों के नाम से अभिहित करते हैं, किसी जाति के बारे में किसी प्रकार की धारणा नहीं बनायी जा सकती, क्योंकि वे तो व्यर्थ के कूड़े-करकट की तरह पीछे रह जाते हैं; जो लोग सत्, उदार तथा पवित्र होते हैं, उनके द्वारा ही जातीय जीवन का निर्मल तथा प्रबल प्रवाह सूचित होता है।

किसी सेव के पेड़ तथा उसके फलों के गुण-दोषों का विचार करने के लिए क्या तुम उसके कच्चे, अविकसित तथा कीटग्रस्त फलों का सहारा लोगे, जो धरती पर जहाँ-तहाँ बिखरे हुए पड़े रहते हैं और जो कभी-कभी संख्या में भी अधिक ही होते हैं? यदि कोई सुपक्व तथा पुष्ट फल मिले, तो उस एक से ही उस सेव के वृक्ष की शक्ति, संभावना तथा उद्‌देश्य का अनुमान किया जाता है, उन असंख्य अपक्व फलों से नहीं।

अमेरिका की आधुनिक महिलाओं के विशाल और उदार मन की मैं प्रशंसा करता हूँ। मैंने इस देश में अनेक उदार पुरुषों को भी देखा है, उनमें से कोई-कोई तो अत्यंत संकीर्ण मनोवृत्तिवाले संप्रदायों के अंतर्गत हैं। भेद इतना ही है कि पुरुषों के विषय में यह आशंका बनी रहती है कि उदार बनने के लिए वे अपना धर्म, अपनी आध्यात्मिक विशिष्टता खो सकते हैं, परंतु महिलाएँ कहीं भी भलाई

देखती हैं, उसे सहानुभूतिपूर्वक, उदारता से अपने धर्म से तनिक भी विचलित हुए बिना ग्रहण करती हैं। सहज रूप से ही वे यह अनुभव करती हैं कि यह एक भाव का विषय है, अभाव का नहीं, संयोजन का विषय है, वियोग का नहीं। दिनोदिन वे इस विषय में सचेतन होती जा रही हैं कि हर वस्तु का स्वीकारात्मक व इतिवाचक भाग ही संचित होता रहेगा तथा स्वीकारात्मक व इतिवाचक इन भावों के, और इसलिए प्रकृति की आध्यात्मिक शक्तियों के, संचय करने का कार्य ही संसार के नेतिवाचक व ध्वंसात्मक तत्त्वों का नाश करता है।

शिकागो का वह विश्व-मेला कितना अद्‌भुत काम था! और वह अद्‌भुत धर्म-महासभा भी, जिसमें पृथ्वी के सभी देशों के लोगों ने एकत्र होकर अपने-अपने विचार व्यक्त किए थे! डॉ. बैरोज तथा श्री बॉनी के अनुग्रह से मुझे भी अपने विचारों को सबके समक्ष रखने का अवसर प्राप्त हुआ था। श्री बॉनी कितने अद्‌भुत व्यक्ति हैं! जरा उनकी कल्पनाशक्ति के बारे में सोचो, जिन्होंने इतने विशाल आयोजन की कल्पना की और उसे सफलतापूर्वक कार्य में परिणत किया! उल्लेखनीय बात यह है कि वे कोई पादरी नहीं थे; एक साधारण वकील होकर भी उन्होंने समस्त धर्म-संप्रदायों के परिचालकों का नेतृत्व ग्रहण किया था। उनका स्वभाव अत्यंत मधुर है एवं वे एक विद्वान् तथा धीर व्यक्ति हैं—उनकी हृदयस्थ भावनाओं का प्रकाश उनके उज्ज्वल नेत्रों से ही होता था!

तुम्हारा

विवेकानंद

संदर्भ—

1. असितगिरिसमं स्यात् कज्जलं सिंधुपात्रे।
   सुरतरुवरशाखा लेखनी पत्रमूर्वी॥
   लिखति यदि गृहीत्वा शारदा सर्वकालम्।
   तदपि तव गुणानामीश पारं याति॥ शिवमहिम्नस्तोत्र ॥32॥ पर आधारित।

स्वामी अखंडानंद को लिखित
(विवेकानंद पत्र)

ॐ नमो भगवते रामकृष्णाय

1894

प्रिय अखंडानंद,

तुम्हारा पत्र पाकर मैं अत्यंत प्रसन्न हुआ। मेरे लिए यह बड़े हर्ष की बात है कि खेतड़ी में रहकर तुमने अपने स्वास्थ्य को बहुत कुछ ठीक कर लिया है।

तारक दादा ने मद्रास में बहुत काम किया है। निश्चय ही यह बड़ा आनंददायक समाचार है। मैंने मद्रास के लोगों से उनकी बड़ी प्रशंसा सुनी है। लखनऊ से राखाल और हरि का पत्र मिला, वे सकुशल हैं। शशि के पत्र से मठ के सब समाचार मालूम हुए।···

राजपूताने के भिन्न-भिन्न भागों में रहने वाले ठाकुरों में आध्यात्मिकता और परोपकार के भाव जाग्रत् करने का प्रयत्न करो। हमें काम करना है और काम आलस्य में बैठे-बैठे नहीं हो सकता। मलसिसर, अलसिसर और वहाँ के जो दूसरे 'सर' हैं, उनके यहाँ हो आया करो। और मन लगाकर संस्कृत और अंग्रेजी का अध्ययन करो। मैं अनुमान करता हूँ कि गुणनिधि पंजाब में होगा। उसे मेरा विशेष प्रेम लिख भेजना और उसे खेतड़ी बुला लेना। उसकी सहायता से तुम संस्कृत पढ़ो और उसे अंग्रेजी पढ़ाओ। जैसे भी हो, उसका पता मुझे अवश्य लिखना। गुणनिधि है अच्युतानंद सरस्वती।···

खेतड़ी नगर की गरीब और नीच जातियों के घर-घर जाओ और उन्हें धर्म का उपदेश दो। उन्हें भूगोल तथा अन्य इसी प्रकार के विषयों की मौखिक शिक्षा भी दो। निठल्ले बैठे रहने और राजभोग उड़ाने तथा 'हे प्रभु रामकृष्ण' कहने से कोई लाभ नहीं हो सकता, जब तक कि गरीबों का कुछ कल्याण न करो। बीच-बीच में दूसरे गाँवों में भी जाकर धर्मोपदेश करो तथा जीवन-यापन की शिक्षा दो। कर्म उपासना और ज्ञान—पहले कर्म, उससे तुम्हारा मन शुद्ध हो जाएगा, नहीं तो सब चीजें निष्फल होंगी, जैसे कि यज्ञ की अग्नि में आहुति देने के बदले राख के ढेर पर देने से होती है। जब गुणनिधि आ जाए, तब राजपूताने के प्रत्येक गाँव में गरीबों और कंगालों के दरवाजे-दरवाजे घूमो। जिस प्रकार का भोजन तुम लोग करते हो, उसमें यदि लोगों को आपत्ति हो, तो उसे तुरंत त्याग दो। लोकहित के लिए घास खाना भी अच्छा है। गेरुआ वस्त्र भोग के लिए नहीं है, यह वीर कार्य का झंडा है। अपने तन, मन और वाणी को 'जगतहिताय' अर्पित करो। तुमने

पढ़ा है, मातृदेवो भव, पितृदेवो भव—'अपनी माता को ईश्वर समझो, अपने पिता को ईश्वर समझो,' परंतु मैं कहता हूँ दरिद्रदेवो भव, मूर्खदेवो भव—गरीब, निरक्षर, मूर्ख और दुःखी, इन्हें अपना ईश्वर मानो। इनकी सेवा करना ही परम धर्म समझो। किमधिकमिति।

आशीर्वादपूर्वक सदैव तुम्हारा,
विवेकानंद

□

दाँत में फँसी कुरसी

—गोपाल चतुर्वेदी

जानवरों के बारे में विश्वास से नहीं कहा जा सकता है। पर यह इनसानों का भोगा हुआ यथार्थ है। अगर मुँह में भगवान् की दी गई बत्तीसी है तो उसमें जरूर कभी-न-कभी कुछ-न-कुछ फँसता है। एक नए कवि की कविता और दाँत में प्याज का रेशा फँस गया था। तब से वह मुँह और प्याज दोनों से परेशान है। मंच पर जब वह मुँह खोलते हैं तो गीतकार प्यार की भभक से उनसे दूर छिटकते हैं। जनता उनकी पीड़ित मुद्रा को 'हूट' करती है। फँसे हुए प्याज की बदौलत वह अकेलेपन और निष्कासान का सार्थक अनुभव जी रहे हैं। अगर उनके दाँत में कविता फँसी तो वह शर्तिया निराला होते। क्या कहें। कमबख्त प्याज ने सब गड़बड़ कर दी। यों भी कवियों की किस्मत ही ऐसी है। उनके साथ फँसने-फँसाने के हादसे अकसर होते रहते हैं।

काशी में अपने एक दोस्त हैं। वह वाराणसी के असली नुमाइंदे हैं, यानी गंगास्नान, गमछा, मिष्टान्न और पान के सच्चे मुरीद हैं। एक बार उनके दाँत में दर्द शुरू हो गया। उन्होंने नीम की दातौन की। लौंग का तेल लगाया। नमक के कुल्ले किए। पर कुछ भी कारगर साबित नहीं हुआ। बहुत दिनों तक उन्होंने पान और तंबाकू को मुँह के अंदर जमाकर पीड़ा-स्थल पर आक्रमण भी किया। एक तरफ से फूले गाल को देख कोई भी समझ जाता कि पीर और पान का संघर्ष जारी है। हर प्रयास में असफल होकर वह डॉक्टर के शरणागत हुए। उसने पहले दिन एक्स-रे ली। दूसरे दिन जाँच की। तीसरे दिन दवा दी और सातवें दिन ऑपरेशन के लिए बुलाया। आधे घंटे बाद डॉक्टर ने पाया कि जिस गुनहगार दाँत को दर्द के लिए जिम्मेदार मानकर उन्होंने जड़ से निकाला, वह वाकई में सुपारी का एक स्वस्थ टुकड़ा था। दाँत काफी पहले खुद-ब-खुद टपक लिया था, उसकी जगह सुपारी 'फिट' हो गई थी। वैसे यह कोई अजूबा नहीं है। हिंदुस्तान में कई बड़े लोगों के योग्यता के दाँत नहीं होते हैं। उसकी जगह वह आराम से जाति, पारिवारिक संपर्क और चमचागिरी से जिंदगी भर काम चला लेते हैं।

डॉक्टरों की राय है कि मिठाई दाँतों के लिए नुकसानदेह है। डॉक्टर क्या जानें। हमारे देश में शुभ अवसर पर नमक खाने की कतई मुमानियत है। यों भी हमारे समाज का संपन्न वर्ग, मसलन लीडर, अफसर और तस्कर किसी का एहसान नहीं लेना चाहते हैं। कितनों का नमक खाएँ और निभाएँ? विवशता है, एक–दूसरे का नमक खाकर निभाना मुश्किल है। जनता का सवाल ही कहाँ है? जनता पसीने के नमक से अपने जीवन में मिठास लाने का प्रयास करती है। ये पसीने की ओर क्यों ताकें? बस, मिठास ले उड़ते हैं। समृद्ध वर्ग के दाँत असली हों या नकली, उनमें सिर्फ जनता फँसी है। इसीलिए उनकी हर बात में जनता की बू है। उनके जहन में जनता है। जब भी वे मुँह खोलते हैं, सिर्फ जनता की सोचते हैं। आखिर उसी की मेहनत से उनकी दौलत है। ऐशो–आराम है। बड़े लोग स्वभाव से कृतज्ञ किस्म के हैं। जनता को चिकन की तरह चबाते हैं। जिसका खाते हैं उसी का नाम तो लेंगे; जिसको खाते हैं, उसी के गुण तो गाएँगे।

देश का दुर्भाग्य है। जनता इधर समझदार हो गई है। वह इस फँसाऊ संस्कृति की असलियत पहचानने लगी है। जब बड़े उसकी तारीफ के पुल बाँधते हैं, वह जानती है कि उसकी जगहँसाई हो रही है। पर वह क्या करे? उसकी भी लाचारी है। उसके दाँतों में भूख फँसी है। अपच की दवा तो है, पर भूख का इलाज तो आदमी को खुद ही करना पड़ता है। इन बड़े लोगों से निबटें कि भूख से!

यों वे भाग्यशाली भी हैं। जब किसी के दाँतों में कुछ फँसा हो तो उसकी नींद उड़ जाती है। ज्यादातर बड़े लोग हाजमे और नींद की गोलियों से जिंदा हैं। जनता के साथ ऐसा नहीं है। दिनभर के श्रम–परिश्रम से एक बार वह दाँत में फँसी भूख से निबट ली तो सबकुछ भूलकर सोती है। उत्सवों का आनंद भी उसी के लिए है। जब आम आदमी होली, दीपावली मनाते हैं, बड़े लोग दर्शन–प्रदर्शन की होड़ करते हैं। एक–दूसरे को अपनी–अपनी जनता से की गई लूट–खसोट दिखाते हैं। प्रतियोगिता के इस दाँत पीसू माहौल में त्योहार की निश्छल खुशी के लिए जगह ही कहाँ है!

कुछ बेचारों के दाँत मे कुरसी फँसी है। असली लोहे के चने तो वही चबा रहे हैं। डॉक्टर के पास जाने से कतराते हैं। उससे असलियत कैसे बयान करें? कैसे मान लें कि हर दाँत की दरार में कुरसी का कोई–न–कोई हिस्सा है। कहीं पाया तो कहीं गद्दी। ऊपर से सब सामान्य है। जटाजूट, रुद्राक्ष की माला, चंदन का टीका, संन्यासी का भेस। पर डॉक्टर तो भीतर झाँकेगा। कहीं असलियत उसके पल्ले पड़ गई तो उसका मुँह बंद करना पड़ेगा। चेलों की जमात में किसी को शामिल करना एक खर्चीला सौदा है। देश में सार्वजनिक भद हो तो हो। पर विदेशी भक्तों को तो 'बाहर कान्हा, अंदर कुरसी' का पता नहीं लगना चाहिए। देश का कितना नुकसान होगा। डॉलर की दान–दक्षिणा नहीं आएगी। विदेशी मुद्रा के भंडार पर प्रतिकूल प्रभाव पड़ेगा। यों तो वह संन्यासी है। पर देश का तो

सोचना पड़ता है। कुरसी पीड़ा नहीं सहे तो क्या करे?

जोगिया चोले के अलावा सूट-बूटवाले भी सुबह-शाम शीशे में ताकते वक्त दाँत की कुरसी को ही निहारते हैं। यदि अच्छी कुरसी है तो उसे बचाने की चिंता, नहीं तो बेहतर कुरसी की तलाश। दाँत में उलझी कुरसी उन्हें चैन से बैठने नहीं देती है। कैसे यह कुरसी दाँत से निकले और वे उस पर जमें। यही फिक्र उन्हें दिन-रात सताती है। खादी पहने जनसेवक भी इसी मर्ज के शिकार हैं। किस्सा कुरसी का तो पुराना पड़ गया है। आधुनिक कथा तो बस दाँत में फँसी कुरसी की है।

देखने में आया है कि कुरसी दाँत से निकली तो करप्शन वहाँ फँस जाता है। दाँतों का क्या दोष? उन्हें फँसाने का चस्का लग गया है। वे कुछ-न-कुछ फँसाते ही रहते हैं। इस मायने में आम आदमी सुखी है। भूख दाँत से निकली तो दाँतों में सिर्फ खाना फँसता है। उसे इसकी फिक्र नहीं है। जुबान के सहारे दाँतों से निकालकर वह खाने के अवशेष भी चट कर जाता है। उसे मुँह की बदबू छुपाने के लिए न किसी मल्टीनेशनल कंपनी के पेस्ट की जरूरत है, न माउथ-वॉश की, न परफ्यूम की। इन सारे साधनों की दरकार उस समृद्ध वर्ग को है, जो महत्त्वाकांक्षा का भभका छुपाना चाहता है। कुरसी और करप्शन की बदबू मिटाना चाहता है। सारे वक्त इसी प्रयास में रहता है कि जनता को तो चबा लिया, कहीं लहू की गंध मुँह से न आने लगे।

प्रसाधन सामग्री सस्ती होने का यही तो फायदा है। बड़े लोग परफ्यूम में डूबें। माउथ-वॉश के कुल्ले करें। बस किसी-न-किसी तरकीब से दाँत में फँसी असलियत तो दुनिया से छिपा लें। कहीं बत्तीसी खुल गई तो नैतिकता की राष्ट्रीय परंपरा की कलई भी खुल जाएगी।

□

‘भोग’ और ‘मोक्ष’ संदर्भ कालिदासादि का

—राममूर्ति त्रिपाठी

अध्यात्म में ऊर्ध्वरितस् युगल की रसलीला का विवरण प्राय: वैसा ही मिलता है, जैसा अधोरेतस् युगल का। अप्राकृत भूमि के आचार्य भ्रांत प्राकृतों को समझाते हैं—क्रिया सर्वापि सैवात्र परं कामो न विद्यते।

—उज्ज्वल नीलमणि

वहाँ भी प्रिय एवं प्रेमी में वे ही सारी क्रियाएँ होती हैं, जो प्राकृत भूमि पर देखी जाती हैं। रसोपासकों का साहित्य ऐसे विवरणों और प्रसंगों से ओत-प्रोत है। स्वामी हरिदास पहनते थे टाट और रखते थे पास में करवा—पर उनकी रचनाएँ ऐसे शृंगारिक क्रिया-कलापों से भरी हैं, जिन्हें प्राकृत जन के समक्ष नहीं रखा जा सकता। रसिक सिद्धों की ऐसी रचनाएँ तिजोरियों में भरी पड़ी हैं और अनधिकारियों को दिखाई नहीं जातीं। अद्वैतवादी इश्कमार्गी सूफियों ने भी अपनी जो रूहानी मंजिलों का विवरण दिया है या मुकामातों का उल्लेख किया है, वे हैं—अबूदिया, इश्क, जहद, म्वारिफ, वज्द, हकीक और वस्ल। अब्द प्रियतम की खोज में उस समय निकल पड़ता है, जब उसमें मुरशिद इश्क की चिनगारी डाल देता है। आशिक अपने माशूक को अपनाने के लिए अपनी चित्तवृत्तियों का निरोध या जेहाद करता है। वह जहद की भूमि पर पहुँच जाता है। वृत्तियों के निरोध से प्रज्ञा का उदय होता है और वह म्वारिफ के मुकाम पर पड़ाव डालता है। म्वारिफ से आरिफ और आगे बढ़ता है, तब उसे सत्य की झलक मिलने लगती है और वह हकीक की भूमि पर ठहर जाता है। इस मुकाम पर उसे हक का आभास तो मिल जाता है, पर उसका संयोग नहीं मिलता, इसलिए वह कुछ और आगे बढ़ता है और वस्ल की भूमि पर अपने पर अपने प्रियतम का साक्षात् कर उसी के संभोग में रत हो जाता है।[1]

जायसी के ‘पद्मावत’ में इसका प्रायोगिक पक्ष मिलता है। आचार्य रामचंद्र शुक्ल इसकी कथा को समासोक्ति मानते हैं और डॉ. विजयदेव नारायण साही का कहना है कि

जायसी के 'पद्मावत' का रसास्वाद उनपर डाले हुए सूफी प्रभामंडल का घेरा हटाकर ही लिया जा सकता है। शुक्लजी से पूछा जा सकता है कि जायसी के 'पद्मावत' में वर्णित राग यदि अध्यात्म की भूमि का नहीं है, वह अप्रस्तुत है तो उन्हें शुक्लजी भक्ति-काव्य के प्रतिनिधि रूप में किस आधार पर रखते हैं? क्या यह वदतो-व्याघात नहीं है कि एक तरफ उनके अध्यात्म को अप्रस्तुत माना जाए और दूसरी ओर उन्हें भक्ति का प्रतिनिधि रचनाकार माना जाए? इसी प्रकार डॉ. विजयदेव नारायण साही भी विचारणीय हो जाते हैं। वे 'पद्मावत' को अपने समय की ट्रेजेडी मानते हैं[2] और मानते हैं कि उनमें हिंदू-तुर्क संघर्ष-जनित विषाद का विजन ही मूर्त हुआ है—अत: वह प्रेमाख्यान ही नहीं है। इस मान्यता को डॉ. साही स्वयं अंतिम निर्णय न मानकर एक उधेड़बुन मानते हैं। उत्तरार्ध अवश्य ही विरसावसायी है—संसार की नश्वरता बताने के लिए ही जायसी कहते हैं—

छार उठाइ लीन्ह एक मूठी।
दीन्हि उड़ाइ पिरथिमी झूठी॥[3]

इसी झूठी की अपेक्षा में पूर्वार्ध के सत्य की पक्षधरता उभरती है। रतनसेन और पद्मिनी के माध्यम से कही गई राग की कथा ही सत्य है। प्राकृत भूमि का राग विरसावसायी और विनश्वर है। तीसरे लौकिक कथा को प्रस्तुत माननेवाले शुक्लजी निम्नलिखित अर्द्धाली की संगति कैसे लगाएँगे?

परगट लोक चार कहु बाता।
गुपुत लाउ मन जासों राता॥[4]

फलत: 'पद्मावत' की कथा को अन्योक्ति ही मानना चाहिए। अध्यात्म प्रधान है और लोकपरक कथा अप्रस्तुत है। प्रस्तुत से अप्रस्तुत की व्यंजना अन्योक्ति ही है। सबसे बड़ी बात यह भी कि जायसी की प्रसिद्धि सूफी संत की ही है और प्रसिद्धि निर्मूल नहीं होती—'नामूला प्रसिद्धि:।'

निष्कर्ष यह कि 'पद्मावत' अध्यात्म काव्य है और उसका राग अप्राकृत भूमि का है। अत: उस राग का पर्यवसान जिस भूमि पर हुआ है—वह 'वस्ल' की ही भूमि है। वहाँ संभोग का वर्णन नितांत मांसल है।

इस पृष्ठभूमि पर 'पद्मावत रतनसेन मँह खंड' में रत्नसेन और पद्मावती के बीच हुए संभोग का उद्वेल वर्णन द्रष्टव्य है—

भएउ जूझ जस रावन रामा। सेज विधाँसि विरह संग्रामा॥
लीन्हि लंक कंचनगढ़ टूटा। कीन्ह सिंगार अहा सब लूटा॥
औ जोवन मैमंत विधाँसा। विचला विरह जीउ जो नासा॥
टूटे अंग-अंग सब भैसा। छूई माँग, भंग भए केसा॥
कंचुकि चूरि-चूरि भइ तानी। टूटे हार मोति छहरानी॥[5] इत्यादि।

भगवदनुग्रह पवित्रितवाक् कालिदास के आराध्य हैं शिव-पार्वत और जयदेव के राधा-कृष्ण। सूरदास, हितहरिवंश और हरिदास के तो राधा-कृष्ण हैं ही। रसिकोपासकों के राम-सीता भी आराध्य ही हैं—इन सबके युगल ऊध्वरितस् हैं। पंडितराज जगन्नाथ तथा ऐसे ही अन्य लोग भी आराध्यों की संभोग-लीला के उद्दाम वर्णन को मत्तमतगज की भाँति मर्यादा के आलान का भंजक मानते हैं। उन्होंने कहा है—

"जयदेवादिभिस्तु गीतगोविन्दादि प्रबन्धेषु
सकल सहृदय सम्मतोऽयं समयो मदोन्मत्तमतंगजैरिव भिन्नः।"[6]

कुछ ऐसी ही बात बड़ी शिष्टता के साथ आनंदवर्धन और अभिनवगुप्त ने भी कालिदास के 'कुमारसंभव' के देवी संभोग वर्णन के विषय में भी कही है। उन्होंने भी कहा है—

"महाकवीनामप्युत्तम देवताविषयप्रसिद्ध
संभोगश्रृंगार निबन्धनाद्यनौचित्यं शक्तितिरस्कृतत्वात् ग्राम्यत्वेन न प्रतिभासते।
यथा कुमारसंभवे देवी संभोग वर्णनम्॥"[7]

कालिदास देवी संभोग में मानते तो हैं—अनौचित्य, परंतु शक्ति-संवृत कहकर परिहार भी करते हैं। आनंदवर्धन और पंडितराज दोनों कहते हैं कि इनका अनुकरण अद्यतन कवियों द्वारा नहीं होना चाहिए। अभिनव भी इसका समर्थन करते हैं। इसमें तो संदेह नहीं कि शिव-पार्वती कालिदास के आराध्य हैं—फिर भी ऐसे वर्णन में उन्हें लज्जादि का अवरोधक अनुभव क्यों नहीं हुआ? सूफियों की भाँति यहाँ 'संभोग' जैसे शब्द का प्रयोग हुआ है। ऊपर कहा गया है कि ये लोग ऊध्वरितस् हैं—अतः संभोग है—पर क्षरण नहीं है। यह तो देवताओं का भेजा हुआ अग्नि था, जिससे ऊध्वरितस् अधोरेतस् हुए।

युगान्तकालाग्निमिवाविषह्यं परिच्युतं मन्मथरङ्गभङ्गत्।
रतान्तरेतः स हिरण्यरेतस्ययोर्ध्वरितास्तदमोधमाधात्॥[8]

—अर्थात् ऊध्वरितस् शंकरजी का अचूक वीर्य, जो प्रलय की आग के समान किसी से सहा न जा सकनेवाला था—संभोग के अंत में निकल पड़ा—उसे शंकरजी ने अग्नि को दे दिया। आप्तकाम पार्वती ने अभूतपूर्व तपस्या की थी, किसी प्रयोजनातीत प्रयोजन की प्राप्ति के लिए और 'योगिनामग्रगण्य' शिव ने 'केनापि कामेन तपश्चचार'।

इसी मुक्तिस्वरूपा भुक्ति के लिए यह तपस्या थी। भोग का स्वरूप स्पष्ट करते हुए कहा गया है—

तस्याः भोक्त्र्याः स्वतन्त्राया भोग्यैकीकार एव सः।
स एव भोगः सा मुक्तिः स एव परमं पदम्॥[9]

भोक्ता जब भोग्य के साथ एकीभूत हो जाता है तब उस एकीभाव को 'भोग' कहते हैं, मोक्ष भी कहते हैं। यही पूर्णता की उपलब्धि है। शिव और पार्वती की तपस्या का यही परम प्रयोजन है। पं. गोपीनाथ कविराज[10] ने माना है कि 'त्रिपुरा-मत और प्रत्यभिज्ञा के साथ गौड़ीय वैष्णव संप्रदाय के सिद्धांत का ऐतिहासिक संबंध जान पड़ता है। हमारे विश्वास से सूफी मत के साथ भी त्रिपुरादि सिद्धांत का संबंध है, जिधर अब तक किसी का ध्यान नहीं गया है।'

कृष्णाश्रयी धारा में भी उसका प्रभाव है। शिव-पार्वती कहें या शिव-शक्ति—एक ही बात है। उसके सम्मिलन का प्रयोजक और कार्य दोनों ही पूर्णाहंता चमत्कार हैं—काम या प्रेम इसी का प्रकाश है—यही मिलन आदि-रस अथवा श्रृंगार-रस है। विश्व-सृष्टि के मूल में ही यह रस-तत्त्व प्रतिष्ठित है। शिव-शक्ति, कृष्ण-राधा एक और अभिन्न हैं। सूफी लोग भी अलजात और अलसिफात में यही मानते हैं। शिव या कृष्ण या अलजात अपने ही अधीन आत्मशक्ति के माध्यम से 'मैं पूर्ण हूँ'—इस प्रकार आत्मस्वरूप को जानते हैं। यही पूर्णाहंता है। जयदेव के 'गीत-गोविंद' में भी यही धारा प्रवाहित है। भोग या संभोग की यह अवधारणा मध्यकाल में सर्वत्र व्याप्त दिखाई पड़ती है। और तो और, भक्तवर सूरदास की भी एक पंक्ति देखें—

नीवी ललित गही जदुराइ।
जबहिं सरोज धर्यो श्रीफल पर तब जसुमति गई आइ।

× × ×

राखहिं वियहिं कुचहिं बिच आनि''इत्यादि।

—सूरसागर।

कुच, नितंब, नीवी आदि जैसे मांसल अंगों का सभी प्रयोग कर रहे हैं। भरतप्रोक्त प्रकृति के स्वभावानुसार श्रृंगार-वर्णन के विधि-निषेध की बात गुणातीत भूमि पर कहाँ-कहाँ मानी जाए? भागवत की गोपियाँ 'आर्यपद्यंहित्वा' ही आचरण करती हैं। ठीक भी है—

निस्त्रैगुण्ये पथि विचरतां को विधिः को निषेधः।

इस प्रकार मैं कहना यह चाहता हूँ कि ऊर्ध्वरेतस् चरित्रों का 'संभोग' अधोरेतस् के संभोग की भाँति उन्हीं क्रियाओं से मंडित होता है—फर्क इतना ही है कि एक सकाम है और दूसरा कामातीत। अतः कालिदास और जयदेव आदि इस वर्णन से गर्हाभाजन नहीं हैं। इन प्रसंगों का संभोग ही कुछ और है।

संदर्भ—

1. तसव्वुफ अथवा सूफीमत, साधना, पृष्ठ 94
2. जायसी ग्रंथावली की भूमिका
3. जायसी ग्रंथावली, पृष्ठ 30
4. जायसी ग्रंथावली, पृष्ठ 93
5. जायसी ग्रंथावली, पद्मावती—रतनसेन भेंट खंड, पृष्ठ 147
6. रसगंगाधर, पृष्ठ 65
7. ध्वन्यालोक, तृतीय खंड, पृष्ठ 317
8. कुमारसंभव, 9/17
9. भारतीय संस्कृति और साधना, पृष्ठ 253
10. वही, पृष्ठ 79

□

राम का नाम ही नहीं, राम का काम भी

—विष्णुकांत शास्त्री

'परशुराम की प्रतीक्षा' में दिनकर ने भारतीय जनता की भक्तिजनित अकर्मण्यता पर क्षोभ प्रकट करते हुए कहा है, 'दो उन्हें राम तो मात्र नाम वे लेंगी'।[1] वास्तव में यह क्षोभ बहुत पुराना है। भक्ति का आवरण डालकर तमोगुणी आलस्य बहुत बार सतोगुणी स्थैर्य के रूप में अपने को प्रचारित करता है और इस प्रकार धर्मग्लानि को मिटाने के स्थान पर बढ़ाता है। विष्णुपुराणकार ने इसी मनोवृत्ति की भर्त्सना करते हुए कहा था—

अपहाय निजं कर्म कृष्णकृष्णोतिवादिनः ।
तेहरेर्द्वेषिणः पापाः धर्मार्थजन्म यद्धरेः ।।[2]

अर्थात् अपने कर्म को त्यागकर केवल कृष्ण-कृष्ण रटनेवाले तो हरि के द्वेषी और पापी हैं, क्योंकि हरि का जन्म ही धर्म (की स्थापना) के लिए होता है। सामाजिक कर्तव्य को भक्ति के साथ जोड़नेवाली यह परंपरा मध्यकाल में बहुत दुर्बल हो गई थी। कुछ दूर तक इसके लिए सामयिक परिस्थितियाँ भी उत्तरदायी थीं, पर ऐसा लगता है कि संसार-विमुख होकर वैयक्तिक भाव-साधना में निरत रहने की विधि पर आचार्यों द्वारा अधिक जोर दिए जाने के फलस्वरूप भी सामाजिक कर्तव्यों के प्रति अवहेलना बुद्धि दृढ़ हुई थी। 'हरेर्नाम हरेर्नाम हरेर्नामैव केवलम्, कलौ नास्त्येव नास्त्येव नास्त्येव गतिरन्यथा,'[3] अर्थात् कलियुग में हरिनाम को छोड़कर और कोई दूसरी गति है ही नहीं, मध्य युग में यह प्रायः सर्वमान्य सिद्धांत बन गया था। भक्ति को कर्म, ज्ञान और योग से श्रेष्ठ मानने के कारण[4] बहुत से भावुक भक्त उनका तिरस्कार करने लगे थे। इस एकांगदर्शिता से सामाजिक समग्रता को क्षति पहुँच रही थी। इसी पृष्ठभूमि में तुलसी का उदय हुआ था।

तुलसी ने इस परिस्थिति को पहचाना था। राम का नाम उनका भी सबसे बड़ा संबल था, किंतु वे राम के काम को भी नहीं भूले थे। मध्यकालीन भक्तों में उनके सदृश बहुत कम विचारक थे, जिन्होंने राम के नाम और काम दोनों पर जोर दिया हो।

इसका सर्वप्रथम कारण उनका यह विश्वास था कि 'सेवक सेव्य भाव बिनु भव न तरिअ उरगारि'[5] जहाँ ज्ञान, योग एवं शांत भाव की साधनाओं में निर्वैयक्तिकता पर बल दिया जाता है वहीं सख्य, वात्सल्य एवं माधुर्य भाव की साधनाएँ बहुत अधिक वैयक्तिक हैं। इन दोनों स्थितियों में जगत् को प्राय: विस्मृत कर दिया जाता है। दार्शनिक दृष्टि से जगत् को मिथ्या या सत्य मानना अलग बात है, व्यावहारिक दृष्टि से उसकी उपेक्षा ज्ञानियों और वैयक्तिक साधना पर बल देनेवाले भक्तों ने समान रूप से की है। तुलसीदास ने तात्त्विक दृष्टि से जगत् को सत्य माना था या मिथ्या, इसपर विवाद हो सकता है; किंतु यह निर्विवाद सत्य है कि वे जगत् को 'सियराम मय' मानते थे। फलत: व्यवहार में वे उसकी सेवा करना अपना धर्म समझते थे। इसीलिए उन्होंने श्रीराम से कहलाया था कि मुझे सेवक प्रिय हैं और उनमें भी अनन्यगति सेवक। अपने अनन्य सेवक का लक्षण बताते हुए तुलसी के राम कहते हैं—

सो अनन्य जाके अस मति न टरइ हनुमंत।
मैं सेवक सचराचर रूप स्वामि भगवंत॥[6]

अर्थात् जो दृढ़तापूर्वक इस चराचर जगत् को प्रभु का व्यक्त रूप मानकर इसकी सेवा में रत रहता है, वही (श्रीराम का) अनन्य भक्त है। सेव्य के रूप में समस्त व्यक्त जगत् रूपी राम को स्वीकारने का अर्थ ही है कर्मठतापूर्वक 'हेतु रहित परहित निरत' रहना। यह व्याख्या श्रीराम ने ही की है। जटायु ने तो राम के लिए ही प्राण दिए थे, किंतु प्रभु ने उसकी सराहना करते हुए कहा था, 'परहित बस जिन्हके मन माहीं, तिन्ह कहँ जग दुर्लभ कछु नाहीं।'[7] इसका सीधा-सादा अर्थ यही है कि तुलसी ने श्रीराम के सगुण साकार अवतारी रूप को स्वीकार करते हुए भी उन्हें इतिहास और भूगोल से नहीं बाँधा है। 'देस काल दिसि बिदिसहु माहीं, कहहु सो कहाँ जहाँ प्रभु नाहीं।'[8] कहनेवाले तुलसीदास की मान्यता है कि राम की सेवा अर्थात् राम का काम करने का अवसर 'सबहि सुलभ सब दिन सब देसा'। फिर भी यह सच है कि कोई विरला भाग्यवान ही राम का काम कर पाता है, अधिकतर लोग तो राम के काम का बहाना करके रावण का ही काम करते रहते हैं; क्योंकि उनके हृदय में तो काम, क्रोध, लोभ, मोह का अँधेरा छाया रहता है। इसीलिए तुलसी केवल कर्म पर जोर नहीं देते, बाहर-भीतर उजाला करनेवाले राम नाम के जप पर भी जोर देते हैं—

राम नाम मनि दीप धरु जीह देहरी द्वार।
तुलसी भीतर बाहेरहुँ जो चाहसि उजिआर॥[9]

इसका अर्थ यही है कि तुलसीदास के लिए कर्म-चेतना स्वतंत्र न होकर भक्ति का अनिवार्य अंग है। कर्म विपथगामी न हो जाए, इसके लिए आवश्यक है कि वह भक्ति द्वारा (जिसका आधार नाम जप है)[10] अनुशासित हो और भक्ति नितांत वैयक्तिक

भाव-साधना (जिसकी विकृति बहुत आसान है) के कारण निष्क्रिय न हो जाए, इसके लिए उसे चराचर जगत् के रूप में अभिव्यक्त प्रभु की सेवा में नियोजित कर दिया जाए, यही तुलसीदास का अभिप्राय ज्ञात होता है।

तुलसी ने राम नाम की अमित महिमा का बार-बार गान किया है—केवल मानस में ही नहीं, अपनी समस्त कृतियों में। मानस के बालकांड में नाम-वंदना के दोहों में उन्होंने भाव भरी युक्तियों से सिद्ध किया है कि राम का नाम उनके निर्गुण-सगुण दोनों रूपों से श्रेष्ठ है। प्रभु के ये दोनों रूप 'अगम' हैं, किंतु नाम-जप से दोनों 'सुगम' हो जाते हैं; अतः स्पष्ट है कि नाम ने इन दोनों को अपने बलबूते से अपने वश में कर रखा है। सच्चिदानंद ब्रह्म तो सभी जीवों के हृदय में विद्यमान हैं, फिर भी जग के सभी जीव दीन-दुःखी हैं। नाम के निरूपण एवं नाम के यत्न से या यों कहें, नाम के अर्थ पर मनन करते हुए उसके निरंतर जप से अंतःस्थित ब्रह्म प्रत्यक्ष होकर जीव के दुःख-कष्ट दूर कर उसे उसी प्रकार परमानंदमय बना देते हैं, जिस प्रकार रत्न से उसका मूल्य प्रकट होकर व्यक्ति के अभावों को दूर कर उसे इच्छित वस्तुएँ प्रदान करने में समर्थ है। प्रभु श्रीराम ने अवतार ग्रहण कर ताड़का, खर-दूषण, कुंभकर्ण, रावण आदि कुछ निशाचरों का वध किया और अहल्या, शबरी, गीध, सुग्रीव, विभीषण आदि कुछ भक्तों को निवाजा, किंतु उनके नाम ने तो कलि के समस्त कलुषों को नष्ट कर असंख्य भक्तों को निवाजा है। घोर कलिकाल में तो राम का नाम ही एकमात्र कल्पवृक्ष है। अतः तुलसीदास का निष्कर्ष है—

नहिं कलि करम न भगति बिबेकू।
रामनाम अवलंबन एकू॥[11]

तुलसी ने राम नाम की ओट लेते समय विनयपूर्वक यह कहकर कि कलि में कर्म, भक्ति और विवेक (ज्ञान) रह ही नहीं जाते, अतः एकमात्र राम का नाम ही अवलंब है—उन साधनों का न तिरस्कार किया है, न निषेध। वे जानते हैं कि जैसे भूमि में ही सब बीज अंकुरित हो सकते हैं, आकाश में ही सब नक्षत्रों का निवास है, वैसे ही राम नाम समस्त धर्मों का आकर है—

जथा भूमि सब बीज मै नखत निवास अकास।
रामनाम सब धरम मै जानत तुलसीदास॥[12]

अतः वे निश्चिंत हैं कि रामनाम ही जापक के अंतःकरण में समयोचित आवश्यक धर्मों की प्रेरणा देता रहेगा।

इसमें संदेह नहीं कि श्रद्धा सहित नाम-जप करते रहनेवाले भक्त के मन में उस मनोवैज्ञानिक रक्षा-कवच के प्रभाव से अद्‍भुत सात्त्विक गुणों का उत्कर्ष होता है और वह क्रमशः नामी के गुण, कर्म, शील, स्वभाव की ओर आकृष्ट होता जाता है, जिसके फलस्वरूप वह पहले से अच्छा मनुष्य बनता है। फिर भी रामनाम की इस महिमा को

आधुनिक विचारक अपने-अपने संस्कारों के अनुरूप स्वीकार या अस्वीकार कर सकते हैं। प्रश्न अभी उसकी सत्यता या असत्यता का नहीं है, वह अलग विचार्य विषय हो सकता है। अभी प्रश्न तो यह है कि मध्यकाल के अन्य संतों-भक्तों की तरह नाम-महिमा का गान करने के बाद तुलसी भी क्या उन्हीं की तरह केवल निर्वैयक्तिक या अतिशय वैयक्तिक साधनाओं में लीन हो गए? रामनाम नींव सही, उसपर उन्होंने अपनी साधना का भवन कैसा उठाया? यहीं अपनी समाजोन्मुखी वैयक्तिक साधना के कारण तुलसी अन्य संतों, भक्तों से पृथक् हो जाते हैं। उसका एक प्रमाण यह भी है कि उन्होंने राम के नाम पर जितना बल दिया है, राम के काम पर भी उतना ही बल दिया है। उनके आदर्श भक्त चरित्र एकांत में साधना ही नहीं करते, राम का काम सिद्ध हो, इसके साधन भी बनते हैं।

तुलसी ने राम के काम पर कितना जोर दिया है, यह इन उद्धरणों से स्पष्ट हो जाएगा। निषादराज को जब यह लगता है कि भरत संभवत: श्रीराम पर आक्रमण करने की योजना बनाकर चित्रकूट जा रहे हैं, तब वे राम के काम आने की भावना से भरत से युद्ध कर मृत्यु तक का वरण करने के लिए तैयार होकर कह उठते हैं, 'समर मरनु पुनि सुरसरि तीरा, रामकाजु छनभंगु सरीरा।'[13] सुग्रीव सीता की खोज के लिए वानरों को भेजते समय 'रामकाजु अरु मोर निहोरा'[14] कहकर उत्साहित करते हैं। किसी भी सत्कार्य के लिए दूसरे को प्रवृत्त करते समय हिंदीभाषी जन इस कथन को आज लोकोक्ति की तरह व्यवहृत करते हैं। श्रीराम के कार्य के लिए शरीर-त्याग करनेवाले जन तुलसी की दृष्टि में अनन्य रूप से धन्य, बड़भागी और हरिपुर के अधिकारी हैं, तभी उन्होंने अंगद से कहलवाया था, 'कह अंगद बिचारि मन माहीं, धन्य जटायू सम कोउ नाहीं। राम काज कारन तनु त्यागी, हरिपुर गयउ परम बड़भागी।'[15] हनुमान को सागर लाँघने के लिए अभिप्रेरित करते हुए जामवंत ने कहा था, 'राम काज लगि तव अवतारा।'[16] प्रभु का कार्य संपन्न किए बिना सच्चे प्रभुभक्त विश्राम कैसे कर सकते हैं! हनुमान की यह उक्ति उनकी भावना की निश्छल अभिव्यक्ति है, 'राम काजु कीन्हें बिनु मोहि कहाँ बिश्राम।'[17] राम का कार्य जिससे सधे, भक्त वही करता है, व्यक्तिगत मान-अपमान का विचार उसे नहीं रहता। हनुमान मेघनाद के हाथों बंदी बनकर रावण की सभा में इसीलिए उपस्थित हुए थे कि शायद उनके समझाने से रावण को सद्‌बुद्धि आ जाए। उन्होंने द्विधाहीन शब्दों में कहा था, 'मोहि न कछु बाँधे कर लाजा, कीन्ह चहउँ निज प्रभु कर काजा।'[18] कार्य सिद्ध होने पर भक्त उसका श्रेय स्वयं नहीं लेता, प्रभु की कृपा को देता है और साधन बन पाने के कारण अपने जन्म को सफल मानता है। उसकी मान्यता है, 'प्रभु की कृपा भयउ सबु काजू, जन्म हमार सुफल भा आजू।'[19] राम के काम आ जाना ही भक्त के जीवन की चरितार्थता है, इसे तुलसी ने लक्ष्मण को शक्तिबाण लगने

के प्रसंग के माध्यम से 'गीतावली' में बहुत खूबी से उभारा है। हनुमान से लक्ष्मण के घायल होने का संवाद सुनकर सुमित्रा माता की जो मन:स्थिति हुई, उसे तुलसी ने इन शब्दों में अंकित किया है—

सुनि रन घायल लषन परे हैं।
स्वामिकाज संग्राम सुभट सों लोहे ललकारि लरे हैं॥
सुवन सोक संतोष सुमित्रहि रघुपति भगति बरे हैं।
छिन-छिन गात सुखात छिनहि छिन हुलसत होत हरे हैं॥[20]

स्वामी राम के लिए प्रतिपक्षी सुभट से संग्राम में ललकारकर भिड़ने और लोहा लेने के कारण लक्ष्मण गंभीर रूप से घायल हो गए हैं, यह सुनकर सुमित्रा माता को शोक और संतोष दोनों हुए। पुत्र मुमूर्षु है, जब यह विचार मन में आता तो उनका शरीर सूख जाता, किंतु जब उनके मन में यह भाव आता कि प्राणों को संकट में डालकर आज लक्ष्मण राम की भक्ति में खरा सिद्ध हुआ तो उनका शरीर उल्लसित हो हरा हो उठता। इसी पद में तुलसी ने सुमित्रा माता से शत्रुघ्न को यह आज्ञा दिलाई है कि अब वे जाकर लक्ष्मण का स्थान लें। सुमित्रा माता के दिव्य चरित्र का किंचित् आभास दे पाने के कारण यह पद तो महिम्न है ही, इस दृष्टि से भी मैं इसका महत्त्व मानता हूँ कि इससे यह बिल्कुल साफ हो जाता है कि लक्ष्मण की तरह श्रीराम के कार्य के लिए प्राणों को संकट में डालनेवालों के लिए ही यह कहा जा सकता है कि वे 'रघुपति भगति बरे हैं।'

प्रश्न उठ सकता है कि मानस के अनुसार क्या है राम का काम और आज का मनुष्य उसे कैसे संपन्न कर सकता है? यह स्मरण रखना चाहिए कि मानस जीवन के प्रति एक विशिष्ट मूलभूत दृष्टि निरूपित करनेवाला काव्य ग्रंथ है, किसी सरकार या राजनीतिक दल के कार्यक्रम को शब्दबद्ध करनेवाला दस्तावेज नहीं। कार्यक्रम बदली हुई परिस्थितियों में बदले जा सकते हैं या पुराने पड़ जा सकते हैं। मानस की दृष्टि धर्मपरायण (अर्थात् कर्तव्यपरायण), मर्यादावादी (अर्थात् सामाजिक चेतना-संपन्न), आस्तिक (अर्थात् सत्, चित् और आनंद के चरम मूल्यों के प्रति आस्थायुक्त), दास्य भाव के भक्त (अर्थात् चराचर जगत् रूपी प्रभु की परम प्रेमपूर्वक सेवा करनेवाले अनन्य सेवक) की दृष्टि है, जिसका लक्ष्य है, ऐसे विषमता-रहित समाज की सृष्टि करना, जिसमें सब सुंदर हों, सब नीरोग हों, सब निर्दंभ और धर्मरत हों, चतुर और गुणी हों, गुणज्ञ और पंडित हों, ज्ञानी और कृतज्ञ हों, जिसमें कोई भी दरिद्र-दु:खी-दीन न हो; अबुध, लक्षणहीन और कपटी न हों। इसीलिए यह मानते हुए कि राम के जन्म के अनेकानेक हेतु हो सकते हैं। तुलसी ने गीतोक्त हेतुओं को दुहराते हुए कहा है कि जब-जब धर्म की हानि होती है, अभिमानी, अधम, असुर अवर्णनीय अनीति करने लगते हैं; विप्र, धेनु, देवता और धरती को कष्ट देने लगते हैं, तब-तब प्रभु विविध शरीर धारण कर सज्जनों की पीड़ा हरते

हैं, असुरों को मारकर देवताओं और श्रुतियों की मर्यादा की रक्षा करते हैं। यह ठीक है कि वैयक्तिक साधना पर बल देनेवाले आचार्यों की यह स्थापना भी उन्हें स्वीकार है कि भक्तों के साथ लीला करने के लिए उन्हें सुख देने के लिए प्रभु अवतार ग्रहण करते हैं, पर सामाजिक मंगल विधान को भी वे अवतार के प्रमुख कारणों में से एक मानते हैं। इसीलिए निशाचरों द्वारा भक्षित ऋषियों की अस्थियों का समूह देखकर करुणार्द्र हो उनके राम भुजा उठाकर अपना यह वज्र संकल्प घोषित करते हैं कि मैं पृथ्वी को निशाचर-विहीन कर दूँगा, 'निसिचर हीन करउँ महि भुज उठाइ पन कीन्ह।'[21] इस संदर्भ में यह भी स्मरणीय है कि निशाचर से तुलसी का अभिप्राय काल्पनिक योनि विशेष से न होकर समाज के अत्याचारी व्यक्तियों से था। तुलसी ने बहुत स्पष्ट शब्दों में लिखा है—

बरनि न जाई अनीति घोर निशाचर जो करहिं।
हिंसा पर अति प्रीति तिन्ह के पापहि कवन मिति॥
बाढ़े खल बहु चोर जुआरा। जे लंपट पर धन पर दारा॥
मानहिं मातु पिता नहिं देवा। साधुन्ह सन करवावहिं सेवा॥
जिनके यह आचरन भवानी। ते जानेहु निसिचर सब प्रानी॥[22]

ऐसे निशाचरी अन्याय का प्रतिरोध कर रामराज्य (सामाजिक न्याय पर आधारित राज्य) की स्थापना के कार्य से जो जुड़ता है, वह किसी भी देश या किसी भी काल में क्यों न हो, राम का काम करता है। राम का काम केवल ध्वंस मूलक नहीं है, इसे बराबर याद रखना चाहिए। अन्याय के विध्वंस के साथ-साथ व्यक्ति और समाज दोनों के आधिभौतिक, आधिदैविक और आध्यात्मिक स्तरों पर उन्नयन का कार्य भी राम का काम है। मेघनाद से युद्ध करते हुए लक्ष्मण भी राम का काम कर रहे थे और अयोध्या में बैठे न्याययुक्त राज्य संचालन कर भरत भी राम का ही काम कर रहे थे। कभी-कभी मन में यह भावना जागती है कि लंका के मोरचे पर लड़नेवाले ही राम के सच्चे सेवक थे। औरों की बात तो जाने दीजिए, लक्ष्मण के घायल होने का समाचार पाकर स्वयं भरत ने यह परिताप व्यक्त किया था, 'अहह दैव मैं कत जग जायउँ, प्रभु के एकहु काज न आयउँ।'[23] इस भावपूर्ण उक्ति का यह अर्थ नहीं है कि भरत प्रभु के किसी काम नहीं आए थे। यह तो प्रभु के अधिकाधिक काम में आने की लालसा की अभिव्यक्ति मात्र है। कुछ लोग अपने भोलेपन के कारण पूछ बैठते हैं कि भरत के मन में यदि इतना ही परिताप था तो वे तत्काल युद्ध में भाग लेने के लिए लंका चले क्यों नहीं गए? वे भरत रघुवर के 'अगम सनेह' को नहीं जानने के कारण ही ऐसा कहते हैं। 'सब तें सेवक धरमु कठोरा'[24] माननेवाले भरत उस समय भी 'अग्यासम न सुसाहिब सेवा'[25] के सिद्धांत का पालन करने के कारण ही अयोध्या में अपने कर्तव्य पर अडिग रहे। तुलसीदास ने 'गीतावली' में इस प्रसंग में भरत के अंतर्द्वंद्व का मार्मिक चित्रण इस प्रकार किया है—

आयसु इतहि स्वामि-संकट उत परत न कछू कियो है।
तुलसिदास बिहर्यो अकास सो कैसे के जात सियो है।।[26]

भरत ऊहापोह में पड़े सोच रहे हैं कि इधर स्वामी की आज्ञा है चौदह वर्षों तक अयोध्या में रहकर राज्य-संचालन करने की, उधर स्वयं स्वामी संकटग्रस्त हैं, कुछ करते नहीं बनता, मानो आकाश फट गया हो, वह कैसे सिया जाए! फिर भी अपनी भावनाओं पर पत्थर रखकर भी वे आज्ञापालन में ही रत रहते हैं, युद्ध के मोरचे पर नहीं चढ़ दौड़ते। उनके इस सूक्ष्म कर्तव्य-ज्ञान को समझकर ही हनुमान की यह दशा हो गई थी, 'धनि भरत! धनि भरत! करत भयो मगन मौन रह्यो मन अनुराग रयो है।'[27] भरत अपने इस आचरण से यही दरशाते हैं कि महत् कार्य की सिद्धि उस कार्य में रत व्यक्तियों द्वारा उसके बड़े-छोटे, आकर्षण-अनाकर्षण सभी अंगों को महत्त्व देकर गुरुजनों द्वारा प्रदत्त, सहज प्राप्त या स्वयं स्वीकृत कार्यांश को अनुशासनपूर्वक करते रहने से ही हो सकती है। अत: पताका के दंड की भाँति स्वयं प्रसिद्धिपराङ्मुख रहकर भी अपने कर्तव्य का पालन करते रहना राम के सेवकों का सहज लक्षण होना चाहिए। अग्रिम मोरचे पर रहकर यश प्राप्त करने की दुर्बलता उनमें नहीं होनी चाहिए।

फिर सच बात तो यह है कि मोरचा कहाँ नहीं है! हर व्यक्ति अपने-अपने क्षेत्र में काम करते समय मोरचे पर ही तो खड़ा है। यहाँ तक कि हर एक के मन में भी राम-रावण युद्ध चल रहा है। यदि व्यक्ति काम, क्रोध, लोभ, मोह का शिकार होकर विषय-वासना की तृप्ति को ही अपना परम ध्येय मान बैठता है तो मुँह से वह चाहे कुछ भी कहे, वास्तव में वह रावण के पक्ष में लड़ता है। तुलसीदास ने प्रत्येक व्यक्ति के वपुष ब्रह्मांड में चलनेवाले राम-रावण युद्ध का चित्रण करते हुए स्पष्ट कहा है, 'मोह दसमौलि तद्भ्रांत अहंकार पाकारिजित काम विश्रामहारी। लोभ अतिकाय मत्सर महोदर दुष्ट क्रोध पापिष्ठ बिबुधान्तकारी।।[28] अपना मोह (अज्ञान) ही रावण है, अहंकार ही कुंभकर्ण है, काम ही इंद्रजेता मेघनाद है; लोभ, मत्सर और क्रोध ही रावण के सेनानायक अतिकाय, महोदर और बिबुधांतक हैं। इसी तरह उसी पद में आगे कहा गया है कि यम-नियम आदि ही देवता हैं, मोक्ष के साधन ही राम की सेना के भालू-बंदर हैं, ज्ञान ही सुग्रीव हैं, वैराग्य ही हनुमान हैं। मोहग्रस्त व्यक्ति जब अपने भीतर के मोरचे पर ही हार जाता है, तब वह राम का काम कैसे कर सकता है। राम का काम तो अपने सद्गुणों को जगाकर अपने कर्तव्य कर्म में सेवा भाव से रत रहना ही है। अपने मोरचे पर सफलता पानेवाले को प्रभु जो काम उचित समझेंगे, सौंपते चले जाएँगे। लक्ष्मण को भक्तियोग का उपदेश देते समय प्रभु ने उसका प्रथम साधन ही इसी भाव को बताया था—'प्रथमहिं बिप्रचरन अति प्रीती, निज-निज धरम-निरत स्रुति रीती।'[29] अपनी स्वस्थ परंपरा के प्रति श्रद्धावान् रहकर जो व्यक्ति अपना कर्तव्य कर्म करता रहता है, उसी के मन में विषयों के प्रति

विराग होता है और तभी श्रीराम के धर्म के प्रति अनुराग संभव हो सकता है। स्पष्ट है कि तुलसीदास नामजप के प्रति श्रद्धालु होते हुए भी निष्क्रियता के नहीं, कर्म को अपने में समेट लेनेवाली भक्ति के प्रचारक थे। तभी उन्होंने जंगमतीर्थराज संत समाज के संगम में यदि राम-भक्ति को गंगा और ब्रह्म-विचार को सरस्वती कहा था तो विधि-निषेधमय कर्म की कथा को यमुना बताकर उसे ही कलिकाल का मल दूर करने में समर्थ बताया था।[30] इसी प्रकार 'सोचिअ गृही जो मोह बस करइ करम पथ त्याग'[31] कहकर तुलसीदास ने गृहस्थों को तो अनिवार्यतः कर्म करते रहने का, अर्थात् श्रीराम के अनुकूल कर्म करते रहने का निर्देश दिया है।

तुलसी के उपास्य श्रीराम स्वयं सैकड़ों संकट झेलकर भी अपने कठिन कर्तव्य कर्म का निर्वाह करते रहे। तुलसीदास ने बहुत उत्साह के साथ उनके दिव्य कर्मों का— मर्यादापूर्ण चरित का गुणगान किया है और बार-बार उनकी इस महिमा की ओर अपने पाठकों का ध्यान आकृष्ट किया है। राजतिलक के बाद वंदना करते हुए चारों वेदों के माध्यम से तुलसी ने दंडकारण्य के कंटकों से छिदे श्रीराम के चरण-युगल का भजन करने की प्रेरणा दी है—

ध्वज कुलिस अंकुस कंजजुत बन फिरत कंटक किन लहे।
पद कंज द्वंद्व मुकुंद राम रमेस नित्य भजामहे।[32]

श्रीराम के चरण अपने कर्तव्य कर्म की पूर्ति में काँटों से छिदें और उनके भक्त निष्क्रिय रहें, यह कैसे संभव है। कर्मरत उपास्य की यह बाँकी छवि भक्तों को भी राम के काम के लिए केवल पैरों में नहीं, रोम-रोम में काँटे छिद जाएँ तो भी कर्तव्य पथ पर बढ़ते जाने के लिए अभिप्रेरित करती रहेगी। इसी स्तुति में वेदों ने यदि एक ओर 'जपि नाम तव बिनु श्रम तरहिं भवनाथ सो समरामहे' कहकर नामजप के महत्त्व को स्वीकारा है तो 'मन, वचन, कर्म बिकार तजि तव चरन हम अनुरागहीं' कहकर मन-वाणी और कर्म की एकता एवं निर्विकारता पर भी जोर दिया है। तुलसीदास ने यदि 'विनयपत्रिका' में कहा है—

प्रिय रामनाम तें जाहि न रामो।
ताको भलो कठिन कलिकालहुँ आदि मध्य परिनामो।[33]
तो 'गीतावली' में यह भी कहा है—
मुद मंगल मय संत समाजू। जो जग जंगम तीरथ राजू॥
राम भक्ति जहँ सुरसरिधारा। सरसइ ब्रह्म बिचार प्रचारा॥
बिधिनिषेधमय कलिमल हरनी। करम कथा रबिनंदनि बरनी॥

(मानस, 1।2।7-9)

नित नए मंगल मोद अवध सब सब बिधि लोग सुखारे।
तुलसी तिन्ह सम तेउ जिन्हके प्रभु प्रभु-चरित पियारे।।[34]

एक ओर राम से भी अधिक प्रिय राम का नाम हो, दूसरी तरफ प्रभु से भी अधिक प्रिय प्रभु चरित हो, तभी भक्त की भावना में पूर्णता आती है। रामनाम जपते हुए राम के चरित्र से प्रेरणा प्राप्त कर राम के काम में जुटे हुए भक्तों का निर्माण करना ही तुलसी का उद्देश्य है। इसीलिए उनका संदेश है—

राम सुमिरि साहसु करिय मानिय हियै न हारि।[35]

संदर्भ—

1. परशुराम की प्रतीक्षा (प्र.सं.), पृ. 24
2. लो. तिलक कृत 'गीता रहस्य' के दशम मुद्रण के पृ. 525 पर उद्धृत
3. देवर्षि नारद द्वारा कथित एवं चैतन्य महाप्रभु द्वारा प्रचारित
4. सातुकर्मज्ञानयोगेभ्योऽप्यधिकतरा।—नारदीय भक्ति-सूत्र, सं. 25
5. मानस, 7। 119 क
6. वही, 4। 3
7. वही, 3। 31। 9
8. मानस, 1। 185। 6
9. वही, 1। 21
10. वही, 1। 22। 6
11. मानस, 1। 27। 7
12. दोहावली, 29
13. मानस, 2। 190। 3
14. वही, 4। 22। 6
15. वही, 4। 27। 7-8
16. वही, 4। 30। 6
17. वही, 5। 1
18. वही, 5। 21। 6
19. वही, 5। 30। 4
20. गीतावली, 6। 13। 1-4
21. मानस, 3। 9
22. वही, 1। 183-184। 1-3
23. मानस, 6। 60। 3
24. वही, 2। 203। 7
25. वही, 2। 301। 4
26. गीतावली, 6। 10। 7-8
27. वही, 6। 11। 8
28. विनयपत्रिका, 57। 7-8

29. मानस, 3।16।6
30. मानस, 1।2।7–9
31. मानस, 2।172
32. मानस, 6।13।4।3–4
33. विनयपत्रिका, 228।12
34. गीतावली, 1।44।9–10
35. रामाज्ञा प्रश्न, 5।1।3

□

हेमंत की संध्या

—कुबेरनाथ राय

हेमंत का सबसे बड़ा आकर्षण है—पत्तियों का पीला पड़ जाना और जरा सी हवा डोलने पर भू-पतित हो जाना। पत्तियों का झरना धरती के सौंदर्य की करुणतम अवस्था है। करुणा में एक उदास सौंदर्य की उपलब्धि एक सर्वसाधारण अनुभव है। करुणा विषाद की रोमांटिक अवस्था है। वही अनुभूति जब क्रूर रूप में घटित होकर कठोर सत्य बन जाती है तो हम उसे विषाद कहते हैं। मृत्यु का बोध विषाद है, करुणा नहीं। करुणा किसी-न-किसी रूप में जीवन से संलग्न रहती है। इसमें आस्था का एक क्षीण धागा बँधा रहता है।

विषाद में सारे मूल्य अर्थहीन हो जाते हैं। आधुनिक युग को हम विषाद का युग कह सकते हैं। आज जो घटित हो रहा है, वह ट्रेजेडी नहीं। ट्रेजेडी से तो मनुष्य का धरातल सदैव ऊँचा उठता है। हमारा युग स्नेह और प्रीति में तो रिक्त है ही, करुणा में भी यह अति दरिद्र है। यह इतना दीन हो चुका है कि इसकी अंतिम पूँजी—विषाद भी धीरे-धीरे चुक रही है और इसके शेष हो जाने पर यह आत्मघात से भी बुरी अवस्था होगी।

बात हेमंत को लेकर चली थी। पीली पत्तियों के उदास सौंदर्य के बाद उसका दूसरा रूप-विन्यास है, धीरे-धीरे उतरती हुई ठंडी साँझ। कमरे में अकेले बैठकर 'शामेगम' का मजा, उदासीनता का रसबोध, निर्मम होते हुए भी नशीला है। रिक्तता में एक स्वाद है। यह सिर्फ लत लग जाने की बात है। बंद वातायन के बाहर अरुणिमा धीरे-धीरे गलकर घुल चुकी है। पेड़ों के सिर पर ओस की मोटी तह बादलों की सी जम गई है, जो क्षण प्रतिक्षण अंगुल-अंगुल करके नीचे खिसक रही है। परंतु आँखों से इस क्रमिक आरोहण को हम पकड़ नहीं पाते हैं। धीरे-धीरे कुहासे की प्लावन-धारा पवन की तरंगों पर बहने लगती है, पर धरती का राजमुकुट महान् मनुष्य और सृष्टि के अन्य क्षुद्र जीव वातायनबद्ध होकर या नीड़बद्ध होकर अपनी क्षुद्र सीमा में ही अपने को पाने का प्रयास कर रहे हैं। दिनभर हाट-बाट गली-कूचों की खाक छानने पर भी हम जब अपने को न पा सके, मनचाही

उपलब्धि न हो सकी तो जीवन का सारा दैन्य इसी क्षुद्र सीमा में केंद्रित करके इस बँधी, अर्गलाबद्ध कमरे की दुनिया से आत्मत्राण की भीख माँग रहे हैं पर यह अर्गला उन गली-कूचों, पार्कों-मैदानों, सिनेमागृहों और खुले अनंत विस्तृत नील वितान के तले भी, जो दया करके अपना द्वार सबके लिए मुक्त खोलकर काल के प्रारंभ से ही खड़ा है, हमारा पिंड छोड़ती है? हम जहाँ जाते हैं, वहीं यह भी है। यह कर्ण के कवच की तरह जन्मजात है। यही हमारी ट्रेजेडी है कि जो हमारे भीतर शिरा-शिरा, धमनी-धमनी बह रही है और बाहर-भीतर भी सबकुछ को व्याप्त किए है, उस विशाल अंतर वाहिनी, विमुप्लाविनी को इस लौह-कवच के कारण अस्वीकृत करते चलते हैं। यह बूँद का क्षुद्र अहम है, जो यह अपने को ही धारा मान बैठी और छिटककर दूर जा पड़ी। यह दर्प विषाद की स्थिति है! आत्मघात है!

अंधकार भीग गया है, पर गुंजलकबद्ध मैं फन काढ़े बैठा हूँ,। स्वयं केंद्रित। नया मसीहा बोलता है—इस अकेलेपन पर, इस अजनबीपन पर। 'हम अपने ही अजनबी हैं'। 'मनुष्य को अकेली सत्ता का अभिशाप मिला है। बिना किसी आधार के उसे प्रत्येक पग पर अपने को ढूँढ़कर आविष्कृत करना है! वर्तमान में यह निराधार त्रिशंकु-स्थिति में त्यक्त रूप में है' (एक्ज़िस्टेन्सियलिज्म ऐंड ह्यूमनिज्म—सार्त्र, पृ. 34-35)। पर इतना भार बिना किसी का स्नेह-स्पर्श पाए वह कैसे वहन करेगा? अतीत की भूमि उसके पैरों के नीचे से खिसक गई, उसका स्वयं भी उससे अजनबी हो गया, तो फिर वह किसका स्नेह-स्पर्श, किसका बल पाकर इतना भार उठाए? मेरे मित्र, तुम जो नई 'फिलॉसफी' पढ़ते हो 'नई आध्यात्मिकता' की चर्चा करते हो, नए मूल्यों के सृजन में विश्वकर्मा की तरह लगे हो, मनुष्य के इस संकट को देखकर करुणा क्यों नहीं करते? पर तुम कहते हो—"इस विकट स्थिति का निराकरण भी है।"

"क्या? आत्मघात?"

"नहीं, तुम्हारा हाथ उसी तरह ऊपर उठ जाता है, जैसे बुद्ध ने 'चरथ भिक्खवे चारिकं···' कहते समय उठाया था, 'पूर्ण विप्लव!' फिर तुम रुक-रुककर आँखें बंद किए हुए ऐसे बोलते हो, गोया कूप गर्त से तुम्हारी आवाज आ रही हो—'सारे मूल्यों को फिर से गढ़ना होगा। नए सिरे से! नई विधा, नई कवि-प्रसिद्धियाँ और सर्वथा नवीन पद्धति के द्वारा व्यक्ति को 'पूर्ण व्यक्ति' करना होगा। सबसे अलग, सबसे मुक्त।"

"ओह! समझा! अरविंद···"

"नहीं, नहीं, नहीं!" तुम चौंककर कहते हो, "अतिमा में—ट्रान्सेंडेंस में, हमारा विश्वास नहीं। अध्यात्म का पुराना हल हमारे काम का नहीं।"

पर 'फूलहिं फरहिं न बेंत जदपि सुधा बरसहिं जलद।' विरंचि—जैसा गुरु मिलने पर भी हम-जैसों को चेत कहाँ से आएगा। बात की ग्रंथि जैसी थी, वैसी ही रह गई।

इतने में कोई लालटेन रख जाता है। प्रकाश मुझे उस गुंजलक से मुक्त कर देता है। 'इस साल भी अरहर गई। ऐसा पाला तो कभी पड़ा ही नहीं था। रबी की फसल भी आधी चौपट हो गई।'

इस वैशंपायन उवाच के बाद बड़का बाबा चिलम में तंबाकू भरने लगे। बाहर नीम की छाया में अलाव जला है। किसी ने सूखे घास-फूस की नई आहुति दी और लपट लप-लप करके ऊँची चढ़ने लगी। ऊपर की पत्तियाँ थर-थर काँप उठीं और कुछ तो पुण्य-क्षीण आत्माओं की तरह उस अग्निशिखा में टूट-टूटकर गिरने लगीं। आबालवृद्ध सबके मुख पर प्रसन्नता छा गई। जीवन में प्रसन्नता के क्षण बहुत ही महँगे होते हैं। ऐसे मामूली क्षणों का भी अमित मोल है, जो हलकी सी ऊष्मा के द्वारा देह-मन को स्फूर्त या पुलकित कर देते हैं। बाबा ने चिलम भरकर कहा, 'इस वर्ष अगहनी भी गायब ही रही। क्या जमाना है! जिन खेतों में बारह मन बीघे काटा था, उनमें दो मन बीघा किसी तरह से हो पाया।' इसके बाद तो बातों का सिलसिला चला। भाग्य-दैव को कोसने के बाद अगल-बगल की परिषद् ने अनेक प्रश्नों, यथा—ग्राम-सेवक 'पंचवार्षिक योजना' नहर विभाग की बदमाशी, चीनी आक्रमण, विलायती खाद की व्यर्थता और फिर चीनी का अभाव आदि-आदि पर अस्त-व्यस्त टीका-टिप्पणी की। साथ-साथ गाँव के 'उत्तम' चरित्रों की चर्चा और परनिंदा की चाशनी ने उक्त शुष्क विषयों को मीठा नमकीन और फिर तिक्त बनाया। पर समस्त प्रक्रिया में बाबा या तो चुप रहे, नहीं तो 'हाँ, हूँ' मात्र करते रहे। खेती-बारी से आगे उनके दो ही राजनीतिक विषय हैं। एक तो सन् सत्तावन की गदर में अपने पितामह की करतूतों का विशद वर्णन और दूसरी सन् चौदह की लड़ाई, जिसमें स्वयं सैनिक बनकर भरती हुए थे, परंतु मोरचे का मुँह नहीं देखा और सारी वीरता हवलदारों तथा सूबेदारों भिडंत तक ही सीमित रही, जो स्वभाववश अकसर हो जाती थी। कांग्रेस की राजनीति में उन्हें अरुचि है। इसका एक व्यक्तिगत कारण है। अपने लघुभ्राता को महाकष्ट उठाकर बारह वर्ष तक पढ़ने का खर्च कलकत्ते भेजते रहे और वे सज्जन इन की आँखों पर पट्टी बाँधकर पढ़ाई-लिखाई के नाम पर देश भक्ति (बाबा के शब्दों में 'आवारागरदी') करते रहे। स्वामी सत्यदेव का नाम किसी तरह से जान गए हैं और कहा करते हैं, 'सतदेउआ ने हमारा घर बिगाड़ दिया।' गांधीजी पर उनके मरने के बाद इनकी श्रद्धा बढ़ी है। पर वह बापू की राजनीतिक क्षमता के कारण नहीं। उनकी राम-भक्ति के कारण उनको ये 'ऋषि' मानने लगे हैं। प्रमाण में तुलसीदास को उद्धृत किया करते हैं—

"जनम-जनम मुनि जतन कराहीं।
अंत राम कहि पावत नाहीं॥"

वैशंपायन तो प्रथम सूत्र के उवाच के पश्चात् चुप रहे। प्रधान वार्त्ता तो अनेक जनमेजयों के द्वारा हुई, जो उस परिषद् की शोभा बढ़ा रहे थे। मेरे मन में चिरकाल से

जलनेवाले इस अलाव के साक्ष्य में गाथा-गान करनेवाले वैशंपायनों की मुखाकृतियाँ घूम गईं। तहसील के सहदेवराम चपरासी की बड़ी सी पगड़ी अब भी याद है। वे मेरे बचपन में महाभारत की कथाएँ अपनी पूरी योग्यता का उपयोग करके सुनाते थे। उन दिनों इस बात की पूरी जानकारी रखता था कि किस योद्धा ने किस बाण का प्रहार किस अवस्था में किया। मित्रों में इस जानकारी के बल पर मैं विद्वान् भी गिना जाता था। इस जानकारी का प्रारंभिक श्रेय सहदेवराम को है। दूसरे स्रोत हैं—गीता प्रेस के महाभारत का भाषा-संस्करण और सबलसिंह चौहान का 'महाभारत'। एक समय था कि उत्तर प्रदेश के गाँवों में तुलसीदास रामायण के बाद सबलसिंह का ही पाठ होता था। हमारे यहाँ सबलसिंह चौहान के सर्वोत्तम वाचक थे—पड़ोसी गाँव के ठाकुर घुरहूसिंह। उस वृद्ध का विशाल वपु, राजपूती चाल और वृद्धावस्था में भाला लगाकर चलने का मोह अब भी याद है। बाबा से उनकी खूब पटती थी। देहात में वे 'आल्हा' के विद्वान् माने जाते थे। उन्हीं की बदौलत मेरे गाँव में और आसपास के गाँवों में लोगों का विश्वास है कि अब भी विंध्याचल की किसी गुफा में दो अमर आत्माएँ एक साथ रह रही हैं—आल्हा और अमरसिंह, जो सन् सत्तावनवाले कुँअरसिंह के भाई हैं।

आज वह वीरगाथा-युग नहीं रहा। उस परंपरा का ध्वंस बहुत पहले ही हो गया। परंतु वीरगाथा-युग का अभिमान अभी कल तक नहीं मरा था। पूँजीवादी संस्कृति के संस्कार अब भी ठीक तौर पर जम नहीं पाए हैं। पर इतना तो निश्चय है कि युगधर्म बदल रहा है। आज नहीं तो कल हम अपने को दूसरे रूप में पाएँगे। ग्राम-संस्कृति और वीरगाथा काल—दोनों की संपूर्ण मृत्यु साथ-ही-साथ होगी। अब अधिक देर नहीं। परंतु यह भी लगता है कि ग्राम-संस्कृति के महल पर जिन मध्यवर्गीय संस्कारों का महल खड़ा हो रहा है, वह अति भयावह वंचना का दुर्ग है। प्रजातांत्रिक पद्धति के द्वारा 'नायकों' की मृत्यु हो जाएगी, क्योंकि 'नायकत्व' का मापदंड वीरगाथाकालीन 'हीरोइक' या सामंतवादी आदर्शों पर आधारित है, पर उसके स्थान पर स्थापित व्यक्ति अपने को भूफोड़ एवं स्वतंत्र मानकर स्थिति भयावह कर देगा। वीरगाथाकालीन संस्कारों और ग्राम-संस्कृति में व्यक्ति किसी नायक के सम्मुख नत-मस्तक होते हुए भी अपने को पूरे समाज से संयुक्त किए हुए था। वह व्यक्तिवादी नहीं था। लेकिन मध्यवर्गीय संस्कृति का पोषित व्यक्ति अपनी स्वतंत्र सत्ता का हुंकार करता है। इसी से आज कोई जनमेजय नहीं, सभी वैशंपायन-ही-वैशंपायन हैं। (नायक से मेरा तात्पर्य किसी राजा-जमींदार से नहीं, बल्कि अतीत के 'चरित-नायकों' या 'राष्ट्रीय नायकों' से है। एक समय था कि महात्मा गांधी ऐसे चरित-नायक की भूमिका निभा रहे थे।)

राष्ट्रीय जीवन की यह ट्रेजेडी दोहरी है। एक ओर 'व्यक्ति' है, जो बुद्धिवाद का जामा-जोड़ा पहनकर मिथ्या स्वांग का खूब रस ले रहा है और घूम-घूमकर अजनबी

बनने का विज्ञापन कर रहा है। 'मेरी ओर देखो, मैं अजनबी हूँ। मेरे पास सिर ही है, धड़ नहीं। मेरी ओर देखो, मैं कितना महान् हूँ, क्योंकि मैं अजनबी हूँ।' खूबी तो यह है कि इस बुद्धिवाद के जामे में वह डूब सा गया है और अपने को प्रत्येक दशा में प्रेत-सरीखा प्रस्तुत करने में ही अपनी महत्तम पूजा और महत्तम सिद्धि समझ रहा है। दूसरी ओर सामूहिक जीवन का दीन नग्न कबंध है। इस कबंध पर 'स्टेट', जो उस बुद्धिवादी राहु का रिश्तेदार बन गया है, एक मानवीय-अमानवीय सिर काटकर चस्पाँ करने की सोच रहा है, पर स्वतः इसके साथ संयुक्त होने में इसे अपनी तौहीन नजर आ रही है। पता नहीं यह नवीन शीश इस दीन-हीन कबंध को विनायक बनाएगा अथवा यह दशमुख रावण का मूर्द्धाभिषिक्त ग्यारहवाँ शीश होगा।

हेमंत की करुणामयी उदास संध्या ने इस प्रश्न को उठाया है। परंतु उत्तर?

□

हरिवंशराय बच्चन : कुछ यादें

—विवेकी राय

बच्चनजी मेरे प्रिय कवि रहे हैं। उनका नाम सन् 1943–44 के इर्द-गिर्द एक बहुत कुतूहल भरी सूचना के रूप में सामने आया। सूचना इस रूप में थी कि पड़ोसी गाँव गोंडउर के चरवाहे भैंस की पीठ पर बैठकर बच्चन कवि की 'मधुशाला' गाते-गाते भैंस चराते हैं। सूचना की पूरी व्याख्या इस प्रकार थी कि उस गाँव के कुछ अधिक पढ़े-लिखे और संपन्न परिवार के एक युवा जमींदार हैं, जो साहित्यिक रुचि के हैं तथा उन्हें पूरी 'मधुशाला' जबानी याद है। वे स्वयं भी शौकिया भैंस चराते हैं और साथ के अनपढ़ चरवाहों को 'मधुशाला' सुना-सुनाकर याद करा देते हैं।

उन दिनों मैं भी टूटी-फूटी पंक्तियाँ जोड़कर कवि बन गया था। उक्त सूचना ने इतनी उत्सुकता बढ़ाई कि 'मधुशाला' की खोज बढ़ी। कई पुस्तकालयों को छानने के बाद पुस्तक मिली। वह गांधी के प्रभाववाला ग्राम सुधार का आंदोलनी दौर था। लगभग गाँव-गाँव में पुस्तकालय थे। अब किसी गाँव में नहीं हैं। अस्तु, 'मधुशाला' क्या मिली, पुस्तक रूप में एक निधि मिल गई। कहने की आवश्यकता नहीं कि थोड़े ही दिनों में पुस्तक का अधिकांश याद हो गया। कविता का नशा भी बहुत जबरदस्त होता है। वह भी 'और-और' की माँग करता है। बच्चनजी की अन्य पुस्तकों की खोज बढ़ी। हाथ लगीं 'एकांत संगीत', 'सांध्यगीत' और 'निशा निमंत्रण' तो वे कंठहार हो गईं। उनकी एक कविता, संभवत: 'सांध्यगीत' की थी, अब भी नहीं भूलती है। याद है, उन दिनों वह जीवन का एक अंग बन गई थी। उस कविता की कुछ पंक्तियाँ अविस्मरणीय हैं—

"हो जाए न पथ में रात कहीं,
मंजिल भी तो है दूर नहीं—
यह सोच थका दिन का पंथी भी जल्दी-जल्दी चलता है
दिन जल्दी-जल्दी ढलता है।
बच्चे प्रत्याशा में होंगे

नीड़ों से झाँक रहे होंगे
यह ध्यान परों में चिड़ियों के भरता कितनी चंचलता है
दिन जल्दी-जल्दी ढलता है।
मुझसे मिलने को कौन विकल?
मैं होऊँ किसके हित चंचल?
यह प्रश्न शिथिल करता पद को, भरता उर में विह्वलता है
दिन जल्दी-जल्दी ढलता है।"

मैं उन दिनों गाँव में रहता था। खेती देखनी पड़ती थी। दूर-निकट के गाँवों की यात्रा करनी पड़ती थी। अधिक सरोकार दक्षिण दिशा से था। उधर तीन कोस पर ननिहाल, चार कोस पर पटवारी (अब लेखपाल) का गाँव, इतनी ही दूर गंगा तट स्थित तीर्थवाला शहर बक्सर (बिहार) और कोस भर दूर एक गाँव मेड़वरा, जहाँ मेरे कुछ खेत थे। बीच में खेतों का फैला सपाट मैदान। सरोकारवश दक्षिण की ओर किसी जगह सुबह गया, तो संध्या समय लौटते समय उक्त कविता से टकरा जाता। खेतों के सपाट मैदान के बीच से लौटते में सामने बाग-बगीचों से घिरा गाँव दिखाई पड़ता। ऊपर खुले आकाश में किसी ओर तेजी से उड़ती जाती कोई चिड़िया या चिड़ियों का झुंड दिखाई पड़ता। उन उड़ती चिड़ियों में बच्चन की कविता दिखाई पड़ती कि इन सबों का कहीं घर या घोंसला होगा, घोंसले में इनके बच्चे होंगे, अपनी माँ को खोजते होंगे और यही सोच तो है कि प्रातः की फुरसती उड़ानवाले ये पक्षी बहुत जल्दी-जल्दी में हैं, जल्दी से घर पहुँचें। घर! ओह! कितनी प्यारी जगह है। सबका कहीं-न-कहीं घर होता है। मेरा भी घर है। वह बगीचों के झुरमुट में ताड़ के पेड़ की सीध में एक ऊँचा सा पेड़ है, उसी की बगल से एक रास्ता गली से होता, आगे एक ऊँचे चबूतरे तक, जिसके ऊपर मेरा, और घर ही तो है कि खींच रहा है, जल्दी-जल्दी चलो, थकावट है तो क्या, साँझ घिरने लगी है···फिर वह 'पंथी भी जल्दी-जल्दी चलता है!'

मगर कविता की अंतिम पंक्ति तक पहुँचते-पहुँचते मेरा 'मैं' कविता से छिटक कवि से टकरा जाता और स्वयं कवि हो जाता। एक अज्ञात वेदना की लहर के रूप में मेरे युवा मन को वे पंक्तियाँ छूने लगतीं, अनजानी सिहरन पैदा होती, मैं किसके लिए चंचल होऊँ, मेरी प्रतीक्षा में कौन विकल होगा? और फिर उन दिनों जो मेरा कवि कुछ टूटी-फूटी पंक्तियों में पंख मार रहा था, किस-किस रूप में उड़ान भरने के लिए ऊर्जा पाता रहा, कह नहीं सकता।

कहने का तात्पर्य यह कि बच्चन के गीतों ने जो 'निशा निमंत्रण', 'सांध्यगीत' और 'एकांत संगीत' में प्रकाशित थे, मुझे बहुत प्रभावित किया, मगर 'मधुशाला' बावजूद कंठहार होने के मुझे सृजनात्मक प्रेरणा के अर्थ में प्रभावित नहीं कर सकी। संभवतः

इसका कारण मेरा गांधीवादी आदर्शों में ढल रहा व्यक्तित्व रहा। इतने पर भी उनकी कविता की मधुशाला में ललक के साथ बैठकर, काव्य-मधु का रसास्वादन कर जैसे लाखों-लाखों पाठकों को मनोमय तुष्टि-पुष्टि मिली, उसी प्रकार मुझे भी मिली। कवि का दावा था, "नहीं खत्म होने की हरगिज, लाख पिएँ, दो लाख पिएँ, पाठकगण हैं पीनेवाले कविता मेरी मधुशाला।"

दावा शत प्रतिशत सच है। उसकी सहज सूफियाना अंदाजवाली मर्मस्पर्शी अभिव्यंजना, सहज संप्रेषणीयता, शिल्प-कौशल, कल्पना की ऊँची उड़ान और श्लिष्ट विदग्धता की कला आदि में अद्भुत नूतनता और आकर्षण था, लेकिन बच्चन के गीतों का रंग कुछ और था। उनकी भाव तरंगों की छुवन कुछ और थी। उनका प्रभाव स्थायी था। अब जब मन करता है गुनगुना लेता हूँ और ताजगी का अनुभव होता है। आज के संसार की विनाशोन्मुखी गिरावट देखकर मन में जब-जब यह विचार उठता है कि मरने के बाद अब धरती पर जन्म न लेना पड़े, तब प्रायः याद आती हैं ये पंक्तियाँ—

"अब मत मेरा निर्माण करो
तुमने न बना मुझको पाया,
युग-युग बीता मैं घबराया।
हे कुंभकार, मेरी मिट्टी को—
अब न अधिक हैरान करो।
अब मत मेरा निर्माण करो॥"

सन् 1950 के पूर्व बच्चन का मेरे ऊपर जो प्रभाव था, वह उनका साहित्य पढ़कर था। वास्तव में साहित्यकार अपने साहित्य में ही संपूर्ण रूप में स्थित रहता है। उसका सृजन ही उसका वास्तविक रूप होता है। इतने पर भी उसे निकट से देखकर तथा उसका सत्संग पाकर जो प्रेरक आनंदोपलब्धि होती है, वह बहुत मूल्यवान होती है। मुझे भी सौभाग्यवश एक ऐसा अवसर मिला था। बच्चन की कविताओं की भाव-छवियों को देखने के बाद वह प्रत्यक्ष दर्शन बहुत आह्लादकारी था।

मेरी पहली पुस्तक 'अर्गला' (काव्य-संग्रह) सन् 1951 में प्रकाशित हुई। उसकी भूमिका लिखवाने के लिए उस साल 29 जून को मैं वीररस के महाकवि पं. श्याम नारायण पांडेय के घर डुमराँव (जिला मऊ) पहुँचा। उस दिन वे कलकत्ते की यात्रा पर निकल रहे थे। राजस्थान क्लब की ओर से कवि-सम्मेलन का बुलावा था। वे अति आग्रहपूर्वक मुझे भी लेते गए। वहाँ दो सप्ताह का फैला हुआ कार्यक्रम था। वहाँ प्रमुख रूप से कविगण श्री बसंत कुमार बिड़ला के अतिथि रहे। मुख्य कार्यक्रम 1 जुलाई, 1951 को था। कवि सम्मेलन में हरिवंशराय बच्चन भी थे। इसके अतिरिक्त बेधड़क बनारसी, हंस कुमार तिवारी, आशुकवि जगमोहन अवस्थी, श्रीमती सुमित्रा कुमारी सिन्हा और पं. श्यामनारायण

पांडेय प्रमुख थे। इन कवियों में बच्चनजी हर तरह से बहुत ऊँचे हो जाते थे। उनका संपूर्ण व्यक्तित्व एक भावमय, शांत और गंभीर चिंतक जैसा लगता था। वे रात में हम लोगों के साथ नहीं, कहीं अन्यत्र रुकते थे। दो सप्ताह फैले काव्य-पाठ के हर कार्य में वे उपस्थित भी नहीं होते थे। किसी सहज गरिमावाले व्यक्ति के सामने उनके अन्य समानधर्मी सहज रूप में ही हलके पड़ जाते हैं।

कलकत्ते के ओरियंट नामक प्रथम वातानुकूलित सिनेमा हॉल में राजस्थान क्लब का प्रमुख कार्यक्रम 9 बजे दिन में आरंभ हुआ। आयोजकों में एम.एल. जालान, जी.एन. खेतान, बी.पी. सिंह राव और बी.के. बिड़ला थे। हाल दर्शकों से खचाखच भरा था। श्रोताओं में पांडेय बेचन शर्मा उग्र, आचार्य परमानंद शर्मा और डॉ. सुधाकर पांडेय भी थे। बच्चनजी ने प्रथम राउंडवाले काव्य-पाठ में अपनी एक प्रिय रचना सुनाई थी—

"प्रिय शेष बहुत है रात, अभी मत जाओ।
शिथिल पड़ी नभ की बाँहों में—
है रजनी की काया,
चाँद चाँदनी की माया में—
है भूला भर गाया।
प्रिय शेष बहुत है बात, अभी मत जाओ।
प्रिय शेष बहुत है रात, अभी मत जाओ॥"

बहुत ही डूबकर, भावमय और आकर्षक मुद्रा में बच्चनजी ने काव्य पाठ किया था। तालियों की गड़गड़ाहट से हॉल गूँज उठा था। पं. श्याम नारायण पांडेय के काव्य-पाठ पर भी इसी प्रकार तालियाँ बजी थीं, परंतु उनके प्रतिस्पर्द्धी मन में यह बात बैठ गई थी कि बच्चनजी उनसे बाजी मार रहे हैं। अपने लोगों के बीच इस संदर्भ की एक कविता भी हम लोगों को फुरसत के समय सुनाई थी। कविता में बच्चनजी के काव्य-पाठ की आलोचना हुआ करती थी। एक कविता में आता था कि काव्य-पाठ के बीच-बीच में पानी नहीं पीता हूँ और जनानी कविता नहीं सुनाता हूँ। अंतिम पंक्ति याद आ रही है, "कविता मरदानी पढ़ा करता हूँ।"

बेशक, पंडितजी बेहद जोश में वीररसावतार बन कड़कती-फड़कती भाषा में अपनी काव्य-गर्जना संपन्न करते थे, बेहद लोकप्रियता अर्जित करते थे, परंतु बच्चन जैसा गांभीर्य और काव्य-सौष्ठव आते-आते भी कहीं छिटक जाता था। फैसला समय ने भी कर दिया। बच्चन कवि-सम्मेलनों में जाकर भी अनेक कारणों से 'कवि-सम्मेलनी कवि' नहीं हुए और समय के साथ उनका मान बढ़ता गया। उनकी अपनी पहचान नहीं मिटी, हालाँकि तेजी से बदलते समय के साथ व्यक्तियों की पहचानें भी बेपहचान में

तब्दील होती जा रही हैं। मुझे इस संदर्भ की बच्चन की ही 'हलाहल' की एक कविता बारंबार याद आती है—

"आज दस वर्षों से यह पीत-/चमेली खिलती एक प्रकार,
उतर आती इस पर हर साल/अनोखी एक बसंत बहार।
किंतु आकर हर बार बसंत/पूछता मुझसे एक सवाल—
तुम्हीं हो क्या वह व्यक्ति/जिसे देखा मैंने पर साल?"

कविता ने जीवन के एक भयानक यथार्थ को सामने लाकर खड़ा कर दिया। 'मधुशाला' के आनंदोल्लासी आदर्श, उच्चाशा, दर्शन की उड़ान और जीवन का सारा-सारा आशावादी पक्ष इस 'हलाहल' में ध्वस्त हो गया। अपने गंभीर जीवनानुभवों को जिस प्रकार इस पुस्तक में कवि ने निचोड़ रखा है, उससे उनके व्यक्तित्व में निहित संतुलन, समन्वय और चिंतन के सही दिशाबोध का पता चलता है। मुझे इस पुस्तक ने बहुत प्रभावित किया था, 'मधुशाला' से भी अधिक। उन दिनों इसे मैं बारंबार पढ़ता और हर बार कुछ-न-कुछ नयापन लगता, खासतौर पर इस कृति की प्रस्तावना रूप में लिखी आरंभिक कविता का संदेश तो अविस्मरणीय है। कवि ने बहुत सहजता से स्वीकारा है—

"नहीं मैं यह कहता हूँ भूल/कि जब था आमज्जित मधु बीच,
नहीं क्यों आकर मुझको मीत/गई ले इस जीवन से खींच।
तभी मैं करता यदि प्रस्थान/अधूरा रहता मेरा ज्ञान
मुझे आया है मधु का स्वाद/हलाहल पी लेने के बाद।"

उक्त छंद में जैसा प्रसादगुण है, जैसी स्वच्छंद-सहज प्रवाह की संप्रेषणीयता है, वैसी ही विशेषता 'हलाहल' के हर छंद में भी मिली। 'हलाहल' में ही क्यों, उनकी हर कृति में, उनकी गद्य रचना, आत्मकथा के तीनों भागों में भी सहजता-संप्रेषणीयता की छाप मिली। उनकी लोकप्रियता का यह भी एक रहस्य है। मेरा सौभाग्य रहा ऐसे महान् लोकप्रिय कवि का कलकत्ते में सान्निध्य पाना। बहुत जूनियर था अतः इस सान्निध्य का लाभ उठाने, कुछ बात करने में सहम रहा था। अंततः एक दिन फुरसत देखकर सामने हो ही गया। क्या पूछा, यह तो पूरा याद नहीं है, परंतु प्रसन्न आत्मीयता के साथ बच्चनजी का उत्तर देना तो एकदम अविस्मरणीय है। वे वास्तव में महान् थे। एक मूल्यवान बात, जो मेरी किसी जिज्ञासा का समाधान करते हुए कही थी, अवश्य ही याद रहती है कि कुछ शब्द जोड़-बटोरकर कवि बन जाना तो आसान है, परंतु वास्तव में काव्य-सृजन बहुत कठिन है। कठिन का अर्थ अब यह समझ रहा हूँ कि वह एक तप है; काव्य ध्यान, योग है। अंत में मैं ऐसे काव्य-योगी को प्रणाम करता हूँ।

□

देश-सेवा के अखाड़े में

—सूर्यबाला

यह खबर चारों तरफ आग की तरह फैल गई कि मैं देश-सेवा के लिए उतरने वाला हूँ। जिसने सुना, भागा आया और मेरे निर्णय की दाद दी। बधाई-संदेशों का तांता लग गया—'सुना, आप देश-सेवा के लिए उतर रहे हैं। ईश्वर देश का भला करें!'

प्रस्ताव पर प्रस्ताव आने लगे कि बाइ द वे, शुरुआत कहाँ से कर रहे हैं? कौन सा एरिया चुन रहे हैं? हमारे अंचल से करिए न! बहुत स्कोप है। हेलीपैड बनकर विकसित होने लायक इफरात जमीन पड़ी है। आबो-हवा भी स्वास्थ्यप्रद है। ईश्वर की दया से गरीबी, भुखमरी और अशिक्षा आदि किसी बात की कमी नहीं। लोग भी सीधे-सादे नादान किस्म के हैं—तो बहकने की कोई गुंजाइश नहीं। वर्षों सुख-शांति, अमन-चैन से गुजार सकेंगे, आप 'माई बाप', इन देश के लालों के साथ। ये हमेशा रोटी के लाले पड़े रहने पर भी कभी शिकवे-शिकायत नहीं करते। हर हाल में मुँह सिलकर रहने की जबरदस्त ट्रेनिंग मिली है इन्हें।

मैंने सोचा, जगहें तो सारी एक सी हैं; ऐसे स्कोप कहाँ नहीं हैं! लेकिन जब कहा जा रहा है, ऑफर मिला है तो उन्हीं के एरिया से शुरुआत हो जाए। मेरा निश्चय सुनते ही प्रेसवाले दौड़े आए और आग की तरह फैलती इस खबर में घी डाल गए।

शाम को उस एरिया का सबसे बड़ा कॉण्ट्रेक्टर आया और सलाम करके बोला, 'बँगला कहाँ छवेगा?'

मैं हैरान। कैसा बँगला? अभी देश-सेवा तो हुई नहीं कुछ, उससे पहले बँगला छवाने आ गया!

उसने उसी अदब भरी मुस्तैदी से कहा, 'वही तो-जब तक बँगला नहीं छवेगा, देश-सेवा, जनहित जैसे महान् काम कहाँ बैठकर करेंगे आप? लोक-सेवक लोग आकर कहाँ ठहरेंगे? मुलाकाती कहाँ लाइन लगाएँगे? संतरी कहाँ हड़केगा उन्हें? फूँस की छत या टीन के शैड के नीचे मुलाकाती नहीं इकट्ठे होते। कोई बेवकूफ थोड़ी हैं। सीधी सी

बात है, जो अपने सिर पर छत नहीं खड़ी कर पाया, वह उनके सिरों पर साया कहाँ से करेगा? अपना नहीं तो कम-से-कम अपने दु:ख-दर्द सुनाने आनेवालों का तो खयाल कीजिए।'

मैंने कहा, 'तब फिर छवा दीजिए जहाँ ठीक समझिए।'

वह खुश हो गया। वहीं-का-वहीं बैठकर, नक्याा वगैरह खींचकर वह बोला, 'गेराज एक रहेगा या दो?'

मैंने कहा, 'अरे यार! पहले कार तो हो।'

उसने कहा, 'आपकी न सही, मुलाकातियों की तो होगी! और फिर यों समझ लीजिए कि बप्पा साहब को देशहित के पेवेलियन में कुल छह महीने ही गुजरे हैं और ऑलरेडी दोनों बेटों की ट्रकों और स्टेशन-वैगनों के लिए जगह की कमी पड़ रही है।'

मैंने आज्ञाकारी बच्चे की तरह कहा, 'तब जैसा आप लोग उचित समझिए।'

कॉण्ट्रेक्टर खुश हो गया, 'ऐसा करते हैं, एक गेराज बना देंगे और दो की जगह छोड़ देते हैं। पोर्च पोर्टिको आलीशान बनाएँगे, नहीं तो संतरी टुटपुँजिए मुलाकातियों को रुआब से दुतकारेगा कैसे? संतरी जितना कटखना होता है, आदमी उतना ही पहुँचवाला माना जाता है।...अच्छा, मैं चलता हूँ। बँगले का अहाता, लॉन सींचने, साग-सब्जी, फूल-पत्तों की क्यारी सँवारने के लिए मेरा एक आदमी है, बड़ा नेक और विश्वासपात्र। इस काम के लिए उसी को रखिएगा, जनहित जैसे काम करने जा रहे हैं तो इस एरिया के नक्कालों से सावधान रहने की जरूरत है।'

शाम को उस एरिया के व्यापारी संगठन का प्रमुख आया और आजिजी से बोला, 'देश-सेवियों का भोजन तो अत्यंत संतुलित और नियमित होता है। बप्पा साहब तो अनाज को हाथ नहीं लगाते थे और देख लीजिए काठी ऐसी है कि सत्तर की उम्र में सत्ताईसवालों को बगल में दाबकर घूमें। अखाड़ेबाजों सा सधा हुआ तना हुआ शरीर... सिर्फ मीनू की बदौलत ही तो! बाइ द वे आपकी मीनू?'

मैंने झेंपकर कहा, 'अभी बनाया नहीं।'

उसने ताकीद की, 'तो झटपट बना डालिए—खान-पान की दुरुस्ती पहले। आप जानो रूखी-सूखीवाले महात्मा को कौन पूछता है? मेरा तो आज तक किसी नमक-रोटी खानेवाली महान् आत्मा से साबका पड़ा नहीं। मेरे देखते-देखते कितने ही जनसेवी नमक, रोटी, प्याज से शुरू होकर फल, दूध और सूखे मेवोंवाले मीनू पर स्थानांतरित हो आज तक स्वास्थ्य-लाभ कर रहे हैं।'

मैंने संकोच से कहा, 'सूखे मेवे तो गरिष्ठ होंगे। सोचता हूँ, शुरू-शुरू में रोटी-दाल ही ठीक रहेगा।'

उसने फौरन टोककर कहा, 'देखिए आप दाल-रोटी खाइए या नमक-रोटी, एक

बात समझ लीजिए, घर भड़कानेवाले बहुत हैं—घर-घर यह बात पहुँच जाएगी कि जो खुद नमक-रोटी खाता है वह हमें मालपूए कहाँ से खिलाएगा! और इस एरिया के लोग भोले-भाले, नादान हैं।'

मैंने कहा, 'आपकी कत ठीक है, लेकिन मेवे बहुत महँगे भी तो हैं!'

वह बेतकल्लुफी से बोला, 'क्यों शर्मिंदा कर रहे हैं आप? आप इस एरिया के जनसेवक होकर आ रहे हैं और खरीदकर मेवे खाएँगे? लानत नहीं होगी इस जमीन के बाशिंदों के लिए? आखिर हम किस मर्ज की दवा हैं! आज ही सूखे मेवों का एक टोकरा भेजे देते हैं।'

मैंने जल्दी से कहा, 'नहीं-नहीं, आपके मेवे…'

उन्होंने बात काटकर कहा, 'उन्हें मेरे मेवे नहीं, देश-सेवा के मेवे समझकर खाइएगा, बस! वैसे भी आप चखकर देखिएगा तब समझिएगा कि खरीदकर खाए मेवों में वो स्वाद और लज्जत कहाँ जो देश-सेवा से प्राप्त मेवे में होती है! पैसों की चिंता मत कीजिएगा! मुझे आप पर भरोसा है, मेरे पैसे कहीं नहीं जाएँगे। सब वसूल हो जाएँगे।'

अगले दिन उस एरिया का नामी-गिरामी दर्जी आया और बड़े प्यार से मुझे अपने फीते में जकड़ते हुए बोला, 'आप फिक्र न कीजिए। मुझे सब अंदाज है। बप्पा साहब से मैंने पहली बार नाप लेते वक्त ही कह दिया था कि अगली अचकन और पाजामे के लिए कम-से-कम पीना-पौना मीटर कपड़ा ज्यादा लाइएगा। और वही हुआ! वैसे ही आप भी करिएगा, लिबास तो यही रखेंगे न! रखना भी चाहिए। शुभ्र, स्वच्छ, बकुल-पंखी—अर्थात् बगुले की तरह सफेद शक्काक। हर मौके और हर जगह के लिए पूरी तरह दुरुस्त। जमाने की हवा सर्द हो या गरम, ये वस्त्र पूरी तरह वातानुकूलित रहते हैं। समझ लीजिए लिफाफे हैं, जो अपना मजमून बदलते रहते हैं। कोई बाहर से इनके अंदर का मजमून भाँप नहीं सकता। और इधर तो इस हिबास की महिमा और बढ़ गई है। इतिहास बताता है कि पहले इस लिबर्सि को महान् लोग पहनते थे, अब इसे जो पहन लेता है, तुरत-फुरत महान् हो जाता है।'

अगले दिन सुबह-सुबह तेल-पिलाई लाठी और बुल-वर्करी सीनेवाला एक मुच्छड़ आया और सलाम ठोंककर बोला, 'मैं संतरी हूँ, सिर्फ देश-सेवियों के पोर्टिकों और पोर्चों के लिए समर्पित। अब तक की सारी जिंदगी समझ लीजिए देश-सेवी फाटकों और पोर्चों पर ही कुर्बान की है। खिदमत में कोई कोर-कसर नहीं रहेगी, इसका भरोसा रखें। बप्पा साहब ने तो पूरी हक-हुकूमत दे रखी थी। जिसे चाहता, अंदर जाने देता और जिसे चाहता, चार धक्के दे, कॉलर पकड़ बाहर कर देता। बप्पा साहब कभी दखल न देते थे। अहा, क्या आदमी थे! कभी पूछा—पैरवी की ही नहीं। मेरी वजह से कभी टुटपुँजिए फटेहाल मुलाकाती उनके पास फटक ही नहीं पाए। समझ लीजिए वे तो नाम के मंतरी

थे। असली मतरी तो मैं यानी उनका संतरी ही हुआ करता था। अब आपको क्या बताना, समझ लीजिए एक तरह से पूरे देश की बागडोर सतरियों के हाथ में ही होती है। अच्छा, चलता हूँ। फाटक, पोर्टिको तैयार हो जाए तो बुलवा लीजिएगा। यह रहा मेरा विजिटिंग कार्ड। मेरे सिवा कोई और यहाँ संतरी न होने पाए इसका खयाल रखिएगा। यह ओहदा जिस-तिस को सौंपने लायक नहीं। बड़ी जिम्मेदारी, बड़े जोखिम का काम है। हाँ साँझ को इस इलाके के कुछ और नामी-गिरामी, ताबेदार लोग आपसे दुआ-सलाम किया चाहते हैं, जिससे आपको पूरा इत्मीनान हो सके।'

शाम को सिर पर टोपी लाल, गले में रेशम का रूमाल बाँधे वे लोग भी आए और मुझे पूरा भरोसा दिला गए कि 'हमारे रहते इस पूरे इलाके में किसी की हिम्मत नहीं जो आपके काम में दखल दे। न आपकी तरफ कोई आँख उठा सकता है, न कोई इन्क्वायरी बैठ सकती है। हम जो हैं! आप तो बस खाइए और चैन से सोते हुए देश की खुशहाली का सपना देखिए। किसी की मजाल नहीं जो कोई रोड़ा अटकाए। अटकाए तो हमें तलब कीजिएगा। इसी तरह हमें पूरा भरोसा है कि आपके रहते हम पर आँच न आने पाएगी। है कि नहीं? न हमारा काम रुके, न आपका। बप्पा साहब जब तक रहे, अपनी बात रखी, हम निर्द्वंद्व घूमते रहे। अब यह जिम्मेदारी आप पर। आप अपना हाथ हमारे सिर पर रख दें तो हमें भी इत्मीनान हो जाए।'

मैंने ससंकोच उन्हें समझाने की कोशिश की, 'लगता है, आप लोगों को कुछ गलतफहमी हो गई है। मैं तो यहाँ देश-सेवा के इरादे से आया हूँ।'

उन्होंने फौरन कहा, 'लीजिए तो हम कौन से देश के बाहर हैं! हम भी तो उसी देश के वासी हैं जिस देश में गंगा बहती है—प्रदूषण की। हमें कोई गलतफहमी नहीं जी! और एक बात आपको भी याद दिला दें कि आप भी किसी गलतफहमी में न पड़िएगा। यह इलाका जितना आपका है उतना ही हमारा भी। इतना ध्यान रखिएगा, देश-सेवा के क्षेत्र में रहकर हमारे जैसे देशवासियों से द्रोह न मोल लीजिएगा। बाकी जिम्मेदारी हमारी। न वोट की कमी होने देंगे, न नोट की। आप चैन से सामाजिक, आर्थिक क्षेत्र के पिछड़े हुए तमाम काम कीजिए चाहे काम तमाम कीजिए।'

इस प्रकार धमकी भरे आश्वासन और आश्वासन भरी धमकियाँ देते हुए भूतपूर्व मंतरी के संतरी और उसके बिरादरों ने अपने-अपने क्षेत्रों को गमन किया तथा उस विचारोत्तेजक धमकी से प्रेरित हुआ मैं, ओ मेरे क्षेत्रवासियो, आपके नाम यह संदेशनुमा धमकी जारी करता हूँ कि चूँकि मुझे अब कुछ भरोसेमंद साथी मिल गए हैं, अतः मैं बेखौफ, बेहिचक आपके क्षेत्र की सेवा के अखाड़े में कूदने वाला हूँ। सावधान!

□

इजराइल यात्रा

—भानुप्रताप शुक्ल

जलभव से पीड़ित इजराइल ने उपलब्ध जल की हर बूँद का उपयोग करने की विधा का आविष्कार किया है। जोर्डन नदी, किनरेट झील, समुद्रवत् गैलिली जलाशय और छोटे-छोटे झरनों का जल पौधों और परिवारों को बहुत की कुशलतापूर्वक तथा आवश्यकता के अनुरूप पहुँचाया गया है। किस पौधे को कितनी बूँद पानी चाहिए, इसका वैज्ञानिक गणित किया है। यदि कोई पौधा जल ग्रहण करता दिखाई नहीं देता तो उसे निर्ममतापूर्वक उखाड़कर फेंक दिया जाता है। संपूर्ण इजराइल में प्लास्टिक की पतली-पतली नलिकाएँ मानव-शरीर की नस-नाड़ी की तरह बिछाई गई हैं। वे नलिकाएँ बड़े-बड़े बंबों (पाइप्स) से जुड़ी हैं। यह खोज सचमुच एक चमत्कार है। 'जल ही जीवन है' का सुभाषित इजराइल ने चरितार्थ किया है।

5 अगस्त, 1995 से 12 अगस्त, 1995 तक के मेरे सात दिन इजराइल में बीते। इस छोटे से देश को भरपूर और भरा-पूरा देखा, इतना कि इजराइल के लोग भी उन इलाकों को अभी तक देख और वहाँ जा नहीं पाए होंगे, जिन्हें मैंने देखा, जहाँ-जहाँ मैं गया। तेलअवीव से लेकर रामोन तक, इजरायल-लेबनान, इजरायल-सीरिया, इजरायल-जोर्डन की सीमाओं पर घूमा, वहाँ बनाई गई बाड़ देखी, शस्त्रसज्जित सैनिक देखे, पश्चिमी तट और गोलन हाइट गया, स्मारक और संग्रहालय देखा, सरकारी अधिकारी, राजनयिक और आम आदमियों से मिला, बूढ़ों-बच्चों, युवकों से बात की। जितना और जो कुछ इसके पूर्व इजरायल के विषय में सुना था, उसमें कुछ सच था तो कुछ अतिशयोक्ति। यह कि पूरा इजरायल रेगिस्तान है, इजरायलियों ने रेत को कृषि-भूमि में बदलने का चमत्कार किया, पूरी तरह सच नहीं है, इसमें सच्चाई केवल इतनी है कि वहाँ की जिस भूमि को खेती के योग्य बना पाना संभव था, उसे संभव कर दिखाया। जिस भूमि में वे खेती कर रहे हैं, वह रेतीली नहीं, बंजर थी, पथरीली थी, जलहीन थी। इजरायल का रेतीला दक्षिणी भाग अब भी रेगिस्तान है और वहाँ कुछ भी पैदा नहीं होता। इजरायल का

चमत्कार बंजर भूमि को उपजाऊ बनाने में नहीं, उस भूमि को सिंचित करने की व्यवस्था का निर्माण है। जलाभाव से पीड़ित इजरायल ने उपलब्ध जल की हर बूँद का उपयोग करने की विधा का आविष्कार किया है। जोर्डन नदी, किनरेट झील, समुद्रवत् गैलिली जलाशय और छोटे-छोटे झरनों का जल पौधों और परिवारों को बहुत ही कुशलतापूर्वक तथा आवश्यकता के अनुरूप पहुँचाया गया है। किस पौधे को कितनी बूँद पानी चाहिए, इसका वैज्ञानिक गणित किया है। यदि कोई पौधा जल ग्रहण करता दिखाई नहीं देता तो उसे निर्ममतापर्वूक उखाड़कर फेंक दिया जाता है। संपूर्ण इजरायल में प्लास्टिक की पतली-पतली नलिकाएँ मानव-शरीर की नस-नाड़ी की तरह बिछाई गई हैं। वे नलिकाएँ बड़े-बड़े बंबों (पाइप्स) से जुड़ी हैं। यह खोज सचमुच एक चमत्कार है। 'जल ही जीवन है' का सुभाषित इजरायल ने चरितार्थ किया है।

इजरायल का चमत्कार उसकी भौतिक समृद्धि और सामरिक विजय में नहीं, उसकी जीवन-शक्ति में है। उसके जूझने, जीतने और जीने की विजगीषु प्रवृत्ति में है, कभी और किसी भी परिस्थिति में हार न मानने का गुण यहूदी स्वभाव में है, अपना अतीत कभी न भूलने की उनकी परंपरा है, अपने पूर्वजों और प्रेरणा पुरुषों के साथ जुड़े रहने की उनमें भावना है, उनके भावलोक में इजरायल देश और यहूदी राष्ट्र सदा स्थित रहता है; उसकी पाँच हजार सात सौ छियालीस वर्ष की जीवन-यात्रा और चार हजार वर्ष पूर्व डेविड द्वारा निर्मित राज्य-व्यवस्था में है। ईसवी सन् के सत्रह सौ वर्ष पूर्व का उसका लिखित इतिहास उपलब्ध है। अब्राहम, उनके पुत्र इसाक और पोते जैकब विषयक बातें परीकथा नहीं, यथार्थ हैं। 'बुक ऑफ जेनिसिस' में इनकी खानाबदोशी की दास्तानें दर्ज हैं। बाइबल की साक्षी है कि किस प्रकार एक नए भूखंड में, एक नए जनसमूह और एक ईश्वर में विश्वास जाग्रत् करने के लिए अब्राहम के बारहवें पुत्र जैकब के नेतृत्व में मिस्त्र की नील नदी के पूर्वी तट पर जा बसेन और उनके वंशजों को मिस्त्र द्वारा गुलाम बनाने का इतिहास भी उपलब्ध है। चार सौ साल तक गुलामी की जिंदगी जी रहे इजरायलियों को मोजेज ने मुक्त कराया। बाइबल बताती है कि मोजेज भगवान् के दूत थे, उन्हें इजरायलियों को मिस्त्र से बाहर ले जाकर विधाता द्वारा उनके पूर्वजों को प्रदत्त भूमि में बसाने के लिए भेजा गया था। सिनाय के रेगिस्तान की चालीस वर्षीय विविध यातनाएँ भोगते समय इजरायलियों को दस धर्मादेशों सहित मोजेज द्वारा दिया गया निर्देश भी प्राप्त हुआ। इसी के साथ-साथ इजरायली राष्ट्र का जन्म हुआ। अभी तक यह घटना यहूदी भूले नहीं हैं। मिस्त्र से अपने निष्कासन को वे मुक्ति और आजादी का प्रतीक मानते हैं और प्रत्येक वर्ष ईस्टर (पोशाक), सबात (धर्मादेश दिवस), सुकाट (चल गृह) का उत्सव मनाते हैं।

हम भारत के लोग केवल आठ सौ वर्ष की गुलामी में गल गए से लगते हैं, अपनी

हर गिरावट, हर समस्या और संकट को गुलामी का परिणाम मानते हैं, किंतु यहूदी इतिहास यातनाओं और निष्कासन का ही इतिहास है। इजरायल के यहूदी राष्ट्र को भौतिक और अभौतिक रूप से नष्ट कर देने के इरादे से उसके शत्रुओं ने समय-समय पर इतने भीषण और मारक आक्रमण किए कि सामान्यतया अपने अस्तित्व और अपनी अस्मिता की रक्षा कर पाना उसके लिए संभव ही नहीं था। ईसापूर्व 720 में असीरिया, 586 में बेबीलोनिया, 70 में रोम, ईसवी सन् 1920 में ब्रिटिश साम्राज्य, 1442 में स्पेन, 1881-82 में रूस और 1933-45 जर्मनी के हिटलर द्वारा दी गई यातनाओं और यहूदियों की भगदड़ की व्यथा-कथा उनकी जीवन-शक्ति का अमिट शिलालेख है। यहूदियों की हत्या के जो आँकड़े येरूसलम के महाविध्वंस संग्रहालय में दर्ज हैं, वे बहुत ही दर्दनाक और भयावह हैं। पोलैंड में 3 लाख 5 हजार, इटली में 15 हजार, रूस में 1 लाख 50 हजार, लटेबिया में 85 हजार, लिथुआनिया में 1 लाख 35 हजार, इस्टोनिया में 1 हजार, जर्मनी में 1 लाख 70 हजार, आस्ट्रिया में 65 हजार, यूगोस्लाविया में 65 हजार, बुल्गारिया में 60 हजार, रोमानिया में 2 लाख 95 हजार, नीदरलैंड में 1 लाख 5 हजार, लक्समबर्ग में 3 हजार, चेकोस्लोवाकिया में 3 लाख और हंगरी में 3 लाख, 34 हजार यहूदी मौत के घाट उतारे गए; उनमें 15 लाख मासूम बच्चे भी थे। फिर भी यहूदी जाति और इजरायल देश की भूमि पर उनका यहूदी राष्ट्र समाप्त नहीं हुआ तो क्यों? इस प्रश्न के उत्तर में निहित है वर्तमान इजरायल की अस्मिता, अस्तित्व और विजय का रहस्य।

जो लोग इजरायल की सफलता का मर्म उसकी कृषि, उसके भौतिक विज्ञान, उसकी उच्च प्रविधि में या उसके आसपास की परिक्रमा करके खोजना और जानना चाहेंगे, उनके हाथ कुछ भी नहीं लगेगा। इजरायल की देशभूमि पर अजेय यहूदी राष्ट्र अपनी सामरिक क्षमता और विजय के कारण नहीं, अपनी परंपरागत संवेदना तथा विषगीषु वृत्ति के कारण जीवित है। खोज करनी ही है तो यह खोज की जानी चाहिए कि इजरायल तथा यहूदियों को मार डालने और मिटा देने के लिए कृतसंकल्प देश और लोग मर-मिट गए, किंतु इजरायल फिर भी बचा रहा तो क्यों? केवल इसलिए कि उनकी भूमि छिन जाने के बाद भी इजरायल उनके भावलोक में सदा स्थित रहा। ईसापूर्व 586-538 तक बेबीलोनिया द्वारा विस्थापित कर दिए जाने के बाद भी यहूदी अपनी मातृभूमि को कभी नहीं भूले। बेबीलोन के नदीतट पर बैठकर अपनी देशभूमि का स्मरण करते हुए वह प्रतिज्ञा वे सतत दोहराया करते थे कि 'हे येरूसलम! यदि मैं तुम्हें भूल जाऊँ, यदि मैं तुम्हें अपने सर्वोत्तम सुख के रूप में न देखूँ, तो मेरा दायाँ हाथ विदग्ध होकर काम करना बंद कर दे और मेरी जीभ मेरे तालु से चिपक जाए।'

इजरायली विदेश विभाग में दक्षिण और दक्षिण-पूर्व एशिया विभाग के निदेशक डेविड मतनाई ने अपनी संस्कृति, सभ्यता और अपने इतिहास को पाँच हजार सात सौ

छियालीस वर्ष पुराना बताया तो उनका चेहरा दमक उठा था। उन्होंने यह भी कहा कि 'भारत भी एक अतिप्राचीन और महान् राष्ट्र है। भारत और इजरायल में कई बातें समान और साक्षी हैं। भारत की तरह इजरायल भी दासता को अमान्य करता है। दासमुक्ति (सबात) इजरायल की ही खोज है। भारत की ही तरह इजरायल की भी अपनी एक विशिष्ट संस्कृति और विशेष जीवन-दर्शन है, कई धर्ममतों की जन्मभूमि है हमारा देश। भारत की तरह विशाल भूखंड और करोड़ों की आबादी न सही, लेकिन भारत की विविधता, सांस्कृतिक एकसूत्रता और समन्वय यहाँ भी है। हमारे धर्ममत के आदिपुरुष यहीं पैदा हुए थे, ईसामसीह की जन्म और बलिदान भूमि भी यही है। यहूदियों के सबात (मुक्ति) के लिए यहूदी जीसस ने आंदोलन किया तो वह रोम को राम नहीं आया। उन्हें विद्रोही घोषित करके सूली पर टाँग दिया। विडंबना यह है कि वही जीसस आज अपने हत्यारों के आराध्य हैं और उन्हीं के नाम पर ईसाई समय-समय पर हमें सताया करते हैं। भारत ने भी आक्रमण, विनाश और गुलामी की यातनाएँ कुछ कम नहीं झेली हैं। हमारी विरासत समान नहीं है, किंतु हमारे इतिहास-बोध में कोई अंतर नहीं है।' इजरायल के महाविध्वंस संग्रहालय में उसका यह जीवनमंत्र अंकित है कि 'फारगेटफुलनेस लीड्स टू इक्जाइल, व्हाइल रिमेंबरेंस इज दि सीक्रेट ऑफ रिडेंपशन' अर्थात् विस्मृति निर्वासित करती है और स्मृति मुक्ति का मर्म है।

वहाँ के निवासी अपने देश को, अपने पूर्वजों को, अपने योद्धाओं को अपने दर्शन और अपनी परंपरागत जीवन-दृष्टि को कभी नहीं भूलते-भुलाते। यही कारण है कि अपनी देशभूमि गँवा देने, विस्थापित हा जाने और राजनीतिक सत्त के छिन जाने के बाद भी भूमि पर न सही, उनके भावलोक में उनका देश और राष्ट्र सादा जीवित रहा और 14 मई, 1948 को उनका देश आजाद होने के बाद विश्व के 80 देशों से भिन्न भाषा, भिन्न वेशभूषा, भिन्न खान-पान, भिन्न आचरणवाले हजारों यहूदी इजरायल की भूमि पर उतरे थे तो उनमें कोई अंतर, कोई भेद दिखाई नहीं दिया था। केवल इसलिए कि सबकुछ छिन और बदल जाने के बावजूद उनका जातीय मन और राष्ट्रीय स्वभाव नहीं बदला था।

यहूदियों का युद्धप्रिय होना उनका स्वभाव नहीं, परिस्थितिजन्य विवशता है। चारों ओर से शत्रु से घिरे इस देश की तनिक सी गफलत इसको हैरत में डाल सकती है। इस ओर वे पूर्ण सतर्क हैं। देश की सीमा पर और समाज के अंदर भी उनकी जागरूकता साफ-साफ दिखाई देती है। वहाँ सैनिक शिक्षा अनिवार्य है। प्रत्येक युवक-युती के लिए अपनी महाविद्यालयीन शिक्षा पूर्ण करने के बाद और विश्वविद्यालय में प्रवेश करने के पूर्व दो वर्ष सैनिक शिक्षा अनिवार्य है। हर वर्ष दो महीने के लिए अपनी सैनिक इकाई में अभ्यास के लिए जाना पड़ता है। यह कार्य वे किसी दबाव में नहीं, मन से करते हैं। रामोन के युवक छात्रावास के स्वागतकक्ष में कार्य कर रही इनलिव दीना से इस विषय

में चर्चा की और उससे पूछा कि 'क्या आपको किसी दबाव या भय के कारण सैनिक शिक्षा लेनी पड़ती है?' तो उसे यह प्रश्न अजीब सा लगा था। वह तमककर बोली थी, 'इफ नाट आई देन हू? आई नो, माई कंट्री नीड्स मी', अर्थात् यदि मैं नहीं तो कौन? मैं जानती हूँ कि मेरे देश को मेरी आवश्यकता है।

इजरायल की आबादी कम है। वहाँ कोई भी व्यक्ति बिना काम के सड़क पर घूमता दिखाई नहीं देता। या तो वह काम पर होता है, या घर पर। वह जो काम करता है, पूरा मन लगाकर करता है और इस भाव से करता है कि दुनिया यह कहे और माने कि 'काम करना है तो यहूदियों की तरह करो, देश के लिए जीना है तो यहूदियों की तरह जिओ।'

फिर भी इजरायल के यहूदी जीवन में केवल रजत रेखा ही नहीं, कुछ धब्बे भी हैं, वे धब्बे ऐसे हैं, जो आगे चलकर उनकी प्रबल इच्छाशक्ति को दुर्बल कर सकते हैं। इजरायल की आम जनता आमतौर से युद्ध से ऊब चुकी है। वह अपनी सीमाओं पर शांति और सुदूर के देशों से मैत्री संबंध चाहती है। संघर्ष और युद्ध की बात चलती है तो वे तत्काल यह कहकर उसे तोड़ देते हैं कि 'आखिर कब तक? कब तक हम हाथ में बंदूक लिये खड़े रहेंगे? आकाश केवल युद्धक विमानों के लिए ही नहीं है, वहाँ और भी बहुत कुछ है। शत्रु से सावधानी और सीमा की सुरक्षा आवश्यक है तो भी युद्ध के अतिरिक्त भी उपाय हो सकते हैं और हैं भी।'

इजरायल के बाहरी और अंदरूनी संकट के कारण हैं वहाँ के मुसलमान, वहाँ की अरबी आबादी। कुल 50 लाख की जनसंख्या में 10 लाख अरबी, अर्थात् मुसलमान रहते हैं। येरूसलम का पूर्वी हिस्सा फिलिस्तीनियों को दिया जा रहा है। 1967 के छह दिवसीय युद्ध के पूर्व यह भाग जोर्डन के अधिकार में था। अरबों के प्रति यहूदियों के मन में घृणा का ही नहीं, शत्रुता का भी भाव है। उन्हें सेना में भरती नहीं किया जाता, अरबी युवकों को सैनिक शिक्षा नहीं दी जाती, उन्हें मताधिकार प्राप्त है और इसलामी मजहब पर आचरण करने की छूट भी है, लेकिन उनकी प्रारंभिक शिक्षा-व्यवस्था अलग है। अरबों ने अपनी शिक्षा को यहूदी मुख्यधारा से स्वयं अलग कर रखा है। वे इजरायल के नागरिक तो हैं, किंतु वहाँ की मुख्यधारा से अलग हैं, अलग दिखाई देते हैं। उनके मन में इजरायल पर अपना राज्य स्थापित करने का कीड़ा कुलबुलाता रहता है। यासर अराफात के प्रति भी वे सदाशयी नहीं हैं। कहते हैं कि वह मुसलमानों का दुश्मन है, मुसलमानों की हत्या कराता है। उनकी इस भावना का पता मुझे व्यक्तिगत रूप से तब लगा, जब मेरी दाढ़ी और धोती-कुरता देखकर एक मुसलमान सब्जीवाला जोर से चीखा—'अस्सलाम अलेकुम।' मैं किसी और से बात कर रहा था, उसकी आवाज सुन नहीं पाया तो वह पुनः चीखा। मैंने मुड़कर उसको देखा, उसके पास गया, उससे हाथ मिलाना चाहा तो वह गले मिलने लगा। पूछा—'इंदिया-इंदिया (इंडिया-इंडिया)'। मैंने कहा, 'यस-यस।' उसने कहा—

'मुसलिम-मुसलिम।' मेरा उत्तर था—'यस-यस'। यह सुनकर उसका चेहरा चमक उठा। बोला—'यू हिंदुआन मुसलिम (आप हिंदुआन मुसलमान है) ?' मैंने स्वीकृति में सिर हिलाया तो आस-पड़ोस के सभी दौड़े आए, दरजी और दुकानदार बाहर आकर मेरा आलिंगन करने लगे। सभी का एक ही कहना था कि 'हम किसी से डरते-दबते नहीं, हम लड़ेंगे-जीतेंगे।' अँगूठा उठाकर वे संकेत करते—'अंतिम विजय हमारी ही होगी।'

परिवार व्यवस्था या संस्था वहाँ नाममात्र की है। बच्चे जब तक वयस्क नहीं हो जाते, तभी तक माँ-बाप के साथ रहते हैं। उनके मन में बच्चों के प्रति ममता बहुत है, उनका पालन-पोषण भी वे मन से करते हैं; किंतु जवान होते ही वे अपनी स्त्री या पुरुष मित्र के साथ अलग रहने लगते हैं। विवाह की रस्म-अदायगी भी आवश्यक नहीं है। कहते हैं, इसकी क्या जरूरत है ? क्या साथ-साथ रहना ही काफी नहीं है ? माता-पिता जब तक कमाते हैं, तब तक अपने घर में रहते हैं। अशक्त वृद्ध हो जाते हैं तो वृद्धाश्रम में चले जाते हैं। बच्चे कभी वहाँ जाते हैं और बाहर ही उनके नाम का पुष्प गुच्छ रखकर चले आते हैं। वहाँ अमेरिकी और पश्चिमी संस्कृति का प्रभाव बढ़ रहा है। उसका दुष्परिणाम भी दिखाई देने लगा है। स्त्री-पुरुष संबंधों की पवित्रता-अपवित्रता और वैधता-अवैधता को वहाँ कोई स्थान नहीं है। युवक-युवती कभी भी किसी के साथ प्रेम और यौन संबंध स्थापित कर सकते हैं। यह छिपछिपाकर नहीं, खुलेआम होता है। सैनिक प्रशिक्षण के लिए आए युवक अपनी वरदी उतारकर सायंकाल सड़क पर आ जाते हैं, शराब पीते हैं, नाचते हैं, यौनाचार करते हैं। इसे बुरा नहीं माना जाता। मैंने एक इजरायली से पूछा—'ये सैनिक हैं, नशे में हैं, भोग-विलास में लिप्त हैं, बंदूक इनके पास है। यदि शत्रु हमला कर दे तो क्या होगा, ये क्या करेंगे ?' वह बोला—'कुछ नहीं होगा। शत्रु का नाम, हमला और सायरन सुनते ही इनका नशा उड़ जाता है। बंदूकें तन जाती हैं, गोली निशाने पर ही लगती है।' हो सकता है, यह सच हो, किंतु जो कुछ दिखाई दिया, वह इस कथन के विपरीत था।

मैंने कई बुद्धिजीवियों और दूसरे लोगों से कई बार यह पूछा कि आपके बचे रहने का कारण क्या है ? उनका उत्तर था—'बचे रहने और जीने की प्रबल इच्छाशक्ति।' मेरा प्रश्न था—'क्या यह बचे रहने और विजयी होने की इच्छा की प्रबलता अब कम नहीं हो रही है ?' उनका उत्तर था—'कम हो रही है और इस कारण कम हो रही कि अब चुनौतियाँ बदल रही हैं। अब जिंदगी के आयाम बदलने लगे हैं। नई पीढ़ी में आलस्य और उपेक्षा का भाव बढ़ रहा है। यह पुरानी पीढ़ी का अंतिम दौर है। अगले चुनाव में आजादी के बाद की पीढ़ी राजनीतिक नेतृत्व सँभालनेवाली है। अब वही यह निर्णय करेगी कि इजरायल और उसे भी कैसे रहना है। उसकी और पुरानी पीढ़ी की प्रवृत्ति, प्रकृति, चेतना-चिंतन और चुनौती में बहुत अंतर है।'

इजरायलियों में सामाजिक दूरियाँ बढ़ रही हैं। केवल अरबों और यहूदियों के बीच

ही नहीं, यहूदियों और यहूदियों के बीच भी। बाहर से आए और वहाँ पहले से रह रहे यहूदियों के बीच भेदभाव और पट्टीदारी का द्वेष पनप रहा है। वे नहीं चाहते कि दूसरे देशों में रह रहे यहूदी आकर इजरायल में बसें। उनका कहना है कि 'नवागत यहूदी उनकी रोजी-रोटी में हिस्सा बाँटते हैं।' अपने ही बंधुओं के प्रति उनके मन में दूरी की यह दुर्भावना इजरायल देश को कमजोर करेगी, कमजोर कर रही है। अभी तक उनके जीवन और विचार के केंद्र में देश था तो वे बचे, जूझे और जीते थे; अब धीरे-धीरे केंद्र—जीवन का केंद्र और जीवन का दृष्टिकोण—बदलने लगा है। इस बदलाव के पीछे है उनका यह संतोष कि 'अब तक हम इजरायल का अस्तित्व स्वीकार कराने के लिए संघर्ष कर रहे थे, किंतु अब तो फिलिस्तीनियों सहित दुनिया के अनेक देशों ने इजरायल की भूमि पर यहूदी राष्ट्र का अस्तित्व स्वीकार कर लिया है। अब चिंता की कोई बात नहीं है।'

यहूदियों और यहूदी युवकों की इस मानसिकता की कसौटी पर कसकर इजरायल का भविष्य देखना और परखना होगा। आगामी दशक इजरायल के जीवन में बहुत ही महत्त्वपूर्ण है। क्या वह अपनी विरासत को बचा पाएगा, बचाकर रखेगा कि पाला बदलकर अपनी मूलधारा से अलग किसी नई धारा का निर्माण करेगा, जिसके लिए अमेरिका सहित अनेक ईसाई और मुसलिम देश प्रयत्नशील हैं।

□

चैन-बेचैन

—बलराम

वे मध्यवर्गीय पति-पत्नी थे, युवा और नवविवाहित। दोनों ही नौकरीशुदा। अलग-अलग कंपनियों में ऑपरेटर। आमदनी इतनी कम न थी कि सामान्य जीवन न जी सकें और इतनी ज्यादा भी नहीं कि फुलटाइम नौकरानी अफोर्ड कर सकें। पत्नी पेट से थी, उम्मीद का पाँचवाँ महीना। खाने में अरुचि और उलटियों के भयावह दौर से गुजरकर पत्नी अब सहज हो चली थी कि पड़ोसियों, नाते-रिश्तेदारों और सहकर्मियों की रोज-रोज की सलाहों से परेशान होकर उसे पति से कामवाली रख लेने का अनुरोध करना पड़ा, जिसे पति ने सहर्ष कुबूल कर लिया। इस हालत में पत्नी को झाड़ू-बरतन और कपड़े-लत्ते धोने का काम नहीं करना चाहिए, इस पर दोनों में कोई असहमति न थी। असहमति का दौर तब शुरू हुआ, जब कामवाली रखने की प्रक्रिया शुरू हुई। पास-पड़ोस में काम करनेवाली कई बाइयों से बात करने के बाद पत्नी ने उनमें से एक को सुबह आकर साहब से बात कर लेने के लिए बुला लिया, जिसने अगली सुबह कॉलबेल का बटन दबा दिया।

उस साँवली औरत की आवाज कुछ मोटी और वजनदार थी। साहब ने उसे ऊपर से नीचे तक देखकर बताया कि उसे घर के क्या-क्या काम करने और कितने बजे आकर सारे काम निबटा देने हैं। उन दोनों को ठीक दस बजे दफ्तर पहुँचना होता है। साहब की बात सुनकर वांछित समय पर आकर वांछित काम कर देने के लिए बाई ने उचित मेहनताने की पेशकश कर दी।

"ठीक है, दो-चार दिन में सोच-विचारकर बताते हैं। परसों आकर पता कर जाना।" साहब ने बेरुखी से कहकर बाई को चलता कर दिया तो हैरान पत्नी ने कहा, "यह बाई रोज-रोज छुट्टी नहीं करती। आए दिन रुपए-पैसे नहीं माँगती और हर चौथे दिन त्योहारी का तकादा नहीं करती। चोरी-चकारी की भी इसकी कोई शिकायत नहीं और काम भी मन लगाकर करती है। इधर इससे बढ़िया बाई दूसरी नहीं।"

पत्नी ने बाई की ढेर सारी अच्छाइयों का पुलिंदा खोलकर रख दिया, जिसे सुनने के बाद पति ने तर्कों के टोकरे का ढक्कन खोला, "पहली बात तो यह कि यदि यह इतनी ही अच्छी है तो फिर इसका यह 'प्राइम टाइम' हमें इतनी आसानी से क्यों और कैसे हासिल होने जा रहा है? दूसरी बात यह कि इतनी गंदी और भद्दी औरत से कैसे उम्मीद करें कि सफाई का काम अच्छी तरह से करेगी? मेहमान और दोस्त इसे देखकर क्या कहेंगे? तुमने शायद देखा नहीं, कैसी चोर निगाहों से घर का सामान देख रही थी? किसी दिन तुम्हारे गहने-गुरिये उड़ाकर चंपत हो जाए तो फिर मुझसे मत कहना! और हाँ, मुझे तो यह बदचलन भी लगती है, इसलिए किसी और दिन आने की बात कहकर मैंने टाल दिया। ऐसा करते हैं कि कल से घरेलू कामों में मैं तुम्हारा हाथ बँटाना शुरू करता हूँ, डोंट वरी!"

किसी कामवाली बाई की इतनी बुराइयाँ सुनने के बाद किस पत्नी की हिम्मत होगी कि उसे अपने घर में काम पर लगाने का विचार भी करे, खासकर बदचलन और चोर लगनेवाली बाई को। पत्नियों को ऐसे मौकों और मसलों पर प्रायः चुप रह जाना पड़ता है, लेकिन घर के कामों में हाथ बँटाने का वादा करने के बावजूद साहब ने दो हफ्ते तक कोई काम छुआ तक नहीं। और तो और, अपने अंडरवियर और बनियान तक धोकर सूखने के लिए अलगनी पर नहीं डाले। पत्नी ने वादे की याद दिलाई तो किसी और बाई को रख लेने की सलाह दी तथा व्यस्तता का वास्ता देकर घर के कामों से मुक्ति पा ली।

काफी खोजबीन के बाद दूसरी बाई को बात करने के लिए बुलाया गया। सुबह-सुबह कॉलबेल बजी तो पत्नी ने दरवाजा खोला। मुसकराती हुई बाई को देखकर साहब का चेहरा खिल उठा। वह साफ-सुथरा सलवार-कुरता पहने थी, जिसके उन्नत वक्ष पर मैचिंग कलर का दुपट्टा भी लहरा रहा था। साहब को देखते ही उसने झुककर सलाम किया तो वे पानी-पानी हो गए। हलकी-फुलकी बातचीत के बाद उसे झाड़ू-पोंछा, बरतन और कपड़े-लत्ते धोने के लिए रख लिया गया। बिना किसी हील-हुज्जत के पहलेवाली बाई से ज्यादा पैसे देना भी साहब ने कुबूल कर लिया। यह देखकर पत्नी का माथा ठनका और उसने प्रतिवाद कर दिया, "मेरी समझ में एक बात नहीं आई कि पहलेवाली बाई को तो आप उतने भी देने को तैयार नहीं हुए और इसे इतने देने की हामी भर ली।"

"देखो, उस उजड्ड की तुलना में यह लड़की कितनी सुशील लगती है, साफ-सुथरी और देखने-सुनने में भली। इसकी नजर घर के सामान पर नहीं, तुम पर थी, जिससे जाहिर है कि यह चोर नहीं है और मुझे तो यह बदचलन भी नहीं लगी।"

"सो तो ठीक है, लेकिन⋯"

"लेकिन-वेकिन क्या! डॉक्टर ने कहा है कि दफ्तर के अलावा तुम्हें और कोई

काम नहीं करना चाहिए। आराम की सख्त जरूरत है।" कहते हुए साहब ने पत्नी का माथा चूम लिया।

"वह तो ठीक है, लेकिन इतने रुपए… ?"

"रुपयों का क्या है, कहीं-न-कहीं से तो आ ही जाएँगे। फिर इस महँगाई में ये गरीब भी तो पिस ही रहे हैं। मुझे भी ओवरटाइम करना पड़ रहा है। चाहकर भी घर के कामों में तुम्हारा हाथ नहीं बँटा पा रहा। कल से यह लड़की काम पर आने लगेगी तो तुम्हें आराम हो जाएगा।" कहकर पति ने चैन की साँस ली, लेकिन पत्नी बेचैन हो गई। □

दूसरी आजादी

—बलराम

राजधानी में घटी उस घटना को देश के सबसे बड़े अखबार ने छापा था, जिसे उस अखबार के सबसे बड़े पत्रकार ने कुछ यों लिखा था—

वह एक पढ़ी-लिखी स्त्री थी। आजादी के बाद उभरी भारतीय स्त्री की प्रतिमूर्ति। वनस्थली विद्यापीठ से निकली और एक धनिक की पत्नी बनी वह स्त्री चाहती है कि उसकी संतानें उसी की तरह पढ़ी-लिखी और संस्कार-संपन्न हों। माँ से मिले संस्कारों के कारण उसके बच्चे अपनी माँ, मातृभूमि व मातृभाषा से बड़ा किसी को नहीं समझते। उनके पिता भी इसलिए पूज्य हैं कि वे उनकी माँ के पूज्य हैं, इसीलिए दादा-दादी और नाना-नानी भी। दादा-दादी सुबह-शाम 'वंदे मातरम्' का पाठ करते तो साथ में बच्चे भी होते। स्त्री और पतिदेव तो होते-ही-होते।

दिल्ली आए उन्हें बमुश्किल चार महीने हुए थे। बच्चे एक पब्लिक स्कूल में पढ़ रहे थे, लेकिन भोपाल की यादें उनका पीछा नहीं छोड़ रही थीं। यहाँ दिल्ली में बच्चों के स्कूल में सबकुछ अंग्रेजीमय था, आपसी वार्त्तालाप तक अंग्रेजी में। हिंदी बोलने पर सख्त पाबंदी। प्रार्थना तक अंग्रेजी में होती। बच्चों ने माँ से इसकी शिकायत की, मगर किसी और स्कूल के अभाव में वह कुछ कर न पाई।

उस स्कूल में उसका छोटा बच्चा मुश्किल से एक महीने पढ़ा होगा कि एक वाकया हो गया। प्रार्थना करानेवाला लड़का स्कूल नहीं पहुँच सका। अध्यापक परेशान होने लगे कि तभी न जाने किस अज्ञात प्रेरणा और आवेग के वशीभूत उस स्त्री का बेटा प्रार्थना करानेवाले लड़के की जगह जा खड़ा हुआ और आँख मूँदकर 'वंदे मातरम्' का सस्वर पाठ कर गया।

अध्यापक हतप्रभ! बच्चे सन्न और प्रिंसिपल मारे क्रोध के आग-बबूला! इतने प्रतिष्ठित स्कूल का विधान इस 'ब्लडी' की वजह से टूट गया, पहली बार...।" प्रिंसिपल के संकेत पर सभी बच्चे अपनी-अपनी क्लास में चले गए, लेकिन उस 'रास्कल' को

वहीं रोक लिया गया। प्रिंसिपल ने उसे रेस्टीकेट कर देने की सजा का ही फैसला नहीं किया, अपमानित करने का भी इंतजाम कर दिया। नाई को बुलाकर उसके सिर के बाल साफ करा दिए, फिर माँ को फोन कर बुलाया और उसके साथ उसे घर भेज दिया। घर आकर माँ को सारा वृत्तांत सुनाते हुए बच्चे ने पूछा, "माँ, मेरा कुसूर क्या है ?"

"कुसूर तेरा नहीं, मेरा है बेटे! मैं समझती थी कि हम आजाद हैं।"

"तो क्या हम गुलाम हैं, माँ ?" बच्चे ने पूछ लिया।

"हाँ बेटे, यह दूसरी गुलामी है।" बिना अपराध अपमानित हुए बच्चे को छाती में भींचते हुए माँ ने कहा और राष्ट्रीय महिला समिति की आकस्मिक मीटिंग बुलाने के लिए सदस्यों को फोन करने में जुट गई।

□

गंदी बात

—बलराम

बाल-विकास पर आयोजित हुए उस सेमिनार में बड़े-बड़े लोग आए थे—शिक्षाशास्त्री, वैज्ञानिक, मनोवैज्ञानिक, चिंतक, लेखक और पत्रकार। निर्मल और वीणा ने भी वहाँ अपने-अपने परचे पढ़े। बहस दो धाराओं में बँट गई थी।

एक धारा के अनुसार बच्चे को प्रारंभ से ही नियंत्रण में रखकर पढ़ाना-लिखाना चाहिए। इस धारा का प्रतिनिधित्व कर रही थीं श्रीमती वीणा आचार्य। दूसरी धारा के अनुसार बच्चे को पूर्णतः मुक्त रखकर खुद सीखने देना चाहिए। माता-पिता तो उन्हें सिर्फ साधन और सुविधा भर मुहैया करा दें। इस धारा का प्रतिनिधित्व कर रहे थे—आचार्य निर्मल, श्रीमती वीणा के पति और उस चार वर्षीय बच्चे के पिता, जो जिद करके उन दोनों के साथ सेमिनार में आ गया था।

सेमिनार खत्म होने पर वे लोग बस से लौट रहे थे। उन लोगों की बगलवाली सीट पर बैठा किशोर प्लम खा रहा था। भूखा न होने के बावजूद प्लम देखकर बच्चे के मुँह में पानी भर आया और वह प्लम खाते किशोर को टकटकी लगाकर देखने लगा।

बच्चे की मासूम नजरों ने किशोर को विचलित कर दिया। उसने एक प्लम निकालकर बच्चे की ओर बढ़ाया तो बच्चे का हाथ भी अनायास बढ़ा और प्लम उसके हाथ में आ गया। उसे मुँह में ले जाने से पहले उसने माँ की ओर देखा। माँ के चेहरे पर सहजता नहीं थी। माँ ने आँखें तरेरीं तो बच्चा पिता से मुखातिब हुआ। पिता मुसकरा दिए तो प्लम उसके मुँह की ओर उचका, लेकिन फिर न जाने क्या सोचकर उसने माँ की ओर पुनः देखा। माँ के चेहरे पर गुस्से की तेज गश्त देखकर बच्चा सहम गया, "गंदी बात, राह चलते लोगों से खाने की चीजें नहीं लेते?" सुनकर बच्चे की उँगलियों में अटका प्लम एकाएक टपक गया—टप्प।

पति ने पत्नी की ओर सवालिया निगाहों से देखा तो उन्होंने तुनककर रुख बदल लिया और बच्चा पिता की गोद में सरक आया।

बस आगे बढ़ रही थी कि अगले स्टॉप पर गिरी बेचनेवाला आ गया। बच्चे को खुश करने की गरज से माँ ने गिरी खरीदी और एक टुकड़ा उसकी ओर बढ़ा दिया। एकबारगी तो बच्चे ने गिरी का टुकड़ा माँ के हाथ से ले लिया, लेकिन दूसरे ही पल कुछ सोचकर उसे खिड़की से नीचे फेंक दिया और पिता की ओर देखते हुए बोला, "चलती बस में कुछ भी खाना गंदी बात होती है न पापा!"

बच्चे का प्रतिवाद सुनकर आचार्य निर्मल मुसकरा दिए।

□

लेखक परिचय

प्रेमचंद

31 जुलाई, 1880 को लमही, जिला वाराणसी (उ.प्र.) में जन्म। उपन्यास सम्राट् मुंशी प्रेमचंद हिंदी और उर्दू के सर्वाधिक लोकप्रिय उपन्यासकार, कहानीकार एवं विचारक थे। उन्होंने 'सेवासदन', 'प्रेमाश्रम', 'रंगभूमि', 'निर्मला', 'गबन', 'कर्मभूमि', 'गोदान' आदि लगभग डेढ़ दर्जन उपन्यास, तीन सौ से अधिक कहानियाँ लिखीं। उन्होंने अपने दौर की सभी प्रमुख हिंदी पत्रिकाओं 'जमाना', 'सरस्वती', 'माधुरी', 'मर्यादा', 'चाँद', 'सुधा' आदि में लिखा। प्रेमचंद के लेखन में अपने दौर के समाजसुधार आंदोलनों तथा स्वाधीनता संग्राम के सामाजिक प्रभावों का स्पष्ट वर्णन है। उनमें दहेज, अनमेल विवाह, पराधीनता, लगान, छुआछूत, जाति-भेद, विधवा विवाह आदि तत्कालीन सभी प्रमुख समस्याओं का चित्रण मिलता है।

आचार्य रामचंद्र शुक्ल

सन् 1884 में बस्ती जिले के अगोना गाँव में जन्म हुआ। उन्होंने हिंदी, उर्दू, संस्कृत एवं अंग्रेजी के साहित्य का गहन अनुशीलन किया; 'हिंदी शब्द सागर' के साथ 'नागरी प्रचारिणी पत्रिका' का संपादन भी किया। सन् 1937 में वह बनारस हिंदू विश्वविद्यालय के हिंदी-विभागाध्यक्ष नियुक्त हुए। उन्होंने ब्रजभाषा और खड़ीबोली में फुटकर कविताएँ लिखीं तथा मनोविज्ञान, इतिहास, संस्कृति, शिक्षा एवं व्यवहार संबंधी लेखों एवं पत्रिकाओं के भी अनुवाद किए। संपूर्ण लेखन में उनका सबसे महत्त्वपूर्ण एवं कालजयी रूप समीक्षक, निबंध-लेखक एवं साहित्यिक इतिहासकार के रूप में प्रकट हुआ।

डॉ. वासुदेवशरण अग्रवाल

सन् 1904 में जन्म। वे भारतीय पुरातत्त्व विभाग के अध्यक्ष पद का कार्य; सन् 1951 में काशी हिंदू विश्वविद्यालय के कॉलेज ऑफ इंडोलॉजी (भारती महाविद्यालय) में प्रोफेसर, भारतीय मुद्रा परिषद् नागपुर, भारतीय संग्रहालय परिषद् पटना और ऑल इंडिया ओरिएंटल कांग्रेस, फाइन आर्ट सेक्शन बंबई आदि संस्थाओं के सभापति भी रहे। भारतवर्ष के इतिहास, संस्कृति, कला एवं साहित्य के प्रखर अध्येता और विद्वान् थे। उन्होंने भाषा एवं साहित्य के माध्यम से भारत का पुनः अनुसंधान किया और अनेक कालजयी रचनाओं का लेखन किया—'उरु ज्योतिः', 'कला और संस्कृति', 'पृथिवी-पुत्र', 'भारत की मौलिक एकता', 'भारत सावित्री', 'माता भूमि'।

स्मृतिशेष : 27 जुलाई, 1966।

विष्णु प्रभाकर

21 जून, 1912 को मीरापुर, जिला मुजफ्फरनगर (उ.प्र.) में जन्म। कहानी, उपन्यास, नाटक, जीवनी, निबंध, एकांकी, यात्रा-वृत्तांत आदि प्रमुख विधाओं में लगभग सौ कृतियाँ हिंदी को दी हैं। 'आवारा मसीहा' सर्वाधिक चर्चित जीवनी है, जिस पर उन्हें 'पाब्लो नेरूदा सम्मान', 'सोवियत लैंड नेहरू पुरस्कार' सदृश अनेक देशी-विदेशी पुरस्कार मिले। 'मूर्तिदेवी पुरस्कार', हिंदी अकादमी, दिल्ली द्वारा 'शलाका सम्मान', उ.प्र. हिंदी संस्थान के 'गांधी पुरस्कार', राजभाषा विभाग, बिहार के 'डॉ. राजेंद्र प्रसाद शिखर सम्मान' से सम्मानित।

स्मृतिशेष : 12 अप्रैल, 2009।

आचार्य हजारी प्रसाद द्विवेदी

19 अगस्त, 1907 को उत्तर प्रदेश के बलिया जिले के ओझवलिया गाँव में जन्म हुआ। हिंदी के प्रसिद्ध निबंधकार, आलोचक और उपन्यासकार। हिंदी, संस्कृत, अंग्रेजी और बांग्ला के विद्वान्; भक्तिकालीन साहित्य के अच्छे ज्ञाता। 'बाणभट्ट की आत्मकथा', 'पुनर्वास', 'अनामदास का पोथा', 'अशोक के फूल', 'कुटज', 'मेरी जन्मभूमि', 'आलोक पर्व' जैसी कालजयी कृतियों के लेखक। इनकी रचनाओं में भारतीय संस्कृति, इतिहास और ज्योतिष का गहरा

प्रभाव है। 'पद्मभूषण' और 'साहित्य अकादेमी' सम्मानों के साथ अनेक प्रतिष्ठित पुरस्कारों से अलंकृत।

स्मृतिशेष : 19 मई, 1979।

डॉ. भीमराव रामजी आंबेडकर

डॉ. भीमराव रामजी आंबेडकर को भारत में दलितों के मसीहा के रूप में देखा जाता है। सन् 1947 में उन्हें संविधान सभा द्वारा स्वतंत्र भारत के लिए संविधान का प्रारूप तैयार करने के लिए गठित प्रारूपण समिति का अध्यक्ष बनाया गया। संविधान के निर्माण में उनकी महत्त्वपूर्ण भूमिका रही। 1947 में भारत के स्वतंत्र होने पर उन्होंने कानून मंत्री के पद को सुशोभित किया। उनका जन्म महू में 14 अप्रैल, 1891 को हुआ था। उनके उल्लेखनीय कार्यों के लिए 1990 में उन्हें 'भारत रत्न' से सम्मानित किया गया।

नेताजी सुभाष चंद्र बोस

नेताजी सुभाष चंद्र बोस भारत के स्वतंत्रता संग्राम के अग्रणी सेनानी थे। द्वितीय विश्वयुद्ध के दौरान अंग्रेजों के खिलाफ लड़ने के लिए उन्होंने जापान के सहयोग से गठित 'आजाद हिंद फौज' का नेतृत्व किया था। उनके द्वारा दिया गया 'जय हिंद' का नारा भारत का राष्ट्रीय नारा बन गया है। 'तुम मुझे खून दो, मैं तुम्हें आजादी दूँगा' का जोशीला नारा भी उन्हीं ने दिया था, जो उस समय युवाओं को आंदोलित कर देता था। अपने तरीके से भारत को आजाद कराने के लिए उन्होंने अपना सर्वस्व मातृभूमि पर निछावर कर दिया। नेताजी सुभाष का नाम स्मरण आते ही सीना शौर्य और साहस गर्वित हो जाता है।

देवेंद्र स्वरूप

30 मार्च, 1926 को मुरादाबाद (उ.प्र.) के कांठ कस्बे में जन्म। लखनऊ वि.वि. से इतिहास में एम.ए.। सन् 1942 के 'भारत छोड़ो आंदोलन' में सहभागी होने के कारण दो बार विश्वविद्यालय से निष्कासन हुआ। सन् 1947 से 1960 तक राष्ट्रीय स्वयंसेवक संघ के प्रचारक रहे। सन् 1958 में हिंदी

साप्ताहिक 'पाञ्चजन्य' के संपादन से जुड़े। सन् 1980 से 1994 तक दीनदयाल शोध संस्थान के निदेशक व उपाध्यक्ष रहे। इस दौरान संस्थान की त्रैमासिक पत्रिका 'मंथन' (हिंदी व अंग्रेजी) के संपादन का कार्य किया। इतिहासकार के रूप में भारतीय इतिहास अनुसंधान परिषद् से भी जुड़े रहे। अनेक पत्र-पत्रिकाओं में 2000 से अधिक लेख प्रकाशित। 'पद्मश्री' सम्मान से सम्मानित।

स्मृतिशेष : 14 जनवरी, 2019।

निर्मल वर्मा

3 अप्रैल, 1929 शिमला में जन्म। भारतीय मनीषा की उस उज्ज्वल परंपरा के प्रतीक-पुरुष हैं, जिनके जीवन में कर्म, चिंतन और आस्था के बीच कोई फाँक नहीं रह जाती। स्वतंत्र भारत की आरंभिक आधी से अधिक सदी निर्मल वर्मा की लेखकीय उपस्थिति से गरिमांकित रही। साहित्य के लगभग सभी श्रेष्ठ सम्मानों से समादृत हुए, जिनमें साहित्य अकादेमी पुरस्कार, ज्ञानपीठ पुरस्कार, साहित्य अकादेमी महत्तर सदस्यता उल्लेखनीय हैं। सन् 2002 में उन्हें 'पद्मभूषण' सम्मान से अलंकृत किया गया।

स्मृतिशेष : 25 अक्तूबर, 2005।

कृष्ण बिहारी मिश्र

जन्म 1 जुलाई, 1936 को उत्तर प्रदेश के बलिया में। निबंध, पत्रकारिता, जीवनी, संस्मरण, अनुवाद की अनेक लोकप्रिय पुस्तकों के लेखक। प्रतिष्ठित 'मूर्तिदेवी पुरस्कार' तथा उत्तर प्रदेश हिंदी संस्थान के 'साहित्य भूषण अलंकरण' से अलंकृत।

रामस्वरूप चतुर्वेदी

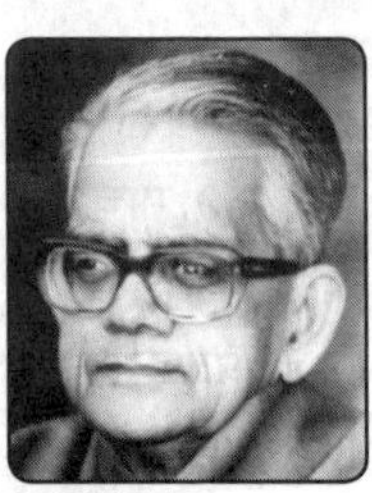

6 मई, 1931 को जन्म। समीक्षापरक निबंधों के वरिष्ठ लेखक। 28 मौलिक पुस्तकें तथा 5 संपादित पुस्तकें प्रकाशित। 'व्यास सम्मान' से अलंकृत। इलाहाबाद विश्वविद्यालय में प्रोफेसर एवं हिंदी विभागाध्यक्ष रहे।

स्मृतिशेष : 24 जुलाई, 2003।

बाबू गुलाब राय

उत्तर प्रदेश के इटावा नगर में 17 जनवरी, 1888 को जन्म। छतरपुर (म.प्र.) राज्य के महाराजा के दार्शनिक सलाहकार, दीवान तथा मुख्य न्यायाधीश आदि पदों पर लगभग 20 वर्ष तक कार्य किया। 'साहित्य-संदेश' नामक प्रतिष्ठित साहित्यिक पत्रिका तथा अनेक महत्त्वपूर्ण ग्रंथों का संपादन किया। साहित्य सम्मेलन, प्रयाग की विभिन्न परिषदों, नागरी प्रचारिणी सभा, आगरा, बृज साहित्य मंडल तथा अन्य संस्थाओं का सभापतित्व किया। वर्ष 1913 में 'शांतिधर्म' पुस्तक से प्रारंभ कर महत्त्वपूर्ण दर्शन ग्रंथों, आलोचना ग्रंथों का सृजन, शताधिक विविध प्रकार के निबंधों की रचना, आत्मचरित एवं जीवनीपरक विविध कृतियों का प्रणयन किया। आखिरी पुस्तक 'जीवन रश्मियाँ' वर्ष 1962 में प्रकाशित हुई।

स्मृतिशेष : 13 अप्रैल, 1963।

रामबृक्ष बेनीपुरी

23 दिसंबर, 1899 को बेनीपुर, मुजफ्फरपुर (बिहार) में जन्म। रामबृक्ष बेनीपुरी प्रखर चिंतक, विचारक तथा क्रांतिकारी साहित्यकार, पत्रकार व संपादक थे। राष्ट्र-निर्माण, समाज-संगठन तथा मानवता के जयगान को लक्ष्य मानकर उन्होंने साहित्य की प्राय: सभी प्रमुख विधाओं में विपुल लेखन किया। स्वाधीनता सेनानी के रूप में लगभग नौ साल जेल में रहे। कांग्रेस सोशलिस्ट पार्टी के संस्थापकों में से एक। 1957 में प्रजा सोशलिस्ट पार्टी से विधायक चुने गए।

स्मृतिशेष : 7 सितंबर, 1968।

पं. विद्यानिवास मिश्र

पं. विद्यानिवास मिश्र हिंदी और संस्कृत के अग्रणी विद्वान्, प्रख्यात निबंधकार, भाषाविद् और चिंतक थे। उनका जन्म 14 जनवरी, 1926 को गोरखपुर जिले के पकड़डीहा ग्राम में हुआ था। अनेक प्रतिष्ठित विश्वविद्यालयों के प्राध्यापक, आचार्य, निदेशक, अतिथि आचार्य और कुलपति आदि पदों को

सुशोभित किया। कैलीफोर्निया और वाशिंगटन विश्वविद्यालयों में भी अतिथि प्रोफेसर रहे। 'नवभारत टाइम्स' के प्रधान संपादक, 'इनसाइक्लोपीडिया ऑफ हिंदुइज्म' के प्रधान संपादक (भारत), 'साहित्य अमृत' (मासिक) के संस्थापक संपादक और इंदिरा गांधी राष्ट्रीय कला केंद्र, दिल्ली तथा वेद, पुराण शोध संस्थान, नैमिषारण्य के मानद सलाहकार रहे। 'मूर्तिदेवी पुरस्कार', 'शंकर सम्मान', 'विश्व भारती सम्मान', 'पद्मश्री', 'पद्मभूषण', 'भारत भारती सम्मान', 'महाराष्ट्र भारती सम्मान', 'हेडगेवार प्रज्ञा पुरस्कार', साहित्य अकादेमी के सर्वोच्च सम्मान 'महत्तर सदस्यता' आदि सर्वमान्य अलंकरणों से विभूषित।

महाप्रयाण : 14 फरवरी, 2005।

विनायक दामोदर सावरकर

28 मई, 1883 को महाराष्ट्र के नासिक जिले के ग्राम भगूर में जन्म। भारतीय स्वाधीनता संग्राम के गौरवरत्न विनायक दामोदर सावरकर साहस और शूरवीरता के पर्याय थे। प्रथम भारतीय नागरिक, जिन पर हेग के अंतरराष्ट्रीय न्यायालय में मुकदमा चलाया गया। प्रथम क्रांतिकारी, जिन्हें ब्रिटिश सरकार द्वारा दो बार आजन्म कारावास की सजा सुनाई गई। प्रथम साहित्यकार, जिन्होंने लेखनी और कागज से वंचित होने पर भी अंडमान जेल की दीवारों पर कीलों, काँटों और यहाँ तक कि नाखूनों से विपुल साहित्य का सृजन किया और ऐसी सहस्रों पंक्तियों को वर्षों तक कंठस्थ कराकर अपने सहबंदियों द्वारा देशवासियों तक पहुँचाया। प्रथम भारतीय लेखक, जिनकी पुस्तकें—मुद्रित व प्रकाशित होने से पूर्व ही—दो-दो सरकारों ने जब्त कीं। वे जितने बड़े क्रांतिकारी थे, उतने ही बड़े साहित्यकार भी थे।

महाप्रयाण : 26 फरवरी, 1966।

डॉ. ए.पी.जे. अब्दुल कलाम

15 अक्तूबर, 1931 में जन्म। भारत के यशस्वी वैज्ञानिकों में से एक तथा उपग्रह प्रक्षेपण यान और रणनीतिक मिसाइलों के स्वदेशी विकास के वास्तुकार थे। एस.एल.वी.-3, 'अग्नि' और 'पृथ्वी' उनकी नेतृत्व-क्षमता के प्रमाण हैं। अपने अप्रतिम योगदान के लिए उन्हें 'भारत-रत्न' से सम्मानित किया गया। भारत के राष्ट्रपति के रूप में अपने कार्यकाल के दौरान देश भर के आठ लाख से अधिक छात्रों

से भेंट कर उन्होंने महाशक्ति भारत के स्वप्न को रचनात्मक कार्यों द्वारा साकार करने का आह्वान किया।

स्मृतिशेष : 27 जुलाई, 2015।

गोपाल चतुर्वेदी

अगस्त 1942 को लखनऊ में जन्म। भारतीय रेल लेखा सेवा में चयन के बाद सन् 1965 से 1993 तक रेल व भारत सरकार के कई मंत्रालयों में उच्च पदों पर काम किया। पिछले ढाई दशकों से लगातार व्यंग्य-लेखन से जुड़े रहकर हर पत्र-पत्रिका में प्रकाशित होते रहे हैं। 'सारिका' और हिंदी 'इंडिया टुडे' में सालोसाल व्यंग्य-कॉलम लिखने के बाद प्रतिष्ठित साहित्यिक पत्रिका 'साहित्य अमृत' में उसके प्रथम अंक से नियमित कॉलम लिख रहे हैं। पंद्रह व्यंग्य-संग्रह प्रकाशित हो चुके हैं। भारत के पहले सांस्कृतिक समारोह 'अपना उत्सव' के आशय गान 'जय देश भारत भारती' के रचयिता। अनेक प्रतिष्ठित सम्मानों से अलंकृत।

राममूर्ति त्रिपाठी

4 जनवरी, 1929 को नीवी कलाँ, वाराणसी में जन्म। काव्यशास्त्र एवं दर्शन के प्रकांड विद्वान्। हिंदी एवं संस्कृत के प्रखर विद्वान् एवं समालोचक। सागर विश्वविद्यालय में प्राध्यापक रहे तथा विक्रम विश्वविद्यालय में हिंदी के विभागाध्यक्ष रहे। श्रीमठ काशी ने उन्हें जगद्गुरु 'रामानंदाचार्य पुरस्कार' से सम्मानित किया।

स्मृतिशेष : 30 मार्च, 2009।

विष्णुकांत शास्त्री

2 मई, 1929 को कलकत्ता में जन्म। देशभर के विश्वविद्यालयों एवं साहित्यिक संस्थानों की व्याख्यानमालाओं में सक्रिय सहभागिता। विधानसभा सदस्य, राज्यसभा सांसद, हिमाचल प्रदेश तथा उत्तर प्रदेश के राज्यपाल रहे। अनेक प्रतिष्ठित सम्मानों से विभूषित।

स्मृतिशेष : 17 अप्रैल, 2005।

कुबेरनाथ राय

26 मार्च, 1933 को मतसा, गाजीपुर (उ.प्र.) में जन्म। हिंदी की ललित निबंध परंपरा के मूर्धन्य हस्ताक्षर, सांस्कृतिक निबंधकार और भारतीय आर्ष-चिंतन के अग्रणी रचनाकारों में से एक। अनेक प्रतिष्ठित सम्मानों से विभूषित।

स्मृतिशेष : 5 जून, 1996।

विवेकी राय

19 नवंबर, 1924 को गाँव भरौली, जिला बलिया (उ.प्र.) में जन्म। भारतीय दृष्टि के यशस्वी रचनाकार, जिनकी रचनाओं में गाँव की मिट्टी की सौंधी गंध और मानवीय संबंधों की झलक स्पष्ट मिलती है। दस उपन्यास; नौ ललित-निबंध; सात कहानी-संग्रह; छह कविता-संग्रह, तेरह समीक्षा ग्रंथ, दो व्यक्तित्व व कृतित्व पर आधारित ग्रंथ, दो संस्मरण ग्रंथ, चार विविध, नौ ग्रंथ लोकभाषा भोजपुरी में भी, पाँच संपादन। कई कृतियों का अन्य भाषाओं में अनुवाद। पचासी से अधिक पी-एच.डी.। अनेक प्रतिष्ठित सम्मानों से अलंकृत।

स्मृतिशेष : 22 नवंबर, 2016।

सूर्यबाला

आठवें दशक से हिंदी कथालेखन को अनवरत समृद्ध करनेवाली प्रतिष्ठित रचनाकार सूर्यबाला की रचनाएँ अपनी अलग और अनूठी मुद्रा की वजह से पाठकों को अभिभूत करती आई हैं। छह उपन्यास, सोलह कथा-संग्रह, चार व्यंग्य-संग्रह तथा स्मृति-कथा 'अलविदा अन्ना' के साथ बच्चों पर लिखा बाल हास्य उपन्यास 'झगड़ा निपटारक दफ्तर' भी अत्यंत प्रशंसित रहा। अनेक प्रतिष्ठित सम्मानों से अलंकृत। राष्ट्रीय-अंतरराष्ट्रीय मंचों से रचनाओं का पाठ।

भानुप्रताप शुक्ल

7 अगस्त, 1935, सुल्तानपुर में जन्म। राष्ट्रीय भाव से अनुप्राणित प्रखर चिंतक, विचारक व लेखक। आजीवन राष्ट्रीय स्वयंसेवक संघ के प्रचारक रहे। पंडित अंबिका प्रसाद बाजपेयी

का शिष्य बन पत्रकारिता को अपना ध्येय चुना। पं. रामनरेश त्रिपाठी की बैठक में निराला, पंत, महादेवी, अमृतलाल नागर और श्रीनारायण चतुर्वेदी सदृश साहित्यकारों के दर्शन से भाषा और साहित्य में अनुराग के बीज अंकुरित हुए। 'राष्ट्रधर्म', 'पाञ्चजन्य' और 'तरुण भारत' पत्रों में कार्य व उनका संपादन किया। उनका लेखन गुणाढ्य की कथाओं की तरह सर्वत्र बिखरा पड़ा है। निष्पक्ष टिप्पणियों के लिए बहुचर्चित रहे। उनके लेख राष्ट्रीय स्तर पर चिंतन के लिए अत्यंत महत्त्वपूर्ण हैं।

बलराम

कानपुर में 15 नवंबर, 1951 को जन्म। 'विश्व लघुकथा कोश' के संपादक बलराम दैनिक 'आज' और 'सारिका' के बाद हिंदी दैनिक 'नवभारत टाइम्स' से जुड़े। उत्तर प्रदेश हिंदी संस्थान के 'साहित्य भूषण सम्मान', उत्कृष्ट पत्रकारिता के लिए केंद्रीय हिंदी संस्थान के 'गणेशशंकर विद्यार्थी सम्मान' तथा हिंदी अकादमी, दिल्ली के 'साहित्यकार सम्मान' से अलंकृत। संप्रति : साहित्य अकादेमी की पत्रिका 'समकालीन भारतीय साहित्य' के संपादक।

□□□